政策法规执行计算机审计方法

环 境 保 护

◆王开一 著

编审人员：刘晶晶 苏晓丹 靳璐 郑晴 李战雨 张改琴 王泽洋 张小平

中国时代经济出版社有限公司

图书在版编目（CIP）数据

政策法规执行计算机审计方法：环境保护／王开一
著．—北京：中国时代经济出版社有限公司，2020.4
ISBN 978-7-5119-3012-5

Ⅰ．①政… Ⅱ．①王… Ⅲ．①环境管理－审计方法－
研究－中国 Ⅳ．①F239.6

中国版本图书馆 CIP 数据核字（2020）第 059952 号

政策法规执行计算机审计方法——环境保护

ZHENGCE FAGUI ZHIXING JISUANJI SHENJI FANGFA——HUANJING BAOHU

王开一 著

出版发行：中国时代经济出版社有限公司
社 址：北京市丰台区玉林里 25 号楼
邮政编码：100069
发行热线：（010）63508271 63508273
传 真：（010）63508274
网 址：www. icnao. cn
电子邮箱：sdjj1116@163. com
经 销：各地新华书店
印 刷：北京汇林印务有限公司
开 本：787mm×1092mm 1/16
字 数：340 千字
印 张：22.75
版 次：2020 年 4 月第 1 版
印 次：2020 年 4 月第 1 次印刷
书 号：ISBN 978-7-5119-3012-5
定 价：75.00 元

序

——"智慧审计"构想与实践

近年来，面对大数据环境，我国许多审计机关和审计人员积极探索了大数据审计的方式方法，构建了"集中分析，发现疑点，分散核实，系统研究"的数字化审计模式，形成了许多行之有效的大数据审计方法，推动了大数据环境下审计工作的不断创新，取得了一定的审计成效。但是，在大数据审计中，不少审计机关还不同程度地存在着审计方法共享不足、审计人员过度依赖计算机、审计智能化水平不高、审计质效有待进一步提高等问题。为解决这些问题，我们提出基于解构法律法规条款的"智慧审计"构想，并在审计实践中进行了尝试，取得了一定的效果。本书是在"智慧审计"框架下继 2019 年出版的《行政事业单位计算机审计方法》207 个"智慧审计"模型集之后，总结的 135 个环境保护"智慧审计"模型集。

一、"智慧审计"的含义、意义和前提

（一）"智慧审计"的含义

智慧（wisdom，wit）是对事物迅速、灵活、正确地理解和处理的能力。依据智慧的内容以及所起作用的不同，可以把智慧分为三类：创新智慧、发现智慧和规整智慧。创新智慧是指可以从无到有地创造或发明新的东西，如策划、广告、设计、软件、动漫、影视、艺术等都属于创新类智慧的范畴。发现智慧是指可以发现虽然本来就存在但还没有被认知的东西，有些科学研究（如天文学、考古学、地理学等）就属于发现类智慧产业的范畴。规整智慧是指可以运用现有的规则（包括法律、法规、制度、政策、方针、方法等）来调整、梳理、矫正、改变已经存在的东西，如司法、会计、教育、培训、出版等都属于规整类智慧的范畴。

马云曾经有言：机器一定比人类聪明，但人类一定比机器更加智慧。基于上述智慧的理解和认识，我们认为，"智慧审计"是汇集广大审计人员的智慧（包括审计思路、审计判断、审计方法）于一体，由计算机系统自动完成审计分析，实现审计目标的过程。它包括两层意思：一是集大成，即汇集广大审计人员的审计智慧；二是自动化，即运用计算机的智能自动开展审计数据分析。如此，"集大成 + 自动化"——审计人员的智慧与计算机的智能结合起来，势必更有效率地实施全面审

计，最终实现审计目标，达到审计目的。

（二）"智慧审计"的意义

"智慧审计"对于解决目前大数据审计存在的问题具有重要的现实指导意义。具体来说有以下 3 个方面：

1. 有助于充分实现计算机审计方法融通共享。审计人员通过解构所有的法律法规、政策制度，形成"海量"的审计方法，并关联全部的审计数据后，可以通过计算机系统自动运算产生审计疑点。这样，大量的审计方法所产生的审计疑点不是局限于某一审计项目，而是基于全部数据生成所有的审计疑点，从而达到审计方法融通共享的目的。同时，通过计算机系统对每一种审计方法及其产生的审计疑点进行归类管理，当审计某一具体项目时，导出与该审计项目相关的所有审计方法及审计疑点，再由审计人员进行核实，可以大大提高审计工作效率。

2. 有助于减少审计人员对计算机的依赖。通过解构法律法规条款，把审计人员在以往审计工作中形成的行之有效的好做法、好思路总结为审计方法，集广大审计人员的智慧为一体，通过计算机自动的"智慧"分析，形成发现问题、评价判断、宏观分析、疑点管理、定性处理及审计报告"一键式"完成。这样，把简单、重复的审计劳动交给计算机去做，把审计人员从会计账册、报表和海量数据分析中解脱出来，大大降低审计人员对计算机的依赖，可以腾出更多的时间分析研究计算机审计发现的问题。

3. 有助于大幅度提升审计智能化水平。"智慧审计"利用统一的数据适配器，支持数据动态实时采集，实现联网审计、动态预警、实时监控，通过设定的各种审计任务，可以实现"365 天不间断审计"。与此同时，通过计算机系统的自学习功能，不断提升针对性和操作性，进而实现审计的"精准打击"，有助于大幅度提升审计工作质效。

（三）构建"智慧审计"的前提

"智慧审计"构想源于《大数据时代：生活、工作与思维的大变革》（［英］维克托·迈尔－舍恩伯格，2013 年 12 月）一书中的 3 个理念，即："不是抽取样本，而是全部数据""不是精确性，而是混杂性""不是因果关系，而是相关关系"。基于这 3 个理念，建立"智慧审计"系统也需要 3 个前提条件。

1. 完全占有数据。大数据审计的先决条件是完全占有数据。审计数据的占有程度决定了大数据审计开展的程度，也决定了审计的广度和深度。比如：开展一个地区"三公经费"支出情况的审计调查，如果没有大数据的支撑，则需要检查所有被审计单位的会计账目。如此，在短时间内把所有被审计单位的会计账目都检查一遍基本上是不可能的。在有限的审计资源限制下，审计机关往往会抽取一部分被审计单位的会计账目进行检查，进而以部分检查结果来推断某一地区"三公经费"的总体情况。这种以抽取样本推断总体的方式是"小数据"时代常用的方法。然而，在大数据时代，要求审计机关必须以全部数据为基础开展审计分析。大数据的"大"是相对的，对于"三公经费"审计来说，财政部门的总预算数据系统就是审计的"大数据"环境。如果取得了财政部门的总预算数据，审计机关通过分析部门预算执行数据、部门决算数据，不但可以检查全部被审计单位"三公经费"的支出情况，还可以进行跨部门横向比对分析、跨年度纵向比对分析及对未来发展趋势进行分析，从而精准审计全部"三公经费"支出情况。这也是大数据环境下的"不是抽取样本，而是全部数据"理念在审计中的具体应用。

2. 适应混杂的数据环境。大数据类型繁多，包括结构化数据和非结构化数据，非结构化的数据具有"不是精确性，而是混杂性"的特点，网络日志、视频、图片、地理位置信息等都属于非结构化数据。比如：在自然资源审计和环境审计中，审计机关可以运用国土部门 GIS 系统的图像数据，通过图斑叠加分析，进行审计调查和取证；可以运用百度地图上的"坐标拾取系统"，精确标识出各个地点的经纬度，对计算地理位置、两个地点间的距离、地区面积等提供了极大的帮助。这些都是非结构化数据在审计中的具体运用。随着非结构化数据的日益增多，审计工作会越来越多地面对非结构化数据的影响和挑战，如何应对这些挑战，把非结构化数据整理为审计工作中能够处理的信息，是大数据审计不可逃避、必须面对的现实。

3. 改变审计思维。大数据审计环境下，要求审计人员改变传统的审计思维模式，主要是改变以下3种思维模式：

（1）变"因果关系"思维为"相关关系"思维。因果关系的思维把审计人员的审计思路固化在与审计项目相关的事项上。比如：在"因果关系"思维下，开展环保资金专项审计时，审计人员会分析发展改革部门的数据、财政部门的数据、环保部门的数据、项目施工单位的数据，因为发展改革部门审批项目、财政部门拨付资金、环保部门管理使用资金、施工单位具体承建项目，这4个部门、单位均与环保专项资金有关，这样的思维是因果关系思维。在大数据环境下，要树立"相关关系"思维的理念，要关联全部的数据进行综合分析。在"相关关系"思维下，环保资金专项审计所涉及的数据不仅仅是上述4个部门、单位的数据，而是要把所有数据进行一次关联分析，比如同林业数据、水利数据、农业数据、国土数据、气象数据等进行关联分析，就会产生意想不到的结果。

（2）变"先审计项目"思维为"先审计数据"思维。在"先审计项目"思维主导下，其审计流程是确定审计项目—组成审计组—采集审计数据—开展审计分析—核实审计疑点—得出审计结论。在这种审计模式下，每开展一个审计项目，都要采集一次数据，进行一次审计分析，得出一批审计疑点，由审计人员核实后形成结论。每开展一个审计项目就需要重复一次上述的流程，或同一个审计项目不同年度审计也要重复一次上述的流程，造成数据分析人员的重复劳动。同时，审计项目结束后，所采集到的数据大部分滞留在审计业务部门，形成数据冗余，共享不够，重复利用率不高。而在"先审计数据"思维主导下，其审计流程是实时联网或一年采集一次数据，由"智慧审计"系统开展"无项目"审计综合分析，形成一批审计疑点。当审计某一具体项目时，系统管理人员从"智慧审计"系统中导出与该项目相关的审计疑点，由审计人员核实；审计人员在审计过程中，每当产生新的审计思路和审计方法，及时纳入"智慧审计"系统进行自动分析，供审计时运用，形成良性循环。在"先审计数据"审计思维主导下，不仅必然会大大节约人力资源和审计成本，而且可以在很大程度上解决审计任务重与审计人力资源相对不足的矛盾。

（3）变"先审计数据"思维为"先审计方法"思维。在现有审计模式下，往往是审计组先采集审计数据，而后基于审计数据进行审计分析，发现审计疑点，进行核实查证，得出审计结论。"智慧审计"从解构法律法规入手，在不考虑数据源的情况下构建审计方法，不仅能够保证审计方法的形成不受审计数据的影响，而且能够激活审计人员的发散思维，形成更多的审计方法，而后再关联审计数据。通过"先审计方法，后审计数据"的审计思维，可以建立"法律法规—审计方法—审计数据—审计疑点和疑点核实—定性依据"的闭环链条，实现"智慧审计"工作目标。

二、"智慧审计"的构建思路

"智慧审计"以行业数据和互联网数据为支撑，从解构法律法规条款入手，建立"法律法规—审计方法—审计数据—审计疑点和疑点核实—定性依据"的闭环链条。

（一）解构法律法规

解构法律法规就是从法律法规条款入手，研究和解构法律法规条款的具体要求，分解为具体的审计事项，转换成具体的审计方法，并关联到相关审计数据，产生审计疑点后，再关联审计定性，最终形成完整的"智慧审计"闭环链条。

下面以解构预算法的条款为例说明如何解构法律法规：

《中华人民共和国预算法》第十三条规定："经人民代表大会批准的预算，非经法定程序，不得调整。各级政府、各部门、各单位的支出必须以经批准的预算为依据，未列入预算的不得支出。"

根据上述条款的规定，审计人员需要解构这一条款，至少能够形成以下几种审计思路：

第一，调整的预算是否经过人民代表大会批准；

第二，经过人民代表大会批准的预算，其审批程序是否合规；

第三，各级政府、各部门、各单位的预算支出是否与预算批复一致；

第四，是否存在无预算支出；

第五，预算安排管理是否规范。

（二）形成审计方法

将审计思路关联到审计数据后，用计算机语言表述出来便形成了审计方法。所有的审计思路，只有变为审计方法，才能够让计算机自动处理，并形成审计疑点。

下面以解构《中华人民共和国预算法》第十三条所形成的审计思路之一"预算安排管理是否规范"为例，需要通过分析临时预算占年度总预算的百分比，进而审计预算安排管理的科学性，用计算机语言进行描述形成的审计方法如下：

select 业务年度，指标文号名称，预算安排总金额 =（select sum（核批金额）from 基础表_用款计划明细），预算安排总次数 =（select count（核批金额）from 基础表_用款计划明细），临时预算金额 = sum（核批金额），临时预算次数 = count（核批金额），临时预算额度占比 = sum（核批金额）* 1.0/（select sum（核批金额）from 基础表_用款计划明细），临时预算次数占比 = count（核批金额）* 1.0/（select count（核批金额）from 基础表_用款计划明细）from 基础表_用款计划明细 where 指标文号名称 like '临时预算' group by 业务年度，指标文号名称。

通过解构某一部法律法规，可以形成基于某一部法律法规的审计方法集，通过解构所有的法律法规，可以形成基于所有法律法规的审计方法集，将所有的审计方法集整合为一体，并归类管理每一个审计方法。审计时，只要按属性类调用审计方法，则同一属性类的审计方法将被调用，产生适合于某一审计项目的审计疑点。

（三）关联审计数据

关联审计数据就是通过解构法律法规条款形成审计思路之后，再根据审计思路涉及的数据类来关联相关数据，运行审计方法，形成审计疑点。

下面以解构《中华人民共和国预算法》第十三条规定所形成的审计思路为例说明如何关联审计数据：

根据上述解构《中华人民共和国预算法》第十三条规定所形成的审计思路，就需要关联人大批复预算数据、财政部门预算安排数据和预算执行数据、政府及部门的决算数据。如此关联审计数据后，通过人大的批复数据与财政部门的预算安排数据相比对，就可以检查预算安排是否经过人大的批复；通过预算安排数据与预算执行数据相比对，就可以检查预算执行是否与预算安排相一致；通过预算安排数据、预算执行数据、决算数据相比对，就可以检查决算与预算执行的一致性，决算与预算安排的一致性；通过分析临时预算占年度总预算的百分比，就可以检查预算安排的规范性和科学性等。

（四）生成审计疑点和疑点核实

通过解构所有法律法规，将会形成庞大的审计方法集，这些审计方法集关联审计数据后能够进行自动运算，形成审计疑点库。在实施审计时，审计人员只要在系统中建立了审计项目，则与本审计项目相关的审计疑点会全部被显示出来，而这些审计疑点就来源于几种不同的审计方法，也有效实现了审计方法的融通共享。

比如：在审计财政部门时，计算机审计系统将调用所有与财政审计相关的审计疑点。这些审计疑点可能是解构预算法形成的审计方法所产生的，也可能是解构会计法形成的审计方法所产生的，也可能是解构环保法形成的审计方法所产生的。

生成的审计疑点由审计人员进行核实。

（五）关联审计定性

由于"智慧审计"系统从解构法律法规入手，从问题导向开始，形成审计思路，并通过编制审计方法，关联审计数据，形成审计疑点，最后也很容易确定所适用的审计定性依据。

比如：根据解构《中华人民共和国预算法》第十三条规定形成的"检查临时预算占年度总预算比重"审计思路和方法，如果生成的审计疑点经查证核实，确实为随意追加临时预算，则其审计定性依据会自动表述为"不符合《中华人民共和国预算法》第十三条规定"，从而实现审计疑点自动关联审计定性依据。

三、"智慧审计"系统的开发和运行

"智慧审计"的设想需通过开发"智慧审计"系统来实现。

（一）"智慧审计"系统的开发

"智慧审计"系统开发分为应用架构、数据架构和技术架构。

1. 应用架构。通过对审计业务的分析及应用功能的梳理，提炼出具体的功能主题及应用功能模块，根据应用架构的设计方法及标准，设计满足自动化审计平台的总体应用架构。包括：数据仓库、控制中心、应用中心。

数据仓库的功能包括：数据采集、数据管理和数据建模等功能。控制中心包括：审计方法共享、服务器管理、运维监控、智能升级等功能。应用中心包括：审

计项目管理、智能检索、方法指引、自主分析、脉络审计、个人中心等功能。

2. 数据架构。数据分类："智慧审计"系统源数据按数据类型分为结构化数据、非结构化数据和半结构化数据；按数据来源分为行业内部数据、政务云数据、互联网数据。

数据整理：审计数据收集完成后，需要把这些数据恢复到备份库上。然后通过数据中心采集到临时规划库。通过数据审核进行去重合并，导出到磁盘文件，再通过 HDFS 上传到集群。

3. 技术架构。"智慧审计"系统采用基于云架构的 Hadoop 基础开发框架，通过运用组件技术将界面控制、业务逻辑和数据映射分离，实现平台内部的松耦合，以灵活、快速地响应业务变化对系统的需求。"智慧审计"系统在技术上划分为展示层、业务逻辑层、数据层和外部数据源层。

（二）"智慧审计"系统的运行

1. 分类存储数据

"智慧审计"系统由三类数据支撑：行业内部数据、政务云数据和互联网数据。行业内部数据是由行业内部产生并管理的不具备上政务云条件的数据，此类数据采取一年采集一次或联网方式取得；政务云数据是行业或部门产生的能够在政务云平台上共享的数据，此类数据通过与政务云平台的直连获取；互联网数据是通过专业爬虫工具直接在互联网上采集的数据。

2. 集中运算处理，形成审计疑点库

集中运算处理数据就是通过审计方法集关联行业审计数据库，集中运算处理数据，生成审计疑点库。如："公职人员经商办企业"审计方法，自动关联公职人员信息表和企业法人信息表，生成公职人员经商办企业的审计疑点；"城镇低保户拥有车辆"审计方法，自动关联城镇低保人口信息和车辆登记信息，生成城镇低保户拥有车辆审计疑点。当所有的审计方法均关联了相应数据库中的数据表，经过运算就形成了庞大的审计疑点库。

3. "智慧审计"工作流程

大数据审计的"先数据分析，后审计项目"工作模式，决定了大数据审计的审计业务流程不同于传统的项目审计业务流程，而是从大数据分析产生的审计疑点为起点，进行相关的管理、判断、决策、核实、执行的审计过程。

"智慧审计"系统自动执行审计人员设定的审计事项，关联相关数据源，执行相关审计方法，得出相关审计结果，生成相关审计疑点，并自动向系统管理员发出指令，由系统管理员向相关审计人员分发审计疑点，进行审计核实的过程。

（1）研究审计工作方案，明确审计需求，确定具体审计事项。

（2）解构法律法规具体条款规定，针对审计事项，编写具体"智慧审计"模型。

（3）根据"智慧审计"模型，关联相关数据。"智慧审计"系统关联的数据包括业务数据、财务数据和互联网数据。业务数据、财务数据通过联网方式或到相关单位采集的方式取得；互联网数据是通过专业爬虫工具直接在互联网上采集。

（4）集中分析数据。就是"智慧审计"系统关联相关数据，运行"智慧审计"模型集，形成审计疑点。

（5）分散核查落实。就是由审计人员针对"智慧审计"系统产生的审计疑点，进行核实取证。

四、"智慧审计"的未来发展

众所周知，微软拼音输入法中的自学习功能，能够使输入法记录在输入过程中所组建的新词，给用户提供更好的输入体验。例如，如果输入"即打即搜"这个词语，当第一次键入拼音"jidajisou"时，"即打即搜"不在候选窗中，当再次键入拼音"jidajisou"时，"即打即搜"便出现在候选窗中了。

我们相信，像微软拼音输入法中的自学习功能一样，"智慧审计"的发展将通过计算机的自学习功能，向智能化迈进，让"智慧审计"系统自动对审计方法进行补充、更新、优化、提炼。与此同时，通过不断地科学解构法规、完善审计思路、合理设置审计方法，完善审计工作流程，"智慧审计"将越来越完善，审计效果将越来越明显，运用前景也必将越来越广阔，从而更好地应对大数据时代的挑战，为我国未来审计的科学发展贡献有价值的审计智慧，促进和保障审计在党和国家监督体系中发挥重要作用。

作者

二〇二〇年一月

目　录

1. 各年度环境保护专项资金总体支出情况及占全部财政支出的比例

1.1 审计目标

检查各年度环境保护专项资金总体支出情况及占全部财政支出的比例。

1.2 所需数据

【财政_支付凭证表】

1.3 审计思路

《2019 年政府收支分类科目》规定："211 节能环保支出，01 环境保护管理事务，02 环境监测与监察，03 污染防治，04 自然生态保护，05 天然林保护，06 退耕还林，07 风沙荒漠治理，08 退牧还草，09 已垦草原退耕还草，10 能源节约利用，11 污染减排，12 可再生能源，13 循环经济，14 能源管理事务。"

基于上述规定，通过查询 211 科目，总体了解各年度节能环保资金总体支出情况及占全部财政支出的比例，揭示环保资金支出情况。

1.4 审计方法

在【财政_支付凭证表】中，以预算年度、预算科目编码的前三位为条件分组，对支付金额求和，同时计算 211 科目的支付金额与全部财政支出总额之比。

1.5 SQL 语句

select 预算年度，left（预算科目编码，3）as 预算科目编码，SUM（支付金额）as 支付金额，SUM（支付金额）／（select SUM（支付金额）from 财政_支付凭证表）as 占全年财政支出比

from 财政_支付凭证表

where 预算科目编码 like '211%'

group by 预算年度，left（预算科目编码，3）

1.6 结果展示

预算年度	预算科目编码	支付金额	占全年财政支出比
2016	211	118965252	0.0093
2017	211	120003421	0.0095
2018	211	148962312	0.0096
2019	211	167965211	0.0096

2. 环保资金（211 科目）支出结构分析

2.1 审计目标

分析环保资金（211 科目）支出结构及占比。

2.2 所需数据

【财政_支付凭证表】

2.3 审计思路

《2019 年政府收支分类科目》规定："211 节能环保支出，01 环境保护管理事务，02 环境监测与监察，03 污染防治，04 自然生态保护，05 天然林保护，06 退耕还林，07 风沙荒漠治理，08 退牧还草，09 已垦草原退耕还草，10 能源节约利用，11 污染减排，12 可再生能源，13 循环经济，14 能源管理事务。"

基于上述规定，通过查询 211 科目分析环保资金各项支出的金额及占比，揭示环保资金支出情况。

2.4 审计方法

在【财政_支付凭证表】中，以预算年度、预算科目编码为条件分组，查询 211 科目各明细项目支付金额，同时计算 211 科目各项目的支付金额与 211 科目支出总额之比。

2.5 SQL 语句

select 预算年度，预算科目编码，预算科目名称，SUM（支付金额）as 支付金额，SUM（支付金额）/（select SUM（支付金额）from 财政_支付凭证表 where 预算科目编码 like '211%'）as 占比

from 财政_支付凭证表

where 预算科目编码 like '211%'

group by 预算年度，预算科目编码，预算科目名称

order by 预算年度，占比 desc

2.6 结果展示

预算年度	预算科目编码	预算科目名称	支付金额	占比
2017	2110302	水体	61314360	0.515397
2017	2111499	其他能源管理事务支出	12822062	0.107779

续表

预算年度	预算科目编码	预算科目名称	支付金额	占比
2017	2110299	其他环境监测与监察支出	10689420.63	0.089853
2017	2110301	大气	8009936	0.06733
2017	2111301	循环经济	7000000	0.05884
2017	2110101	行政运行	5055536.54	0.042495

3. 查询环保专项资金支出明细情况

3.1 审计目标

查询环保专项资金支出明细情况。

3.2 所需数据

【财政_支付凭证表】

3.3 审计思路

《2019 年政府收支分类科目》规定："211 节能环保支出，01 环境保护管理事务，02 环境监测与监察，03 污染防治，04 自然生态保护，05 天然林保护，06 退耕还林，07 风沙荒漠治理，08 退牧还草，09 已垦草原退耕还草，10 能源节约利用，11 污染减排，12 可再生能源，13 循环经济，14 能源管理事务。"

基于上述规定，通过查询 211 科目，总体了解各年度节能环保资金总体支出的明细情况，揭示环保资金支出情况。

3.4 审计方法

在【财政_支付凭证表】中，以预算科目编码的前三位 211 为条件，查询节能环保资金支出项目明细。

3.5 SQL 语句

select 预算年度，预算单位名称，预算科目编码，预算科目名称，指标来源名称，指标文件名称，摘要，支付金额
from 财政_支付凭证表
where 预算科目编码 like '211%'
order by 预算年度

3.6 结果展示

预算年度	预算单位名称	预算科目编码	预算科目名称	指标来源名称	指标文件名称	摘要	支付金额
2017	＊＊市环境监控信息中心	2110199	其他环境保护管理事务支出	上年结转	＊财预〔2016〕1号	水站建设土建费	20000
2017	＊＊市环境监控信息中心	2110299	其他环境监测与监察支出	本级财力	＊财预〔2017〕1号	发放取暖补贴费	35400
2017	＊＊市环境监控信息中心	2110102	一般行政管理事务	本级财力	＊财预〔2017〕1号	支宣传版面费	5114.42
2017	＊＊市环境监控信息中心	2110299	其他环境监测与监察支出	本级财力	＊财预〔2015〕1号	中心电费	12348.9
2017	＊＊市环境监控信息中心	2110299	其他环境监测与监察支出	本级财力	＊财预〔2015〕1号	中心电费	15171.5
2017	＊＊市环境监控信息中心	2110299	其他环境监测与监察支出	本级财力	＊财预〔2015〕1号	中心电费	17098.3

4. 环保专项资金是否拨付到具体单位

4.1 审计目标

检查环保专项资金是否拨付到具体单位。

4.2 所需数据

【财政_支付凭证表】

4.3 审计思路

《2019年政府收支分类科目》规定："211节能环保支出，01环境保护管理事务，02环境监测与监察，03污染防治，04自然生态保护，05天然林保护，06退耕还林，07风沙荒漠治理，08退牧还草，09已垦草原退耕还草，10能源节约利用，11污染减排，12可再生能源，13循环经济，14能源管理事务。"

基于上述规定，通过查询211科目，检查各年度节能环保资金支出的明细表是否支付到具体单位，揭示环保资金支付的真实性。

4.4 审计方法

在【财政_支付凭证表】中，显示预算年度，预算单位名称，预算科目编码，预算科目名称，指标来源名称，指标文件名称，摘要，支付金额的字段内容，查询预算科目编码为 211 科目并且预算单位名称为空的记录。

4.5 SQL 语句

select 预算年度，预算单位名称，预算科目编码，预算科目名称，指标来源名称，指标文件名称，摘要，支付金额

from 财政_支付凭证表

where 预算科目编码 like '211%' and 预算单位名称 is null

order by 预算年度

4.6 结果展示

预算年度	预算单位名称	预算科目编码	预算科目名称	指标来源名称	指标文件名称	摘要	支付金额
2017		2110299	其他环境监测与监察支出	本级财力		付 2017 年 6 月份临时聘用人员工资	7605.06
2017		2110199	其他环境保护管理事务支出	本级财力		六五环境日制作费	16500
2017		2110199	其他环境保护管理事务支出	本级财力		复印费	500
2017		2110199	其他环境保护管理事务支出	本级财力		刻章、印油费	320
2017		2110199	其他环境保护管理事务支出	本级财力		打印费	3470
2017		2110199	其他环境保护管理事务支出	本级财力		材料费	1100
2017		2110199	其他环境保护管理事务支出	本级财力		租赁费	1200

5. 财政部门拨出环保资金与环保部门收到环保资金差异分析

5.1 审计目标

检查环保部门收到的环保资金与财政部门拨付的专项资金差异情况。

5.2 所需数据

【财政_支付凭证表】【基础表_财务_凭证表】

5.3 审计思路

财政部门的环保专项资金拨款数减环保部门专项资金收入数，等于环保部门少收资金数。并分别与财政部门和环保部门进行核对，检查是财政部门少拨了资金还是环保部门未列入财务账套管理，并进一步检查有无滞留和挤占挪用。

5.4 审计方法

5.4.1 计算财政部门环保专项资金拨款数据合计

将财政部门环保专项资金拨款按年度、资金使用单位分组合计，存入【审计中间表_环保_环保专项资金拨付合计表】。

5.4.2 计算环保部门专项资金收到数据合计

将本级环保部门环保专项资金收入明细情况，从凭证库中按科目编码（专项资金收入的编码40102）分组合计，计算专项资金收入合计数。

5.4.3 计算拨付数与收到数的差额

计算财政部门环保专项资金拨款合计数与环保部门环保专项资金收入合计数之差，进一步检查资金拨付管理的合规性。

5.5 SQL 语句

5.5.1 计算财政部门环保专项资金拨款数据合计

select 预算年度，预算单位名称，left（预算科目编码，3）as 环保类科目代码，sum（支付金额）as 财政拨款金额

into 审计中间表_环保_环保专项资金拨付合计表

from 财政_支付凭证表

where 预算科目编码 like '211%'

group by 预算年度，预算单位名称，left（预算科目编码，3）

5.5.2 计算环保部门专项资金收到数据合计

select 年度，单位名称，left（科目编号，5）as 科目编号，sum（贷方金额）as 到账金额

into 审计中间表_环保_环保专项资金收到合计表

from 基础表_财务_凭证表

where 科目编号 like '40102%'

group by 年度，单位名称，left（科目编号，5）

5.5.3 计算拨付数与收到数的差额

select a. 预算年度，a. 预算单位名称，a. 财政拨款金额，b. 到账金额，a. 财

政拨款金额 – b. 到账金额 as 差额

    from 审计中间表_环保_环保专项资金拨付合计表 as a

    join 审计中间表_环保_环保专项资金收到合计表 as b

    on a. 预算年度 = b. 年度

    and a. 预算单位名称 = b. 单位名称

5.6 结果展示

预算年度	预算单位名称	财政拨款金额	到账金额	差额
2015	＊＊市环保局	20000000	15000000	5000000
2016	＊＊市环保局	30000000	26000000	4000000
2017	＊＊市环保局	32000000	28000000	4000000
2018	＊＊市环保局	32000000	30000000	2000000
2019	＊＊市生态环境局	29000000	25000000	4000000

6. 应纳入未纳入环保部门重点污染监控企业

6.1 审计目标

检查应纳入未纳入环保部门重点污染监控企业的单位。

6.2 所需数据

【环保_重点污染企业名单】【工商_工商登记信息】

6.3 审计思路

6.3.1 应纳入未纳入环保部门重点大气污染监控企业

《关于印发〈重点排污单位名录管理规定（试行）〉的通知》（环办监测〔2017〕86号）第六条："具备下列条件之一的企业事业单位，纳入大气环境重点排污单位名录。（一）一种或几种废气主要污染物年排放量大于设区的市级环境保护主管部门设定的筛选排放量限值。废气主要污染物指标是指二氧化硫、氮氧化物、烟粉尘和挥发性有机物。筛选排放量限值根据环境质量状况确定，排污总量占比不得低于行政区域工业排放总量的65%。（二）有事实排污且属于废气污染重点监管行业的所有大中型企业。废气污染重点监管行业包括：火力发电、热力生产和热电联产，有水泥熟料生产的水泥制造业，有烧结、球团、炼铁工艺的钢铁冶炼业，有色金属冶炼，石油炼制加工，炼焦，陶瓷，平板玻璃制造，化工，制药，煤化工，表面涂装，包装印刷业等。各地可根据本地实际情况增加相关废气污染重点监管行业。（三）实行排污许可重点管理的已发放排污许可证的排放废气污染物的单位。（四）排放有毒有害大气污染物（具体参见环境保护部发布的有毒有害大气污染物名录）的企业事业单位；固体废物集中焚烧设施的运营单位。（五）设区的市级以上地方人民政府大气污染防治目标责任书中承担污染治理任务的企业事业单位。（六）环保警示企业、环保不良企业、三年内发生较大及以上突发大气环境污染事件或因大气环境污染问题造成重大社会影响或被各级环境保护主管部门通报处理尚未完成整改的企业事业单位。"

基于上述规定，检查应当纳入未纳入环保部门大气重点污染监控企业的情况，揭示管理层面的制度和南投问题。

6.3.2 应纳入未纳入环保部门重点水污染监控企业

《关于印发〈重点排污单位名录管理规定（试行）〉的通知》（环办监测〔2017〕86号）第五条："具备下列条件之一的企业事业单位，纳入水环境重点排污单位名录。（一）一种或几种废水主要污染物年排放量大于设区的市级环境保护主管部门设定的筛选排放量限值。废水主要污染物指标是指化学需氧量、氨氮、总磷、总氮以及汞、镉、砷、铬、铅等重金属。筛选排放量限值根据环境质量状况确定，排污总量占比不得低于行政区域工业排污总量的65%。（二）有事实排污且属于废水污染重点监管行业的所有大中型企业。废水污染重点监管行业包括：制浆造纸，焦化，氮肥制造，磷肥制造，有色金属冶炼，石油化工，化学原料和化学制品制造，化学纤维制造，有漂白、染色、印花、洗水、后整理等工艺的纺织印染，农副食品加工，原料药制造，皮革鞣制加工，毛皮鞣制加工，羽毛（绒）加工，农药，电镀，磷矿采选，有色金属矿采选，乳制品制造，调味品和发酵制品制造，酒和饮料制造，有表面涂装工序的汽车制造，有表面涂装工序的半导体液晶面板制造等。各地可根据本地实际情况增加相关废水污染重点监管行业。（三）实行排污许可重点管理的已发放排污许可证的产生废水污染物的单位。（四）设有污水排放口的规模化畜禽养殖场、养殖小区。（五）所有规模的工业废水集中处理厂、日处理10万吨及以上或接纳工业废水日处理2万吨以上的城镇生活污水处理厂。各地可根据本地实际情况降低城镇污水集中处理设施的规模限值。（六）产生含有汞、镉、砷、铬、铅、氰化物、黄磷等可溶性剧毒废渣的企业。（七）设区的市级以上地方人民政府水污染防治目标责任书中承担污染治理任务的企业事业单位。（八）三年内发生较大及以上突发水环境污染事件或者因水环境污染问题造成重大社会影响的企业事业单位。（九）三年内超过水污染物排放标准和重点水污染物排放总量控制指标被环境保护主管部门予以'黄牌'警示的企业，以及整治后仍不能达到要求且情节严重被环境保护主管部门予以'红牌'处罚的企业。"、《河南省污染防治攻坚战三年行动计划（2018—2020 年）》（豫政〔2018〕30 号）中关于"（四）打好城乡扬尘全面清洁攻坚战役。……1. 提升环境质量监测能力。（1）建立覆盖全面的空气质量监测网络。……2018 年年底前完成全省所有乡镇环境空气自动站建设任务。2019 年年底前全省产业集聚区、工业园区设置环境空气质量监测站点。""3. 强化污染源自动监控能力。（1）完善重点涉气工业企业全覆盖的监控体系。……2018 年 9 月底前，全省满足自动监控设施建设标准的涉气企业全部完成自动监控设施建设；2019 年对全省第二次污染源普查的涉气企业进行全面筛查（含排气口高度超过 45 米的高架源），2019 年 9 月底前，满足自动监控设施建设标准（含无组织排放治理后，设置集气罩并配备除尘设施的工业企业）的企业全部完成自动监控设施建设。""（2）构建 VOCs 排放监控体系。……2018 年年底前，建立 VOCs 排放企业清单，发布重点排污单位名录；2019 年年底前，按规定要求完成 VOCs 自动监控设施建设""4. 强化监测监控数据质量控制。……开展环境监测数据质量监督检查专项行动，严厉惩处环境监测数据弄虚作假行为。对各地不当干预监测行为的，监测机构运行维护不到位或篡改、伪造、干扰监测数据的，排污单位弄虚作假的，依纪依法从严处罚，追究责任。"《京津冀及周边地区 2018—2019 年秋冬季大气污染综合治理攻坚行动方案》（环大气〔2018〕100 号）中关于"（十）加强基础能力建设。……29. 加强污染源自动监控体系建设。2018 年 10 月底前，生态环境部出台 VOCs 在线监测技术规范。各地要严格落实排气口高度超过 45 米的高架源安装自动监控设施、数据传输有效率达到 90% 的监控要求，未达到的予以停产整治。石化、化工、包装印刷、工业涂装等 VOCs 排放重点源，纳入重点排污单位名录，加快安装废气排放自动监控设施，并与生态环境主管部门联网。企业在正常生产以及限产、停产、检修等非正常工况下，均应保证自动监控设施正常运行并联网传输数据。"

基于上述规定，管理部门对应纳入未纳入重点排污企业行为，应当依法进行处理处罚，责令将其纳入重点企业进行管理。有的单位由于疏于管理，致使发生了应纳入未纳入重点排污企业行为的情况。

通过审计，检查应纳入未纳入重点排污企业行为的情况，揭示有关主管部门管理不严格，制度流于形式，或谋取私人利益，执法不严格，包容放纵违规现象的发生，导致应纳入未纳入重点排污企业行为的情况。

6.3.3　应纳入未纳入环保部门重点土壤污染监控企业

《关于印发〈重点排污单位名录管理规定（试行）〉的通知》（环办监测

〔2017〕86号）第七条："具备下列条件之一的企业事业单位，纳入土壤环境污染重点监管单位名录。（一）有事实排污且属于土壤污染重点监管行业的所有大中型企业。土壤污染重点监管行业包括：有色金属矿采选、有色金属冶炼、石油开采、石油加工、化工、焦化、电镀、制革等。各地可根据本地实际情况增加相关土壤污染重点监管行业。（二）年产生危险废物100吨以上的企业事业单位。（三）持有危险废物经营许可证，从事危险废物贮存、处置、利用的企业事业单位。（四）运营维护生活垃圾填埋场或焚烧厂的企业事业单位，包含已封场的垃圾填埋场。（五）三年内发生较大及以上突发固体废物、危险废物和地下水环境污染事件，或者因土壤环境污染问题造成重大社会影响的企业事业单位。"

基于上述规定，管理部门应纳入未纳入重点土壤污染监控企业的行为，应当依法进行处理处罚，责令将其纳入重点土壤污染监控企业进行管理。有的单位，疏于管理，发生了应纳入未纳入重点土壤污染监控企业的情况。

通过审计，检查应纳入未纳入重点土壤污染监控企业行为的情况，揭示有关主管部门管理不严格，制度流于形式，或谋取私人利益，执法不严格，包容放纵违规现象的发生，导致应纳入未纳入重点土壤污染监控企业情况。

6.3.4 应纳入未纳入环保部门其他重点污染监控单位

《关于印发〈重点排污单位名录管理规定（试行）〉的通知》（环办监测〔2017〕86号）第九条"具备下列条件之一的企业事业单位，纳入其他重点排污单位名录。（一）具有试验、分析、检测等功能的化学、医药、生物类省级重点以上实验室、二级以上医院等污染物排放行为引起社会广泛关注的或者可能对环境敏感区造成较大影响的企业事业单位。（二）因其他环境污染问题造成重大社会影响、或经突发环境事件风险评估划定为较大及以上环境风险等级的企业事业单位。（三）其他有必要列入的情形。"

基于上述规定，管理部门应纳入未纳入其他重点污染监控单位的行为，应当依法进行处理处罚，责令将其纳入其他重点污染监控单位进行管理。有的单位，疏于管理，发生了应纳入未纳入其他重点污染监控单位的情况。

通过审计，检查应纳入未纳入其他重点污染监控单位的情况，揭示有关主管部门管理不严格，制度流于形式，或谋取私人利益，执法不严格，包容放纵违规现象的发生，导致应纳入未纳入其他重点污染监控单位情况。

6.4 审计方法

6.4.1 应纳入未纳入环保部门重点大气污染监控企业

以单位名称为主键，关联【环保_重点污染企业名单】表和【工商_工商登记信息】表，查询【工商_工商登记信息】表中经营范围中包含"火力发电、热力生产、热电联产、水泥制造、烧结、炼铁、钢铁冶炼、金属冶炼、石油炼制、炼焦、陶瓷、玻璃制造、制药、煤化工、表面涂装、包装印刷"，【环保_重点污染企业名单】中类别为"大气"，且单位名称不存在的记录。

6.4.2 应纳入未纳入环保部门重点水污染监控企业

以单位名称为主键，关联【环保_重点污染企业名单】表和【工商_工商登记信息】表，查询【工商_工商登记信息】表中经营范围中包含"造纸、焦化、氮肥制造、磷肥制造、有色金属冶炼、石油化工、化学原料、化学制品制造、化学纤维制造、漂白、染色、印花、洗水、纺织印染、农副食品加工、原料药制造、皮革鞣制加工、毛皮鞣制加工、毛（绒）加工、农药、电镀、磷矿采选、有色金属矿采选、乳制品制造、调味品制造、发酵制品制造、酒制造、饮料制造、汽车制造、半导体液晶面板制"，【环保_重点污染企业名单】中类别为"水"，且单位名称不存在的记录。

6.4.3 应纳入未纳入环保部门重点土壤污染监控企业

以单位名称为主键，关联【环保_重点污染企业名单】表和【工商_工商登记信息】表，查询【工商_工商登记信息】表中经营范围中包含"有色金属矿采选、有色金属冶炼、石油开采、石油加工、化工、焦化、电镀、制革"，【环保_重点污染企业名单】中类别为"土壤"，且单位名称不存在的记录。

6.4.4 应纳入未纳入环保部门其他重点污染监控单位

以单位名称为主键，关联【环保_重点污染企业名单】表和【工商_工商登记信息】表，查询【工商_工商登记信息】表中经营范围中包含"化学、医药、生物"，【环保_重点污染企业名单】中类别为"其他"，且单位名称不存在的记录。

6.5 SQL 语句

6.5.1 应纳入未纳入环保部门重点大气污染监控企业

select a. 企业名称，a. 企业状态，a. 企业属性，a. 企业类型，a. 行业小类，a. 法定代表人，a. 经营地址，a. 经营范围，b. 类型，b. 企业名称 as 重点污染企业名称

from 工商_工商登记信息 as a

left join 环保_重点污染企业名单 as b

on a. 企业名称 = b. 企业名称

where (a. 经营范围 like '% 火力发电%'

or a. 经营范围 like '%热力生产%'

or a. 经营范围 like '%热电联产%'

or a. 经营范围 like '%水泥制造%'

or a. 经营范围 like '%烧结%'

or a. 经营范围 like '%炼铁%'

or a. 经营范围 like '%钢铁冶炼%'

or a. 经营范围 like '%金属冶炼%'

or a. 经营范围 like '%石油炼制%'

or a. 经营范围 like '%炼焦%'

or a. 经营范围 like '%陶瓷%'

or a. 经营范围 like '%玻璃制造%'

or a. 经营范围 like '%制药%'

or a. 经营范围 like '%化工%'

or a. 经营范围 like '%表面涂装%'

or a. 经营范围 like '%包装印刷%')

and b. 类型 like '%气%'

and b. 企业名称 is null

6.5.2 应纳入未纳入环保部门重点水污染监控企业

select a. 企业名称, a. 企业状态, a. 企业属性, a. 企业类型, a. 行业小类, a. 法定代表人, a. 经营地址, a. 经营范围, b. 类型, b. 企业名称 as 重点污染企业名称

from 工商_工商登记信息 as a

left join 环保_重点污染企业名单 as b

on a. 企业名称 = b. 企业名称

where（a. 经营范围 like '%造纸%'

or a. 经营范围 like '%焦化%'

or a. 经营范围 like '%氮肥制造%'

or a. 经营范围 like '%磷肥制造%'

or a. 经营范围 like '%有色金属冶炼%'

or a. 经营范围 like '%石油化工%'

or a. 经营范围 like '%化学原料%'

or a. 经营范围 like '%化学制品制造%'

or a. 经营范围 like '% 化学纤维制造%'

or a. 经营范围 like '% 漂白%'

or a. 经营范围 like '% 染色%'

or a. 经营范围 like '% 印花%'

or a. 经营范围 like '% 洗水%'

or a. 经营范围 like '% 纺织印染%'

or a. 经营范围 like '% 农副食品加工%'

or a. 经营范围 like '% 皮革鞣制加工%'

or a. 经营范围 like '% 原料药制造%'

or a. 经营范围 like '% 毛皮鞣制加工%'

or a. 经营范围 like '% 毛%绒%加工%'

or a. 经营范围 like '% 农药%'

or a. 经营范围 like '% 电镀%'

or a. 经营范围 like '% 磷矿采选%'

or a. 经营范围 like '% 有色金属矿采选%'

or a. 经营范围 like '% 乳制品制造%'

or a. 经营范围 like '% 调味品制造%'

or a. 经营范围 like '% 发酵制品制造%'

or a. 经营范围 like '% 酒制造%'

or a. 经营范围 like '% 饮料制造%'

or a. 经营范围 like '% 汽车制造%'

or a. 经营范围 like '% 半导体液晶面板制%')

and b. 类型 like '% 水%'

and b. 企业名称 is null

6.5.3 应纳入未纳入环保部门重点土壤污染监控企业

select a. 企业名称，a. 企业状态，a. 企业属性，a. 企业类型，a. 行业小类，a. 法定代表人，a. 经营地址，a. 经营范围，b. 类型，b. 企业名称 as 重点污染企业名称

from 工商_工商登记信息 as a

left join 环保_重点污染企业名单 as b

on a. 企业名称 = b. 企业名称

where (a. 经营范围 like '% 有色金属矿采选%'

or a. 经营范围 like '% 有色金属冶炼%'

or a. 经营范围 like '% 石油开采%'

or a. 经营范围 like '% 石油加工%'

or a. 经营范围 like '% 化工%'

or a. 经营范围 like '% 焦化%'

or a. 经营范围 like '% 电镀%'

or a. 经营范围 like '% 制革%')

and b. 类型 like '% 土壤%'

and b. 企业名称 is null

6.5.4　应纳入未纳入环保部门其他重点污染监控单位

select a. 企业名称，a. 企业状态，a. 企业属性，a. 企业类型，a. 行业小类，a. 法定代表人，a. 经营地址，a. 经营范围，b. 类型，b. 企业名称 as 重点污染企业名称

from 工商_工商登记信息 as a

left join 环保_重点污染企业名单 as b

on a. 企业名称 ＝ b. 企业名称

where（a. 经营范围 like '% 化学%试验%'

or a. 经营范围 like '% 医药%试验%'

or a. 经营范围 like '% 生物%试验%'）

and b. 类型 like '% 其他%'

and b. 企业名称 is null

6.6　结果展示

6.6.1　应纳入未纳入环保部门重点大气污染监控企业

企业名称	企业状态	企业属性	企业类型	行业类型	行业小类	法定代表人	经营地址	经营范围	注册资本	类型	重点污染企业名称
＊＊新型建材有限公司	正常	私营	有限责任公司	建筑业	其他未列明建筑业	常＊贤	＊＊乡常庄村	煤矸石烧结砖生产。	1000	大气	null
＊＊煤业集团新型建材有限公司	正常	私营	有限责任公司	建筑业	其他未列明建筑业	杜＊纳	＊＊乡丁庄村	煤矸石多孔烧结砖生产经营。	582	大气	null

企业名称	企业状态	企业属性	企业类型	行业类型	行业小类	法定代表人	经营地址	经营范围	注册资本	类型	重点污染企业名称
＊＊实业有限公司	正常	私营	有限责任公司	制造业	有色金属冶炼和压延加工业	何＊涛	＊＊市建设路西段	有色金属冶炼（不含金银）、矿产品加工、电器销售、养殖。	50	大气	null
＊＊新型建材有限责任公司	正常	私营	有限责任公司	制造业	粘土砖瓦及建筑砌块制造	陈＊奎	＊＊县陈刘村	粉煤灰、煤矸石烧结砖生产。	503	大气	null
＊＊集团水泥有限公司	正常	内资	有限责任公司	制造业	水泥制造	黄＊业	＊＊县城北三公里	复合硅酸水泥制造。	2000	大气	null
＊＊第一福利水泥厂	正常	内资	集体所有制	制造业	水泥制造	崔＊头	＊＊乡张庄村	水泥制造。	184	大气	null

6.6.2　应纳入未纳入环保部门重点水污染监控企业

企业名称	企业状态	企业属性	企业类型	行业类型	行业小类	法定代表人	经营地址	经营范围	注册资本	类型	重点污染企业名称
＊＊市造纸毛毯厂	正常	内资	有限责任公司	制造业	纺织、服装及家庭用品	邹＊富	＊＊小南海	造纸用毛毯，造纸机及配件。	1000	水	null
＊＊毛纺织工业总公司	正常	内资	有限责任公司	制造业	纺织、服装及家庭用品	徐＊顺	＊＊街26号副2号	造纸毛布。	300	水	null
＊＊实业有限公司	正常	私营	有限责任公司	制造业	有色金属冶炼和压延加工业	何＊涛	＊＊市建设路西段	有色金属冶炼（不含金银）、矿产品加工、电器销售、养殖。	50	水	null

续表

企业名称	企业状态	企业属性	企业类型	行业类型	行业小类	法定代表人	经营地址	经营范围	注册资本	类型	重点污染企业名称
＊＊商贸有限公司	正常	私营	有限责任公司	制造业	建材	于＊钢	＊＊市工农路＊＊号	建材、电工电料、电器、机械设备、五金、油漆、涂料、土产、日杂、百货、浆板及其造纸原材料成品、化工产品销售。	50	水	null
＊＊造纸材料有限公司	正常	私营	有限责任公司	制造业	其他未列明业	王＊强	＊＊市八龙路北段	造纸原辅材料、工业用纸、文化用纸、化工助剂、五金的批发、零售。	50	水	null
＊＊市石油化工有限责任公司	正常	内资	有限责任公司	制造业	石油及制品	樊＊新	＊＊市文峰路南段	石油化工产品（包括减顶油、烧火油、溶剂油、润滑油，）的批发、零售。	600	水	null

6.6.3　应纳入未纳入环保部门重点土壤污染监控企业

企业名称	企业状态	企业属性	企业类型	行业小类	法定代表人	经营地址	经营范围	类型	重点污染企业名称
＊＊工贸有限公司化工供应站	正常	内资	有限责任公司分公司	机械设备、五金产品及电子产品批发	丁＊法	＊＊市南关大街	五金、交电、化工、办公机具、日用杂品、日用百货的批发、零售。	土壤	null

续表

企业名称	企业状态	企业属性	企业类型	行业小类	法定代表人	经营地址	经营范围	类型	重点污染企业名称
＊＊机电厂劳动服务公司	正常	内资	集体所有制	纺织、服装	王＊禹	＊＊市＊路中段	机电维修，电机、水泵及配件；钢材、建材、化工。	土壤	null
＊＊石油天然气股份有限公司	正常	内资	股份有限公司分公司	机动车燃料零售	朱＊义	＊＊市新兴路西段	车用乙醇汽油、柴油的零售；润滑油、燃料油、石蜡、馏分油、石油焦、化工产品的零售；预包装食品零售；日用百货、汽车配件、农用物资的销售，房屋和机械设备的租赁。	土壤	null
＊＊冶金建材公司	正常	内资	集体所有制	金属及金属矿批发	宋＊囤	＊＊市文峰路南段	钢材、建材、机电产品、有色金属、化工产品、室内外装修、木材、水泥、家用电器、煤炭。	土壤	null
＊＊电工股份有限公司	正常	私营	股份有限公司	五金	袁＊平	＊＊市东城区工业集聚区	电工绝缘材料、电磁线的生产、销售；变压器、电气设备、机电产品、化工原料、电气装备、高低压开关、继电保护装置、电器配件、橡胶制品的销售。	土壤	null
＊＊发展集团公司工业品公司	正常	内资	股份有限公司	纺织、服装	李＊芹	＊＊市建设路中段	针、纺织品，日杂用品，文化用品，五金，交电，化工（不含化学危险品）。	土壤	null

6.6.4　应纳入未纳入环保部门其他重点污染监控单位

企业名称	企业状态	企业属性	企业类型	行业小类	法定代表人	经营地址	经营范围	类型	重点污染企业名称
＊＊中医药投资开发建设有限公司	正常	私营	有限责任公司	其他未列明商务服务业	杨＊震	＊＊市城乡一体化示范区	对中医药行业的投资与开发建设；中医药技术开发；中草药、化学品研制。	其他	null
＊＊经济技术开发区瑞志商贸销售中心	正常	个体	个体工商户	其他未列明零售业	王＊记	＊＊经济技术开发区＊＊乡	化学试验器皿；试剂；检测用品。	其他	null
＊＊生物工程有限公司	吊销	内资	有限责任公司	金属及金属矿批发	彭＊彤	＊＊市劳动路	生物制品，医药。	其他	
＊＊科技发展有限公司	吊销	内资	有限责任公司	其他日用杂品制造	赵＊法	＊＊市南大街	生物制品，医药。	其他	
＊＊生物实验有限公司	吊销	内资	有限责任公司	其他电子设备制造	李＊生	＊＊市高新技术工业园区	生物制品，医药。	其他	
许昌科学技术有限公司	吊销	内资	有限责任公司	房地产开发经营	欧阳＊设	＊＊市七一路四家巷	生物制品，医药。	其他	

7. 重点污染企业没有纳入环保联网监控

7.1　审计目标

检查重点污染企业没有纳入环保联网监控的情况。

7.2　所需数据

【环保_重点污染企业名单】【环保_环保监控联网企业名单】

7.3　审计思路

《中华人民共和国大气污染防治法》第二十四条："重点排污单位应当安装、使用大气污染物排放自动监测设备，与环境保护主管部门的监控设备联网，保证监测设备正常运行并依法公开排放信息。"

《中华人民共和国水污染防治法》第二十三条："重点排污单位还应当安装水污染物排放自动监测设备，与环境保护主管部门的监控设备联网，并保证监测设备正常运行"、《河南省污染防治攻坚战三年行动计划（2018—2020 年）》（豫政〔2018〕30 号）中关于"（四）打好城乡扬尘全面清洁攻坚战役。……1. 加强城市绿化建设。……2018 年、2019 年、2020 年城市建成区绿地（含立体绿化、屋顶绿化）率达到 35.3%、35.6%、35.9%，实现城市绿地内裸露土地绿化治理 30%、60%、80% 以上。""3. 严格施工扬尘污染管控。强化施工扬尘污染防治，将建筑、市政、拆除、公路、水利等各类施工工地扬尘污染防治纳入建筑施工安全生产文明施工管理范畴，严格执行开复工验收、'三员'（监督员、网络员、管理员）管理、城市建筑垃圾处置核准、扬尘防治预算管理等制度，做到工地周边围挡、物料堆放覆盖、土方开挖湿法作业、路面硬化、出入车辆清洗、渣土车辆密闭运输'六个百分之百'，禁止施工工地现场搅拌混凝土、现场配置砂浆，将扬尘管理工作不到位的不良信息纳入建筑市场信用管理体系，情节严重的，列入建筑市场主体'黑名单'。规模以上土石方建筑工地全部安装在线监测和视频监控，并与当地主管部门联网。""4. 强化道路扬尘污染防治。……严格渣土运输车辆规范化管理，实行建筑垃圾从产生、清运到消纳处置的全过程监管。"《京津冀及周边地区 2018—2019 年秋冬季大气污染综合治理攻坚行动方案》（环大气〔2018〕100 号）中关于"（四）优化调整用地结构。9. 加强扬尘综合治理。……严格施工和道路扬尘监管。2018 年 10 月底前，各城市建立施工工地动态管理清单。建筑工地要做到工地周边围挡、物料堆放覆盖、土方开挖湿法作业、路面硬化、出入车辆清洗、渣土车辆密闭运输'六个百分之百'。各地 5000 平方米及以上土石方建筑工地全部安装在线监测和视频监控，并与当地有关主管部门联网。……对渣土车辆未做到密闭运输的，一经查处按上限处罚，拒不改正的，车辆不得上道路行驶。"《中华人民共和国大气污染防治法》第二十四条："重点排污单位应当安装、使用大气污染物排放自动监测设备，与环境保护主管部门的监控设备联网，保证监测设备正常运行并依法公开排放信息。"

基于上述规定，管理部门如果发现应安装在线监测设备而未安装的行为，应当依法进行处理处罚，责令及时安装在线监测设备。有的地方疏于管理，依法安装在线监测设备的意识淡薄，相关单位发生了应安装在线监测设备未安装在线设备的行为。

通过审计，检查应安装在线监测设备未安装在线设备的情况，揭示有关主管部门管理不严格，制度流于形式，或谋取私人利益，执法不严格，包容放纵违规现象的发生，导致应安装在线监测设备未安装在线设备的情况。

7.4 审计方法

以企业名称为主键，关联【环保_重点污染企业名单】表与【环保_环保监控联网企业名单】表，检查出现在【环保_重点污染企业名单】表中的单位，没有出现在【环保_环保监控联网企业名单】表中。

7.5 SQL 语句

select a. 年度，a. 行政区代码，a. 县区，a. 企业名称，a. 类型，b. 企业名称 as 环保监控联网企业，b. 监测点名称 as 环保监控联网企业监测点名称

from 环保_重点污染企业名单 as a

left join 环保_环保监控联网企业名单 as b

on a. 企业名称 = b. 企业名称

where b. 企业名称 is null

7.6 结果展示

年度	行政区代码	县区	企业名称	类型	环保监控联网企业	环保监控联网企业监测点名称
2017	41＊＊＊1	＊＊县	＊＊宝特钢有限公司	废气	null	null
2017	41＊＊＊1	＊＊县	＊＊钢铁有限公司	废气	null	null
2017	41＊＊＊3	＊＊区	＊＊钢铁股份有限公司	废气	null	null
2017	41＊＊＊3	＊＊区	＊＊金属制品有限公司	废水	null	null
2018	41＊＊＊3	＊＊区	＊＊有色金属股份有限公司	废水	null	null
2018	41＊＊＊3	＊＊区	＊＊钢板仓有限责任公司	废水	null	null

8. 重点监控企业在线监测数据不连续

8.1 审计目标

检查纳入监测范围的企业在线监测数据不连续的情况。

8.2 所需数据

【环保_重点企业废气在线监测数据】【环保_重点企业废水在线监测数据】

8.3 审计思路

8.3.1 重点企业废气在线监测数据不连续

《中华人民共和国大气污染防治法》第二十四条："重点排污单位应当安装、

使用大气污染物排放自动监测设备,与环境保护主管部门的监控设备联网,保证监测设备正常运行并依法公开排放信息。"《污染源自动监控设施现场监督检查办法》(环保部令第19号)第七条:"污染源自动监控设施建成后,组织建设的单位应当及时组织验收。经验收合格后,污染源自动监控设施方可投入使用。"和第二十六条:"违反技术规范的要求,对污染源自动监控系统功能进行删除、修改、增加、干扰,造成污染源自动监控系统不能正常运行,或者对污染源自动监控系统中存储、处理或者传输的数据和应用程序进行删除、修改、增加的操作,构成违反治安管理行为的,由环境保护主管部门移送公安部门……追究刑事责任。"

基于上述规定,管理部门如果发现相关单位出现重点企业废气在线监测数据不连续的行为,应当依法进行处理处罚,责令改正。有的主管单位由于疏于管理,在信息系统发生了重点企业废气在线监测数据不连续的情况后,没有及时派出执行人员进行处理,导致废气超标准排放,影响大气质量。

通过审计,检查重点企业废气是否存在在线监测数据不连续的情况,揭示有关主管部门管理不严格,制度流于形式,或谋取私人利益,执法不严格,包容放纵违规现象的发生,导致重点企业废气在线监测数据不连续的情况,进一步核实是否故意停止设备运转,逃避监督。

8.3.2 重点企业废水在线监测数据不连续

《中华人民共和国大气污染防治法》第二十四条:"重点排污单位应当安装、使用大气污染物排放自动监测设备,与环境保护主管部门的监控设备联网,保证监测设备正常运行并依法公开排放信息。"《污染源自动监控设施现场监督检查办法》(环保部令第19号)第七条:"污染源自动监控设施建成后,组织建设的单位应当及时组织验收。经验收合格后,污染源自动监控设施方可投入使用。"和第二十六条:"违反技术规范的要求,对污染源自动监控系统功能进行删除、修改、增加、干扰,造成污染源自动监控系统不能正常运行,或者对污染源自动监控系统中存储、处理或者传输的数据和应用程序进行删除、修改、增加的操作,构成违反治安管理行为的,由环境保护主管部门移送公安部门……追究刑事责任。"

基于上述规定,管理部门如果发现相关单位出现重点企业废水在线监测数据不连续的行为,应当依法进行处理处罚,责令改正。有的主管部门,由于疏于管理,在信息系统发生了重点企业废水在线监测数据不连续的情况后,没有及时派出执行人员进行处理,导致工业废水污染环境。

通过审计,检查重点企业废水是否存在在线监测数据不连续的情况,揭示有关主管部门管理不严格,制度流于形式,或谋取私人利益,执法不严格,包容放纵违规现象的发生，导致重点企业废水在线监测数据不连续的情况，进一步核实是否故意停止设备运转，逃避监督。

8.4 审计方法

8.4.1 重点企业废气在线监测数据不连续

在【环保_重点企业废气在线监测数据】表中，以"行政区域，污染源名称，监控点名称，年度，月份"进行分组，对"日期"进行计数，并将计数结果按从小到大的顺序进行排序，核实当月监测天数中断的污染源和监控点的情况。

8.4.2 重点企业废水在线监测数据不连续

在【环保_重点企业废水在线监测数据】表中，以"行政区域，污染源名称，监控点名称，年度，月份"进行分组，对"日期"进行计数，并将计数结果按从小到大的顺序进行排序，核实当月监测天数中断的污染源和监控点的情况。

8.5 SQL 语句

8.5.1 重点企业废气在线监测数据不连续

select 行政区域，污染源名称，监控点名称，年度，月份，count（日期）as 当月监测天数

from 环保_重点企业废气在线监测数据

group by 行政区域，污染源名称，监控点名称，年度，月份

order by count（日期）

8.5.2 重点企业废水在线监测数据不连续

select 行政区域，污染源名称，监控点名称，年度，月份，count（日期）as 当月监测天数

from 环保_重点企业废水在线监测数据

group by 行政区域，污染源名称，监控点名称，年度，月份

order by count（日期）

8.6 结果展示

8.6.1 重点企业废气在线监测数据不连续

行政区域	污染源名称	监控点名称	年度	月份	当月监测天数
＊关区	＊＊市毛巾有限公司	燃气废气	2017	6	1
＊安区	＊＊制药有限公司	废气出口	2017	8	1
＊都区	＊＊钢铁集团	1 号高炉出铁场	2017	6	1

行政区域	污染源名称	监控点名称	年度	月份	当月监测天数
＊安区	＊＊市金鹏铅业有限公司	烟囱出口	2017	6	2
＊安区	＊＊市天喜镇砖厂	脱硫后	2017	8	4
＊安区	＊＊市冶金有限责任公司	1 号精炼炉出口	2017	8	4

8.6.2 重点企业废水在线监测数据不连续

行政区域	污染源名称	监控点名称	年度	月份	当月监测天数
＊＊县	＊＊市针织有限责任公司	出水口	2017	2	28
＊关区	＊＊水务投资有限公司	出水口	2017	2	28
＊关区	＊＊市郊内衣厂	出水口	2018	2	28
＊关区	＊＊市巾被有限责任公司	出水口	2018	2	28
＊关区	＊＊市纺织品有限公司	废水总排口	2018	2	28
＊安区	＊＊化学工业集团有限责任公司	出水口	2017	2	28

9. 重点监控企业在线监测数据监测指标值超标

9.1 审计目标

检查纳入监测范围的企业在线监测数据监测指标值超标的情况。

9.2 所需数据

【环保_重点企业废气在线监测数据】【环保_重点企业废水在线监测数据】

9.3 审计思路

9.3.1 重点监控企业在线监测数据废气监测指标值超标

《国家监控企业污染源自动监测数据有效性审核办法》第六条："国控企业废气污染源自动监测设备 1 个小时自动采样一次，废水污染源自动监测设备 2 个小时自动采样一次，并整小时实时传输污染源自动监测数据。国控企业对安装的自动监测设备的正常运行负责。"《中华人民共和国大气污染防治法》第二十四条："重点排污单位应当安装、使用大气污染物排放自动监测设备，与环境保护主管部门的监控设备联网，保证监测设备正常运行并依法公开排放信息。"《污染源自动监控设施现场监督检查办法》（环保部令第 19 号）第七条："污染源自动监控设施建成后，组织建设的单位应当及时组织验收。经验收合格后，污染源自动监控设施方可投入使用。"和第二十六条："违反技术规范的要求，对污染源自动监控系统功能进行删除、修改、增加、干扰，造成污染源自动监控系统不能正常运行，或者对污染源自动监控系统中存储、处理或者传输的数据和应用程序进行删除、修改、增加的操作，构成违反治安管理行为的，由环境保护主管部门移送公安部门……追究刑事责任。"

基于上述规定，管理部门如果发现相关单位出现重点监控企业在线监测数据监测指标值超标的行为，应当依法进行处理处罚，责令改正。有的主管部门，由于疏于管理，在信息系统发生了重点企业废水在线监测数据不连续的情况后，没有及时派出执行人员进行处理，导致工业废气污染环境。

通过审计，检查重点监控企业是否存在在线监测数据监测指标值超标的情况，揭示有关主管部门管理不严格，制度流于形式，或谋取私人利益，执法不严格，包容放纵违规现象的发生，导致重点监控企业在线监测数据监测指标值超标的情况。

9.3.2　重点监控企业在线监测数据废水监测指标值超标

《国家监控企业污染源自动监测数据有效性审核办法》第六条："国控企业废气污染源自动监测设备 1 个小时自动采样一次，废水污染源自动监测设备 2 个小时自动采样一次，并整小时实时传输污染源自动监测数据。国控企业对安装的自动监测设备的正常运行负责。"《中华人民共和国大气污染防治法》第二十四条："重点排污单位应当安装、使用大气污染物排放自动监测设备，与环境保护主管部门的监控设备联网，保证监测设备正常运行并依法公开排放信息。"《污染源自动监控设施现场监督检查办法》（环保部令第 19 号）第七条："污染源自动监控设施建成后，组织建设的单位应当及时组织验收。经验收合格后，污染源自动监控设施方可投入使用。"和第二十六条："违反技术规范的要求，对污染源自动监控系统功能进行删除、修改、增加、干扰，造成污染源自动监控系统不能正常运行，或者对污染源自动监控系统中存储、处理或者传输的数据和应用程序进行删除、修改、增加的操作，构成违反治安管理行为的，由环境保护主管部门移送公安部门追究刑事责任。"

基于上述规定，管理部门如果发现相关单位出现重点监控企业废气在线监测数据监测指标值超标的行为，应当依法进行处理处罚，责令改正。有的主管部门，由于疏于管理，在信息系统发生了重点企业废水在线监测数据不连续的情况后，没有及时派出执行人员进行处理，导致工业废水污染环境。

通过审计，检查重点监控企业废气是否存在在线监测数据监测指标值超标的情况，揭示有关主管部门管理不严格，制度流于形式，或谋取私人利益，执法不严格，包容放纵违规现象的发生，导致重点监控企业废水在线监测数据监测指标值超标的情况。

9.4 审计方法

9.4.1 重点监控企业在线监测数据废气监测指标值超标

在【环保_重点企业废气在线监测数据】表中，查询二氧化硫浓度大于 100 或者氮氧化物折算浓度大于 100 或者烟尘浓度大于 30 的记录。

9.4.2 重点监控企业在线监测数据废水监测指标值超标

在【环保_重点企业废水在线监测数据】表中，查询化学需氧量 COD 浓度大于 40 或者氨氮浓度大于 2 的记录。

9.5 SQL 语句

9.5.1 重点监控企业在线监测数据废气监测指标值超标

select 行政区域，污染源名称，监控点名称，年度，月份，二氧化硫浓度，氮氧化物折算浓度，烟尘浓度

from 环保_重点企业废气在线监测数据

where 二氧化硫浓度 ＞ 100

or 氮氧化物折算浓度 ＞ 100

or 烟尘浓度 ＞ 30

9.5.2 重点监控企业在线监测数据废水监测指标值超标

select 行政区域，污染源名称，监控点名称，年度，月份，化学需氧量 COD 浓度，氨氮浓度

from 环保_重点企业废水在线监测数据

where 化学需氧量 COD 浓度 ＞ 40

or 氨氮浓度 ＞ 2

9.6 结果展示

9.6.1 重点监控企业在线监测数据废气监测指标值超标

行政区域	污染源名称	监控点名称	年度	月份	二氧化硫浓度	氮氧化物折算浓度	烟尘浓度
＊关区	＊＊肥业有限公司	废气出口	2017	12	119	132.66	38
＊＊区	＊＊钢铁集团有限公司	自备电厂第一车间	2017	12	116	116.06	40
＊＊市	＊＊管业有限公司	159 脱硫烟气	2017	12	167	157.43	35
＊＊区	＊＊市钢铁实业有限责任公	1 号脱硫塔	2017	12	135	538.61	39
＊安区	＊＊彩高科股份有限公司	光伏 2 期废气排放口	2017	12	185	162.47	40
＊＊市	＊＊铝电有限责任公司	3 号脱硫后	2017	12	115.97	119	41

9.6.2 重点监控企业在线监测数据废水监测指标值超标

行政区域	污染源名称	监控点名称	年度	月份	化学需氧量COD浓度	氨氮浓度
＊＊县	＊＊集团＊＊啤酒有限公司	废水排放口	2018	1	46.59	12.71
＊＊县	＊＊针织有限责任公司	出水口	2016	1	47.77	5.04
＊＊县	＊＊污水净化有限公司	出水口	2018	1	49.99	55.2
＊＊区	＊＊彩高科股份有限公司	废水总排口	2016	1	40.93	0.468
＊＊县	＊＊药业有限公司	总排口	2018	1	41.81	0.86
＊＊县	＊＊清真食品有限公司	排放口	2018	1	42.33	null

10. 重点污染企业没有经过环境影响评价继续生产经营

10.1 审计目标

检查重点污染企业没有经过环境影响评价继续生产经营的情况。

10.2 所需数据

【环保_环评批复信息】【环保_重点污染企业名单】

10.3 审计思路

《中华人民共和国大气污染防治法》第十八条："企业事业单位和其他生产经营者建设对大气环境有影响的项目，应当依法进行环境影响评价、公开环境影响评价文件；向大气排放污染物的，应当符合大气污染物排放标准，遵守重点大气污染物排放总量控制要求。"《中华人民共和国环境影响评价法》第二十五条："建设项目的环境影响评价文件未依法经审批部门审查或者审查后未予批准的，建设单位不得开工建设。"

基于上述规定，有关部门在对重点排污企业继续生产经营之前应当由环保部门对其作出环境评价之后，方可发放排污许可证。

通过审计，检查对重点排污企业继续生产经营之前应当由环保部门对其作出环境评价而未作出环境评价的情况，揭示有关主管部门管理不严格，制度流于形式，或谋取私人利益，执法不严格，包容放纵违规现象的发生，导致对重点排污企业继续生产经营之前应当由环保部门对其作出环境评价而未作出环境评价的情况。

10.4 审计方法

以项目名称为主键，关联【环保_重点污染企业名单】表和【环保_环评批复信息】表，查询出现在【环保_重点污染企业名单】表中的单位名称没有出现在【环保_环评批复信息】表中，进一步查明原因。

10.5 SQL 语句

select a. 行政区代码，a. 县区，a. 组织机构代码，a. 企业名称，a. 年度，a. 类型，b. 单位名称 as 环评单位名称

from 环保_重点污染企业名单 as a

left join 环保_环评批复信息 as b

on a. 企业名称 = b. 单位名称

where b. 单位名称 is null

10.6 结果展示

行政区代码	县区	组织机构代码	企业名称	年度	类型	环评单位名称
410＊＊＊505	＊＊区	71＊＊＊9173420	＊＊钢铁股份有限公司	2016	废水	null
410＊＊＊506	＊＊区	17＊＊＊2191923	＊＊化学工业集团有限责任公司	2016	废水	null
410＊＊＊506	＊＊区	17＊＊＊2195974	＊＊高科股份有限公司	2016	废水	null
410＊＊＊505	＊＊区	17＊＊＊2195975	＊＊发电厂	2016	废气	null
410＊＊＊505	＊＊区	71＊＊＊9173420	＊＊钢铁股份有限公司	2016	废气	null
410＊＊＊505	＊＊区	77＊＊＊5147913	＊＊集团＊＊有限公司	2016	废气	null

11. 重点污染企业通过环境评价

11.1 审计目标

检查重点污染企业通过环境评价的情况。

11.2 所需数据

【环保_环评批复信息】【环保_重点污染企业名单】

11.3 审计思路

《中华人民共和国大气污染防治法》第十八条："企业事业单位和其他生产经营者建设对大气环境有影响的项目，应当依法进行环境影响评价、公开环境影响评价文件；向大气排放污染物的，应当符合大气污染物排放标准，遵守重点大气污染物排放总量控制要求。"《中华人民共和国环境影响评价法》第二十七条："在项目

建设、运行过程中产生不符合经审批的环境影响评价文件的情形的，建设单位应当组织环境影响的后评价，采取改进措施，并报原环境影响评价文件审批部门和建设项目审批部门备案；原环境影响评价文件审批部门也可以责成建设单位进行环境影响的后评价，采取改进措施。"

基于上述规定，检查从环评批复信息里筛查出新建、扩建重点排污企业，查看企业环评报告内容，实地查看企业是否存在弄虚作假，与批准的内容不符等情况。

通过审计，检查对重点污染企业通过环境评价的情况，揭示有关主管部门管理不严格，制度流于形式，或谋取私人利益，执法不严格，包容放纵违规现象的发生，导致重点污染企业通过环境评价的情况。

11.4 审计方法

以单位名称为主键，关联【环保_环评批复信息】表和【环保_重点污染企业名单】表，检查通过环评批复的重点污染企业的环评报告，实地查看重点污染企业的状况。

11.5 SQL 语句

select a. 行政区代码，a. 县区，a. 企业名称，a. 年度，a. 类型，b. 单位名称 as 环评单位名称，b. 建设项目名称 as 环评建设项目名称，b. 建设性质 as 环评建设性质，

审批时间 as 环评审批时间，b. 年度 as 环评年度

from 环保_重点污染企业名单 as a

join 环保_环评批复信息 as b

on a. 企业名称 ＝ b. 单位名称

11.6 结果展示

行政区代码	县区	企业名称	年度	类型	通过环评单位名称	通过环评建设项目名称	通过环评建设性质	通过环评审批时间	通过环评年度
410＊＊＊520	＊＊区	＊＊集团A有限责任公司	2018	废气	＊＊集团A有限责任公司	年产20万吨铸铁管项目	改扩建	2018-03-05	2018
410＊＊＊521	＊＊区	＊＊集团B有限责任公司	2018	废气	＊＊集团B有限责任公司	年产30万吨铸铁管项目	改扩建	2018-04-06	2018
410＊＊＊522	＊＊县	＊＊集团C有限责任公司	2016	废气	＊＊集团C有限责任公司	年产25万吨铸铁管项目	改扩建	2018-08-03	2018

行政区代码	县区	企业名称	年度	类型	通过环评单位名称	通过环评建设项目名称	通过环评建设性质	通过环评审批时间	通过环评年度
410＊＊＊522	＊＊县	＊＊集团D有限责任公司	2016	废气	＊＊集团D有限责任公司	年产40万吨铸铁管项目	改扩建	2018－12－08	2018
410＊＊＊520	＊＊区	＊＊市A水泥有限责任公司	2018	废气	＊＊市A水泥有限责任公司	水泥粉磨站系统技改工程	改扩建	2018－11－12	2016
410＊＊＊520	＊＊区	＊＊市B水泥有限责任公司	2018	废气	＊＊市B水泥有限责任公司	水泥粉磨站系统技改工程	改扩建	2018－05－16	2016

12. 排污单位没有取得排污许可证

12.1 审计目标

检查没有取得排污许可证而排放污水的单位。

12.2 所需数据

【工商_工商登记信息】【税务_税款征收信息】【环保_排污许可证发放信息】

12.3 审计思路

《中华人民共和国环境保护法》第四十五条："国家依照法律规定实行排污许可管理制度。实行排污许可管理的企业事业单位和其他生产经营者应当按照排污许可证的要求排放污染物；未取得排污许可证的，不得排放污染物。"

基于上述规定，检查【工商_工商登记信息】中经营范围为"火电、造纸、钢铁、水泥、印染、制药、农药、皮革、氮肥"等行业且经营状态为正常的生产单位，没有取得取水许可证的情况，进一步核查。

通过审计，检查没有取得排污许可证而排放污水的单位，揭示有关主管部门管理不严格，制度流于形式，或谋取私人利益，执法不严格，包容放纵违规现象的发生，导致没有取得排污许可证而排放污水的情况。

12.4 审计方法

以【工商_工商登记信息】表中经营范围包含"火电、造纸、钢铁、水泥、印染、制药、农药、皮革、氮肥"的单位名称和【税务_税款征收信息】的纳税人名称为主键，关联【工商_工商登记信息】表和【税务_税款征收信息】表，查询出正常营业的排污单位后，再以单位名称为主键，关联【环保_排污许可证发放信息】表，查询没有发放排污许可证的正常经营的排污单位。

12.5　SQL 语句

select distinct c. ＊, d. 单位名称

from（select a. ＊, b. 纳税人名称

from（select ＊

from 工商_工商登记信息

where 经营范围 like '％火电％'

or 经营范围 like '％造纸％'

or 经营范围 like '％钢铁％'

or 经营范围 like '％水泥％'

or 经营范围 like '％印染％'

or 经营范围 like '％火电％'

or 经营范围 like '％制药％'

or 经营范围 like '％农药％'

or 经营范围 like '％皮革％'

or 经营范围 like '％氮肥％'）as a

join 税务_税款征收信息 as b

on a. 企业名称 = b. 纳税人名称 ）as c

left join 环保_排污许可证发放信息 as d

on c. 企业名称 = d. 单位名称

where d. 单位名称 is null

12.6　结果展示

企业名称	注册号	企业状态	企业属性	企业类型	行业类型	行业小类	法定代表人	经营地址	经营范围	登记机关	发放排污许可证的单位名称
＊＊再生资源有限公司	411＊＊＊＊0001 8036	正常	私营	有限责任公司	制造业	建材	张＊杰	＊＊区南大街	沙石、水泥及水泥制品、煤矸石及其制品、石膏等矿产品的生产和销售。	＊＊市工商行政管理局	null

续表

企业名称	注册号	企业状态	企业属性	企业类型	行业类型	行业小类	法定代表人	经营地址	经营范围	登记机关	发放排污许可证的单位名称
＊＊新型建材有限公司	411＊＊＊＊13025319	正常	私营	有限责任公司	制造业	其他未列明制造业	崔＊玲	＊＊区北环路中段立交桥路南	无机水泥发泡保温板的加工及销售。	＊＊市工商行政管理局	null
＊＊实业发展有限公司	411＊＊＊＊00001347	正常	私营	有限责任公司	制造业	棉纺纱加工	王＊占	＊＊镇311国道北侧	纺织品生产、印染和后整理加工、服装的生产与销售。	＊＊县工商行政管理局	null
＊＊发展有限公司绒布印染分公司	411＊＊＊＊00005492	正常	私营	有限责任公司分公司	制造业	棉纺纱加工	葛＊南	＊＊镇311国道北侧	纺织品生产、印染和后整理加工。	＊＊县工商行政管理局	null
＊＊水泥有限公司	410＊＊＊＊00013426	正常	外资	有限责任公司	制造业	水泥制造	乔＊喜	＊＊镇路口村	水泥制造、销售。	＊＊市工商行政管理局	null
＊＊建材开发有限公司	411＊＊＊＊00009762	正常	私营	有限责任公司	制造业	水泥、石灰和石膏制造	郭＊军	＊＊工业园区	水泥助磨剂及相关产品的研发、生产、销售；空气滤清器及其生产设备和零部件的研发、生产、销售。	＊＊市工商行政管理局	null
＊＊贸易有限公司	411＊＊＊＊13040602	正常	私营	有限责任公司	制造业	服装	马＊槽	＊＊七一路行署院	服装服饰、鞋帽、皮革制品、洗涤用品、化妆品、五金交电、电子产品经营。	＊＊市工商行政管理局	null

13. 没经过环评审批直接发放排污许可证

13.1 审计目标

检查没有经过环境评价直接发放排污许可证的情况。

13.2 所需数据

【环保_排污许可证发放信息】【环保_环评批复信息】

13.3 审计思路

《中华人民共和国环境影响评价法》第八条："国务院有关部门、设区的市级以上地方人民政府及其有关部门，对其组织编制的工业、农业、畜牧业、林业、能源、水利、交通、城市建设、旅游、自然资源开发的有关专项规划（以下简称专项规划），应当在该专项规划草案上报审批前，组织进行环境影响评价，并向审批该专项规划的机关提出环境影响报告书。"

基于上述规定，有关部门在对排污单位发放排污许可证之前，应当由环保部门对其作出环境评价，查明没有作出环境评价而发放排污许可证的原因。

通过审计，检查在对排污单位发放排污许可证之前应当由环保部门对其作出环境评价而未作出环境评价的情况，揭示有关主管部门管理不严格，制度流于形式，或谋取私人利益，执法不严格，包容放纵违规现象的发生，导致对排污单位发放排污许可证之前应当由环保部门对其作出环境评价而未作出环境评价的情况。

13.4 审计方法

以单位名称为主键，关联【环保_排污许可证发放信息】表和【环保_环评批复信息】表，查询在【环保_排污许可证发放信息】表中出现的单位名称没有出现在【环保_环评批复信息】表中。

13.5 SQL 语句

select a. 行政区划，a. 单位名称，a. 排污许可证号，a. 排污许可证期限，a. 排污主要污染物浓度限值及总量控制限制，a. 排污主要污染物浓度限值及总量控制限制，b. 单位名称 as 环评单位名称

from 环保_排污许可证发放信息 as a

left join 环保_环评批复信息 as b

on a. 单位名称 = b. 单位名称

where b. 单位名称 is null

13.6 结果展示

行政区划	单位名称	排污许可证号	排污许可证期限	排污主要污染物浓度限值及总量控制限制	排污主要污染物浓度限值及总量控制限制	环评单位名称
＊＊市	＊＊市三丰纸业包装厂	9141＊＊＊＊721860852 Q001 P	2017.05.30—2020.05.29	颗粒物：0.14 吨/年；二氧化硫：0.12 吨/年；氮氧化物：1.87 吨/年。化学需氧量：12.670 吨/年；氨氮：1.950 吨/年。	颗粒物：0.14 吨/年；二氧化硫：0.12 吨/年；氮氧化物：1.87 吨/年。化学需氧量：12.670 吨/年；氨氮：1.950 吨/年。	null
＊＊市	＊＊市纸业有限公司	9141＊＊＊＊780541309 N001 P	2017.05.30—2020.05.29	颗粒物：0.843 吨/年；二氧化硫：2.107 吨/年；氮氧化物：8.427 吨/年。化学需氧量：0.192 吨/年；氨氮：0.019 吨/年。	颗粒物：0.843 吨/年；二氧化硫：2.107 吨/年；氮氧化物：8.427 吨/年。化学需氧量：0.192 吨/年；氨氮：0.019 吨/年。	null
＊＊市	＊＊热电有限责任公司	9141＊＊＊＊6700588774001 P	2017.05.30—2020.05.29	颗粒物：187.700 吨/年；二氧化硫：656.920 吨/年；氮氧化物：938.460 吨/年。	颗粒物：187.700 吨/年；二氧化硫：656.920 吨/年；氮氧化物：938.460 吨/年。	null
＊＊市	＊＊煤焦集团有限公司北厂	9141＊＊＊＊764874576 T002 P	2017.05.31—2020.05.30	颗粒物：5.456 吨/年；二氧化硫：54.586 吨/年；氮氧化物：77.980 吨/年。	颗粒物：5.456 吨/年；二氧化硫：54.586 吨/年；氮氧化物：77.980 吨/年。	null
＊＊市	＊＊煤焦集团有限公司南厂	9141＊＊＊＊764874576 T001 P	2017.05.31—2020.05.30	颗粒物：12.312 吨/年；二氧化硫：123.120 吨/年；氮氧化物：175.900 吨/年。	颗粒物：12.312 吨/年；二氧化硫：123.120 吨/年；氮氧化物：175.900 吨/年。	null
＊＊市	＊＊集团煤焦有限公司	9141＊＊＊＊6149858011001 P	2017.05.31—2020.05.30	颗粒物：6 吨/年；二氧化硫：60.005 吨/年；氮氧化物：85.723 吨/年。	颗粒物：6 吨/年；二氧化硫：60.005 吨/年；氮氧化物：85.723 吨/年。	null

14. 限产期间用电量高于全年平均用电量

14.1 审计目标

检查限产期间企业用电量高于全年平均用电量的情况。

14.2 所需数据

【工信_企业错峰生产台账】【电力_企业用电信息】

14.3 审计思路

《京津冀及周边地区2018—2019年秋冬季大气污染综合治理攻坚行动方案》（环大气〔2018〕100号）中关于"（九）实施工业企业错峰生产与运输。26.因地制宜推进工业企业错峰生产。实行差别化错峰生产，严禁采取'一刀切'方式。各地重点对钢铁、建材、焦化、铸造、有色、化工等高排放行业，实施采暖期错峰生产。"《河南省污染防治攻坚战三年行动计划（2018—2020年）》（豫政〔2018〕30号）中关于"（二）打好工业企业绿色升级攻坚战役。……7.开展秋冬大气污染防治攻坚行动。……在采暖季，实施钢铁、焦化、铸造、建材、有色、化工行业错峰生产（水泥行业实行'开二停一'），其中，对2018年10月底前稳定达到超低排放的企业，当年给予错峰生产豁免政策激励。"

基于以上规定，企业在重污染天气管控期间应采取差别化错峰生产，用电量信息是反映企业是否正常生产的重要数据，能够基本真实地反映企业生产现状，如果在限产期间某一企业的用电量高于全年平均用电量，说明该企业可能存在没有采取限产措施的情况，需要进一步核实确定。

通过审计，将错峰生产的企业名单与电力公司企业用电量信息进行比对，查看错峰生产企业在管控期间的用电量信息是否与平时相比有明显下降，如果在控管期间的用电量比正常生产期间用电量要大，或者基本一致，说明企业可能没有执行限产和错峰生产规定，审计人员可以进一步核实，查处企业违规生产情况。

14.4 审计方法

14.4.1 生成审计中间表_工信_限产企业关联用电数据表

以企业名称为主键，关联【工信_企业错峰生产台账】表和【电力_企业用电信息】表，生成【审计中间表_工信_限产企业关联用电数据】表。

14.4.2 生成审计中间表_工信_企业限产月份关联用电数据表

以企业名称为主键，关联【工信_企业错峰生产台账】表和【电力_企业用电信息】表，生成【审计中间表_工信_企业限产月份关联用电数据】表。

14.4.3 生成审计中间表_工信_限产企业关联用电数据汇总

以企业名称为条件，分组汇总全年用电总量，生成【审计中间表_工信_限产企业关联用电数据汇总】表。

14.4.4 生成审计中间表_工信_限产企业限产月份关联用电数据汇总

以企业名称为条件，分组汇总限产月份用电总量，生成【审计中间表_工信_限产企业限产月份关联用电数据汇总】表。

14.4.5 查询企业在限产期间用电量不减少的情况

以企业名称为主键，关联【审计中间表_工信_限产企业关联用电数据】表和【审计中间表_工信_企业限产月份关联用电数据】表，查询企业在限产期间的平均用电量不小于全年平均用电量的情况。

14.5 SQL 语句

14.5.1 生成审计中间表_工信_限产企业关联用电数据表

select a. 企业名称，a. 用户编号，a. 年度，a. 用电月份，a. 用电量

into 审计中间表_工信_限产企业关联用电数据

from 电力_企业用电信息 as a

join（select 企业名称

from 工信_企业错峰生产台账

where 类别 like '% 限制%'

or 类别 like '% 限产%'

group by 企业名称）as b

on a. 企业名称 = b. 企业名称

14.5.2 生成审计中间表_工信_企业限产月份关联用电数据表

select a. *，b. *

into 审计中间表_工信_企业限产月份关联用电数据

from 电力_企业用电信息 as a

join（select 企业名称 as 单位名称，限产月份

from 工信_企业错峰生产台账

where 类别 like '% 限制%' or 类别 like '% 限产%'

group by 企业名称，限产月份）as b

on a. 企业名称 = b. 单位名称

14.5.3 生成审计中间表_工信_限产企业关联用电数据汇总

select 企业名称，sum（用电量）as 全部用电量

into 审计中间表_工信_限产企业关联用电数据汇总

from 审计中间表_工信_限产企业关联用电数据

group by 企业名称

14.5.4 生成审计中间表_工信_限产企业限产月份关联用电数据汇总

select 企业名称，sum（用电量）as 三个月用电量

into 审计中间表_工信_限产企业限产月份关联用电数据汇总

from 审计中间表_工信_企业限产月份关联用电数据

where 用电月份 = ′12′ or 用电月份 = ′1′ or 用电月份 = ′2′

group by 企业名称

14.5.5　限产期间用电量不减少的单位

select a. 企业名称，a. 三个月用电量，b. 全部用电量，a. 三个月用电量/b. 全部用电量 as 占比

from 审计中间表_工信_限产企业限产月份关联用电数据汇总 as a

join 审计中间表_工信_限产企业关联用电数据汇总 as b

on a. 企业名称 = b. 企业名称

where b. 全部用电量 > 0

and（a. 三个月用电量/3）>（b. 全部用电量/12）

14.6　结果展示

企业名称	三个月用电量	全部用电量	占比
＊＊机械有限公司	157250	588070	0. 267400139
＊＊陶瓷有限公司	7831680	22399600	0. 349634815
＊＊富来陶瓷有限公司	9314040	31155000	0. 298958113
＊＊富盛陶瓷有限公司	721567	2648520	0. 27244159
＊＊智陶瓷有限公司	954321	4038790	0. 236288839
＊＊金属制品有限公司	343215	1185222	0. 289578661

15. 列入企业污染源清单没有办理排污许可证

15.1　审计目标

检查列入企业污染源清单但没有办理排污许可证的情况。

15.2　所需数据

【环保_企业污染源清单】【环保_排污许可证发放信息】

15.3　审计思路

《中华人民共和国环境保护法》第十七条："国家建立、健全环境监测制度。国务院环境保护主管部门制定监测规范，会同有关部门组织监测网络，统一规划国家环境质量监测站（点）的设置，建立监测数据共享机制，加强对环境监测的管理。有关行业、专业等各类环境质量监测站（点）的设置应当符合法律法规规定和监测规范的

要求。监测机构应当使用符合国家标准的监测设备，遵守监测规范。监测机构及其负责人对监测数据的真实性和准确性负责。"、《排污许可管理办法（试行）》（环境保护部令第 48 号）第四条："排污单位应当依法持有排污许可证，并按照排污许可证的规定排放污染物。应当取得排污许可证而未取得的，不得排放污染物。"

基于上述规定，国家建立健全环境监测制度，要求排污单位依法持有排污许可证，并按照规定排放污染物，列入企业污染源清单的企业会向环境中排放污染物，所以需要办理排污许可证，检查列入企业污染源清单但没有办理排污许可证的情况。

通过审计，查找已经列入企业污染源清单的企业没有及时办理排污许可证的情况，分析原因，及时移送相关部门进行处理。

15.4　审计方法

以单位名称为主键，关联【环保_企业污染源清单】表和【环保_排污许可证发放信息】表，查询出现在【环保_企业污染源清单】表中，而没有出现在【环保_排污许可证发放信息】表中的企业。

15.5　SQL 语句

select a. 企业名称，a. 省，a. 市，a. 县区，a. 产品名称，b. 单位名称 as 排污许可单位名称，b. 排污许可证号

from（select *

from 环保_企业污染源清单

where 企业名称 <> ''）as a

left join 环保_排污许可证发放信息 as b

on a. 企业名称 = b. 单位名称

where b. 单位名称 is null

15.6　结果展示

企业名称	省	市	县区	产品名称	排污许可单位名称	排污许可证号
＊＊环保建材有限公司	＊＊省	＊＊市	＊＊区	水泥沙土	null	null
＊＊金属制品有限公司	＊＊省	＊＊市	＊＊区	废铝	null	null
＊＊型材制品厂	＊＊省	＊＊市	＊＊区	型材	null	null
＊＊商贸有限公司	＊＊省	＊＊市	＊＊区	石材	null	null
＊＊日用品有限公司	＊＊省	＊＊市	＊＊区	胶棉	null	null
＊＊特新材料有限公司	＊＊省	＊＊市	＊＊区	粉煤灰	null	null

16. 属于污染源企业没有取得建设用地许可证且没有纳入治理整顿

16.1　审计目标

检查属于污染源企业没有取得建设用地许可证且没有纳入治理整顿的情况。

16.2　所需数据

【环保_企业污染源清单】【住建_建设用地许可证信息】【环保_各项治理项目合并表】

16.3　审计思路

《中华人民共和国土地管理法》第四十四条第一款："建设占用土地，涉及农用地转为建设用地的，应当办理农用地转用审批手续。"和《河南省污染防治攻坚战三年行动计划（2018—2020 年）》（豫政〔2018〕30 号）中关于"（二）打好工业企业绿色升级攻坚战役。……5. 大力开展重点行业清洁生产。（1）依据《清洁生产审核办法》（国家发展和改革委员会、环境保护部令第 38 号），实现钢铁、有色、建材、化工等行业重点企业强制性清洁生产审核全覆盖。""3. 全面推进企业清洁生产。加强造纸、焦化、氮肥、农副食品加工、毛皮制革、印染、有色金属、原料药制造、电镀等水污染物排放行业重点企业强制性清洁生产审核，全面推进其清洁生产改造或清洁化改造。""4. 实施重点企业深度治理专项行动。2018 年 10 月底前，鼓励 7 家钢铁、73 家碳素、43 家水泥熟料、6 家平板玻璃企业试点开展超低排放改造。2019 年年底前，全省钢铁、铝用碳素、水泥、玻璃、焦化、电解铝力争完成超低排放改造。其中，城市建成区内焦炉实施炉体加罩封闭，并对废气进行收集处理。重点行业二氧化硫、氮氧化物、颗粒物、VOCs 全面执行大气污染物特别排放限值。完成火电、钢铁、建材、有色、焦化、铸造等行业和锅炉物料运输、生产工艺、堆场环节的无组织排放治理，建立管理台账；对易产生粉尘的粉状、粒状物料及燃料实现密闭储存，对达不到要求的堆场依法依规进行处罚，并停止使用。开展有色金属冶炼及再生铅、铅酸蓄电池等行业企业含重金属无组织废气排放污染治理，确保废气中重金属污染物持续、稳定达标排放。"

基于以上规定，凡属于建设占用土地，都需要办理用地手续，属于污染源的企业要确保废气中重金属污染物持续、稳定达标排放，检查污染源企业取得建设用地许可证及纳入整顿台账情况。

通过审计，查找企业污染源清单中的企业，没有取得建设用地许可证的情况，分析原因，揭示未批先建、违规用地等违法行为，及时移送相关部门进行处理；同时还要将污染物排放较为严重的企业应该开展清洁生产而未进行清洁生产的，及时移送有关主管部门查明原因后进行处理。

16.4 审计方法

以企业名称为主键，关联【环保_企业污染源清单】表，【住建_建设用地许可证信息】表，【环保_各项治理项目合并表】，查询【环保_企业污染源清单】表中的企业没有在【住建_建设用地许可证信息】表中和【环保_各项治理项目合并表】表中的企业。

16.5 SQL 语句

select c. 企业名称，c. 省，c. 市，c. 县区，c. 产品名称，c. 用地单位，c. 项目名称 as 用地项目名称，d. 企业名称 as 治理企业名称，d. 治理类型

from（select a. *，b. 用地单位，b. 项目名称

from 环保_企业污染源清单 as a

left join 住建_建设用地许可证信息 as b

on a. 企业名称 ＝ b. 用地单位

where b. 用地单位 is null

and a. 企业名称＜＞''）as c

left join 环保_各项治理项目合并表 as d

on c. 企业名称 ＝ d. 企业名称

where d. 企业名称 is null

16.6 结果展示

企业名称	省	市	县区	产品名称	用地单位	用地项目名称	治理企业名称	治理类型
＊＊预制构件厂	＊＊省	＊＊市	＊＊县	预制板	null	null	null	null
＊＊汽车零部件有限公司	＊＊省	＊＊市	＊＊县	波纹管	null	null	null	null
＊＊水泥瓦加工公司	＊＊省	＊＊市	＊＊县	水泥瓦	null	null	null	null
＊＊建材公司	＊＊省	＊＊市	＊＊县	null	null	null	null	null
＊＊电子有限公司	＊＊省	＊＊市	＊＊县	笔记本、平板、相机、手机机构件	null	null	null	null
＊＊节能建材有限公司	＊＊省	＊＊市	＊＊县	砖	null	null	null	null

17. 纳入"散乱污"治理的取缔企业用电量维持较高水平

17.1 审计目标

检查纳入"散乱污"治理的取缔企业有用电量且维持较高水平的情况。

17.2 所需数据

【环保_散乱污企业清理整顿名单】【电力_企业用电信息】

17.3 审计思路

《关于印发河南省 2018 年大气污染防治攻坚战实施方案的通知》（豫政办〔2018〕14 号）："11. 严控'散乱污'企业死灰复燃。在2017 年整改取缔83040 家'散乱污'企业的基础上，建立省、市、县、乡四级联动监管机制，紧盯重点区域、重点行业、重点设备，充分发挥乡镇（街道）、村（社区）网格员作用，加强企业环境监管和巡查检查，确保'散乱污'企业不出现'死灰复燃'。凡被各级督导检查核查发现'散乱污'企业'死灰复燃'的，一律实施环保问责。"《河南省污染防治攻坚战领导小组办公室关于印发"三散"污染专项治理工作方案的通知》（豫环攻坚办〔2019〕102 号）："县（市、区）相关部门要实施清单式、台账式、网格化管理，继续对"散乱污"企业开展常态化、拉网式、不间断地排查，确保全部排查到位。"和"持续开展'散乱污'企业动态'清零'行动。各地对已经核实的'散乱污'企业，按照先停后治的原则依法分类处置，对不符合产业政策准入、产业布局规划，装备技术水平落后，达标排放无望的企业，采取'两断三清'（断水、断电、清除原料、清除设备、清除产品）措施。"

基于上述规定，对不符合产业政策准入、产业布局规划、装备技术水平落后，达标排放无望的"散乱污"企业，要采取整改措施，整改期间要实施断水、断电、清除原料、清除设备、清除产品措施，确保企业不能再生产，检查纳入"散乱污"治理的取缔的企业有电量且维持较高水平的情况。

通过审计，查找已经纳入"散乱污"取缔的企业，其用电量信息维持较高水平，说明企业并没有执行"两断三清"措施，存在违法生产嫌疑，需要移送相关部门查明原因及时作出处理。

17.4 审计方法

以企业名称为主键，关联【环保_散乱污企业清理整顿名单】表和【电力_企业用电信息】表，查询【环保_散乱污企业清理整顿名单】表中的综合整顿方式为"取缔"，而用电量信息大于 0 的情况。

17.5　SQL 语句

select a. ＊, b. ＊

from（select ＊

from 环保_散乱污企业清理整顿名单

where 综合整治方式 like '取缔'）as a

join 电力_企业用电信息 as b

on a. 企业名称 ＝ b. 企业名称

where b. 用电量 ＞ 0

17.6　结果展示

企业名称	省	市	县区	综合整治方式	用电单位	用电量	用电年度	用电月份
＊＊预制厂	＊＊省	＊＊市	＊＊县	取缔	＊＊预制厂	8350	20118	1
＊＊砖瓦厂	＊＊省	＊＊市	＊＊县	取缔	＊＊砖瓦厂	6790	20118	1
＊＊水泥瓦加工厂	＊＊省	＊＊市	＊＊县	取缔	＊＊水泥瓦加工厂	4678	20118	1
＊＊建材公司	＊＊省	＊＊市	＊＊县	取缔	＊＊建材公司	9807	20118	1
＊＊煤球厂	＊＊省	＊＊市	＊＊县	取缔	＊＊煤球厂	6750	20118	1
＊＊水泥厂	＊＊省	＊＊市	＊＊县	取缔	＊＊水泥厂	9080	20118	1

18. 已取缔的"散乱污"企业仍在经营

18.1　审计目标

检查已取缔的"散乱污"企业仍在经营的情况。

18.2　所需数据

【环保_散乱污企业清理整顿名单】【工商_工商登记信息】【税务_纳税收征管信息】

18.3　审计思路

《中华人民共和国大气污染防治法》第二十七条："国家对严重污染大气环境的工艺、设备和产品实行淘汰制度。国务院经济综合主管部门会同国务院有关部门确定严重污染大气环境的工艺、设备和产品淘汰期限，并纳入国家综合性产业政策目录。生产者、进口者、销售者或者使用者应当在规定期限内停止生产、进口、销售或者使用列入前款规定目录中的设备和产品。工艺的采用者应当在规定期限内停止采用列入前款规定目录中的工艺。被淘汰的设备和产品，不得转让给他人使用。"《河南省污染防治攻坚战三年行动计划（2018—2020 年）》（豫政〔2018〕30 号）中关于"12. 严控'散乱污'企业死灰复燃。……坚决关停用地、工商手续不全并难以通过改造达标的污染企业，限期治理可以达标改造的企业，逾期一律依法关停。建立省、市、县、乡镇四级联动监管机制，加强环境监管和巡查检查，实行拉网式排查和清单式、台账式、网格化管理，坚决杜绝'散乱污'企业项目建设和已取缔的'散乱污'企业向乡村转移、死灰复燃。"《京津冀及周边地区 2018—2019 年秋冬季大气污染综合治理攻坚行动方案》（环大气〔2018〕100 号）中关于"2. 巩固'散乱污'企业综合整治成果。各地要建立'散乱污'企业动态管理机制，进一步完善'散乱污'企业认定标准和整改要求，坚决杜绝'散乱污'项目建设和已取缔的'散乱污'企业异地转移、死灰复燃。2018 年 9 月底前，各地完成新一轮'散乱污'企业排查工作，按照'先停后治'的原则，实施分类处置。对关停取缔类的，切实做到'两断三清'（切断工业用水、用电，清除原料、产品、生产设备）；对整合搬迁类的，应依法依规办理相关审批手续；对升级改造类的，对标先进企业实施深度治理，由相关部门会审签字后方可投入运行。"和"14. 强化车用油品监督管理。2018 年 10 月底前，各地要开展打击黑加油站点专项行动。建立常态化管理机制，实行多部门联合执法，以城乡接合部、国省道、企业自备油库和物流车队等为重点，通过采取有奖举报、随机抽查和重点检查等手段，严厉打击违法销售车用油品的行为，涉嫌犯罪的移送司法机关。对黑加油站点和黑移动加油车，一经发现，坚决取缔，严防死灰复燃。"

基于上述规定，管理部门如果发现相关单位出现在"散乱污"企业清理整顿名单和工商登记信息且工商登记的状态为"正常营业"的情况，应当依法进行处理处罚。

通过审计，检查列入"散乱污"企业清理整顿名单，但工商登记信息中工商登记的状态为"正常营业"的情况，揭示有关主管部门管理不严格，制度流于形式，或谋取私人利益，执法不严格，包容放纵违规现象的发生，导致环保政策执行不到位的情况。

18.4 审计方法

以企业名称为主键，关联【环保_散乱污企业清理整顿名单】表和【工商_工商登记信息】表，查询已列入整顿的"散乱污"企业在工商登记表中的状态为"正常营业"的情况。

18.5 SQL 语句

select a. 行政区，a. 企业名称，a. 地址，a. 法人代表，a. 环保部门责任领导责任人，a. 年度，a. 综合整治方式，a. 改造具体措施，a. 清理整顿完成时间，b. 企业状态 as 工商登记企业状态

from（select *

from 环保_散乱污企业清理整顿名单

where 综合整治方式 like '%关闭%'）as a

join（select *

from 工商_工商登记信息

where 企业状态 like '正常'

or 企业状态 like '在业'）as b

on a. 企业名称 = b. 企业名称

18.6 结果展示

县区	企业名称	地址	法人代表	环保部门责任领导责任人	年度	综合整治方式	改造具体措施	清理整顿完成时间	工商登记企业状态
＊＊市＊＊县	＊＊选铁粉厂	＊＊＊村	李＊支	李＊鹏	2018	关闭	null	null	在业
＊＊市＊＊县	＊＊粘胶厂	＊＊＊村	赵＊第	艳＊五	2018	关闭	null	null	在业
＊＊市＊＊县	＊＊木炭厂	＊＊＊村	林＊果	刘＊林	2018	关闭	null	null	在业
＊＊市＊＊县	＊＊方解石厂	＊＊＊村	白＊明	张＊朋	2018	关闭	null	null	在业
＊＊市＊＊县	＊＊石料加工厂	＊＊＊村	李＊顺	李＊男	2018	关闭	null	null	在业
＊＊市＊＊县	＊＊铁矿	＊＊＊村	黄＊折	刘＊伟	2018	关闭	null	null	在业

19. 已取缔的"散乱污"企业仍然有纳税信息

19.1 审计目标

检查已取缔的"散乱污"企业仍然有纳税信息的情况。

19.2 所需数据

【环保_散乱污企业清理整顿名单】【税务_税款征收信息】

19.3　审计思路

《河南省污染防治攻坚战三年行动计划（2018—2020 年）》（豫政〔2018〕30号）中关于"12. 严控'散乱污'企业死灰复燃。……坚决关停用地、工商手续不全并难以通过改造达标的污染企业，限期治理可以达标改造的企业，逾期一律依法关停。建立省、市、县、乡镇四级联动监管机制，加强环境监管和巡查检查，实行拉网式排查和清单式、台账式、网格化管理，坚决杜绝'散乱污'企业项目建设和已取缔的'散乱污'企业向乡村转移、死灰复燃"和《京津冀及周边地区 2018—2019 年秋冬季大气污染综合治理攻坚行动方案》（环大气〔2018〕100 号）中关于"2. 巩固'散乱污'企业综合整治成果。各地要建立'散乱污'企业动态管理机制，进一步完善'散乱污'企业认定标准和整改要求，坚决杜绝'散乱污'项目建设和已取缔的'散乱污'企业异地转移、死灰复燃。2018 年 9 月底前，各地完成新一轮'散乱污'企业排查工作，按照'先停后治'的原则，实施分类处置。对关停取缔类的，切实做到'两断三清'（切断工业用水、用电，清除原料、产品、生产设备）；对整合搬迁类的，应依法依规办理相关审批手续；对升级改造类的，对标先进企业实施深度治理，由相关部门会审签字后方可投入运行。"和"14. 强化车用油品监督管理。2018 年 10 月底前，各地要开展打击黑加油站点专项行动。建立常态化管理机制，实行多部门联合执法，以城乡接合部、国省道、企业自备油库和物流车队等为重点，通过采取有奖举报、随机抽查和重点检查等手段，严厉打击违法销售车用油品的行为，涉嫌犯罪的移送司法机关。对黑加油站点和黑移动加油车，一经发现，坚决取缔，严防死灰复燃。"

基于上述规定，对不符合产业政策准入、产业布局规划、装备技术水平落后，达标排放无望的"散乱污"企业，要采取整改措施，整改期间要实施断水、断电、清除原料、清除设备、清除产品措施，确保企业不能再生产，检查纳入"散乱污"治理的取缔的企业有用电量且维持较高水平的情况。

通过审计，将"散乱污"治理企业名单中已取缔的企业与税务部门的税款征收信息进行比对分析，查看已取缔的"散乱污"企业是否存在纳税记录，如果这部分企业仍然有纳税信息，说明没有治理到位，死灰复燃，一是主管部门没有履职尽责，没有及时进行取缔；二是这部分企业可能转移了生产地址，仍在继续违规生产，需要相关部门及时进行查处，并追究相关人员责任。同时，总结企业违规特点，及时健全管理制度，确保取缔到位。

19.4　审计方法

以企业名称为主键，关联【环保_散乱污企业清理整顿名单】表和【税务_税款征收信息】表，查询在【环保_散乱污企业清理整顿名单】表中出现的已取缔的"散乱污"企业是否在【税务_税款征收信息】表中仍有纳税信息。

19.5　SQL 语句

select a. 企业名称，a. 法人代表，a. 环保部门责任领导责任人，a. 年度，a. 经度，a. 纬度，b. 纳税人名称，b. 申报日期，b. 应纳税额

from（select *

from 环保_散乱污企业清理整顿名单

where 综合整治方式 like '%取缔%'）as a

join（select * from 税务_税款征收信息

where 应纳税额 > 0）as b

on a. 企业名称 = b. 纳税人名称

where year（b. 申报日期）> a. 年度

19.6　结果展示

企业名称	法人代表	环保部门责任领导责任人	年度	经度	纬度	纳税人名称	申报日期	应纳税额
＊＊冷轧带肋钢筋厂	王＊平	赵＊珏	2017	36°05′0355″	114°36′1398″	＊＊冷轧带肋钢筋厂	2018－11－06	752.35
＊＊石头料场	刘＊忱	李＊迪	2017	36°05′428″	114°38′199″	＊＊石头料场	2018－11－06	952.11
＊＊家具厂	张＊平	张＊趣	2017	36°06′4038″	114°37′2847″	＊＊家具厂	2018－11－06	676.54
＊＊松料厂	赵＊于	赵＊之	2017	36°05′4503″	114°36′9718″	＊＊松料厂	2018－11－06	1025.23
＊＊煤厂	孙＊伟	李＊折	2017	36°05′5236″	114°37′11373″	＊＊煤厂	2018－11－06	1421.12
＊＊瓦厂	吕＊化	赵＊平	2017	36°05′5246″	114°27′1556″	＊＊瓦厂	2018－11－06	987.280000

20. 环境保护税缴纳较高的单位没有纳入企业污染源清单

20.1　审计目标

检查环境保护税缴纳较高的单位没有纳入企业污染源清单的情况。

20.2 所需数据

【税务_环境税征收信息】【环保_企业污染源清单】

20.3 审计思路

《中华人民共和国环境保护法》第十七条："国家建立、健全环境监测制度。国务院环境保护主管部门制定监测规范，会同有关部门组织监测网络，统一规划国家环境质量监测站（点）的设置，建立监测数据共享机制，加强对环境监测的管理。有关行业、专业等各类环境质量监测站（点）的设置应当符合法律法规规定和监测规范的要求。监测机构应当使用符合国家标准的监测设备，遵守监测规范。监测机构及其负责人对监测数据的真实性和准确性负责。"第四十二条："排放污染物的企业事业单位和其他生产经营者，应当采取措施，防治在生产建设或者其他活动中产生的废气、废水、废渣、医疗废物、粉尘、恶臭气体、放射性物质以及噪声、振动、光辐射、电磁辐射等对环境的污染和危害。排放污染物的企业事业单位，应当建立环境保护责任制度，明确单位负责人和相关人员的责任。重点排污单位应当按照国家有关规定和监测规范安装使用监测设备，保证监测设备正常运行，保存原始监测记录。严禁通过暗管、渗井、渗坑、灌注或者篡改、伪造监测数据，或者不正常运行防治污染设施等逃避监管的方式违法排放污染物。"第四十四条："国家实行重点污染物排放总量控制制度。重点污染物排放总量控制指标由国务院下达，省、自治区、直辖市人民政府分解落实。企业事业单位在执行国家和地方污染物排放标准的同时，应当遵守分解落实到本单位的重点污染物排放总量控制指标。对超过国家重点污染物排放总量控制指标或者未完成国家确定的环境质量目标的地区，省级以上人民政府环境保护主管部门应当暂停审批其新增重点污染物排放总量的建设项目环境影响评价文件。"和《中华人民共和国环境保护税法》第五条："依法设立的城乡污水集中处理、生活垃圾集中处理场所超过国家和地方规定的排放标准向环境排放应税污染物的，应当缴纳环境保护税。"

基于上述规定，国家要求建立健全环境监测制度，对排放污染物的企业事业单位和其他生产经营者，要按照国家有关规定和监测规范安装使用监测设备，保存原始监测记录，纳入污染源控制清单，对污染物排放总量进行有效控制，检查环境保护税缴纳较高的单位没有纳入企业污染源清单的情况。

通过审计，在环境税征收信息中找到缴纳环境保护税的相关企业，如果没有出现在企业污染源清单中，说明企业没有建立监测制度，没有对污染物的排放及时进行监测，相关部门要对企业作出处理。

20.4 审计方法

以企业名称为主键，并联【税务_环境税征收信息】表和【环保_企业污染源清单】表，检查环境保护税缴纳较高的单位没有纳入企业污染源清单的情况，以进一步核实。

20.5 SQL 语句

select a. ＊，b. 企业名称 as 重点污染源企业名称

from（select 纳税人名称，SUM（应纳税额）as 应纳税额

from 税务_环境税征收信息

group by 纳税人名称）as a

left join 环保_企业污染源清单 as b

on a. 纳税人名称 = b. 企业名称

where b. 企业名称 is null

and a. 应纳税额 ＞ 100000

order by a. 应纳税额 desc

20.6 结果展示

纳税人名称	应纳税额	重点污染源企业名称
＊＊发电有限责任公司	12033781.55	null
＊＊建材有限公司	9275322.98	null
＊＊热能有限公司	3463244.05	null
＊＊煤电股份有限公司第六煤矿	2435903.64	null
＊＊新型节能建材有限公司	2184348.85	null
＊＊水泥有限公司	2182423.51	null

21. 纳入企业污染源清单的单位没有缴纳环境保护税

21.1 审计目标

检查纳入企业污染源清单的单位没有缴纳环境保护税的情况。

21.2 所需数据

【环保_企业污染源清单】【税务_环境税征收信息】

21.3 审计思路

《中华人民共和国环境保护法》第十七条："国家建立、健全环境监测制度。

国务院环境保护主管部门制定监测规范，会同有关部门组织监测网络，统一规划国家环境质量监测站（点）的设置，建立监测数据共享机制，加强对环境监测的管理。有关行业、专业等各类环境质量监测站（点）的设置应当符合法律法规规定和监测规范的要求。监测机构应当使用符合国家标准的监测设备，遵守监测规范。监测机构及其负责人对监测数据的真实性和准确性负责。"第四十四条："国家实行重点污染物排放总量控制制度。重点污染物排放总量控制指标由国务院下达，省、自治区、直辖市人民政府分解落实。企业事业单位在执行国家和地方污染物排放标准的同时，应当遵守分解落实到本单位的重点污染物排放总量控制指标。对超过国家重点污染物排放总量控制指标或者未完成国家确定的环境质量目标的地区，省级以上人民政府环境保护主管部门应当暂停审批其新增重点污染物排放总量的建设项目环境影响评价文件。"和《中华人民共和国环境保护税法》第五条："依法设立的城乡污水集中处理、生活垃圾集中处理场所超过国家和地方规定的排放标准向环境排放应税污染物的，应当缴纳环境保护税。"

基于上述规定，国家建立健全环境监测制度，对污染物排放总量进行有效控制，超过规定标准排放应税污染物的，应当缴纳环境保护税，检查纳入企业污染源清单的单位没有缴纳环境保护税的情况。

通过审计，查找出已经建立了企业污染源清单，企业排放的污染物已经达到了应缴纳环境保护税的条件，但在环境税征收信息中却没有这些企业名单，说明企业没有按照规定及时缴纳环境保护税，需要移交相关部门查明原因后及时处理。

21.4　审计方法

以企业名称为主键，关联【环保_企业污染源清单】表和【税务_环境税征收信息】表，检查纳入企业污染源清单的单位没有缴纳环境保护税的情况，以进一步核实。

21.5　SQL 语句

select a. 企业名称 as 重点污染源企业名称，b. *
from 环保_企业污染源清单 as a
left join（select 纳税人名称，sum（应纳税额）as 应纳税额
from 税务_环境税征收信息
group by 纳税人名称）as b
on a. 企业名称 = b. 纳税人名称
where b. 纳税人名称 is null

or b. 应纳税额 < 1

order by b. 应纳税额 desc

21.6 结果展示

重点污染源企业名称	纳税人名称	应纳税额
＊＊金属工程有限公司	＊＊金属工程有限公司	0
＊＊能源股份有限公司	＊＊能源股份有限公司	0
＊＊股份有限公司	＊＊股份有限公司	0
＊＊电石厂	＊＊电石厂	0
＊＊环保建材有限公司	＊＊环保建材有限公司	0
＊＊化工集团鹤壁煤化工有限公司	＊＊化工集团鹤壁煤化工有限公司	0

22. 办理排污许可证的单位没有缴纳环境保护税

22.1 审计目标

检查办理排污许可证的单位没有缴纳环境保护税的情况。

22.2 所需数据

【环保_排污许可证发放信息】【税务_环境税征收信息】

22.3 审计思路

《中华人民共和国环境保护法》第四十三条："排放污染物的企业事业单位和其他生产经营者，应当按照国家有关规定缴纳排污费。排污费应当全部专项用于环境污染防治，任何单位和个人不得截留、挤占或者挪作他用。依照法律规定征收环境保护税的，不再征收排污费。"《排污许可证管理暂行规定》（环水体〔2016〕186号）第三条："本规定所称排污许可，是指环境保护主管部门依排污单位的申请和承诺，通过发放排污许可证法律文书形式，依法依规规范和限制排污单位排污行为并明确环境管理要求，依据排污许可证对排污单位实施监管执法的环境管理制度。"和《中华人民共和国环境保护税法》第二条："在中华人民共和国领域和中华人民共和国管辖的其他海域，直接向环境排放应税污染物的企业事业单位和其他生产经营者为环境保护税的纳税人，应当依照本法规定缴纳环境保护税。"

基于上述规定，排放污染物的企业事业单位和其他生产经营者，应当依法办理排污许可证，对其排放污染物实施监管，并按照规定依法缴纳环境保护税，检查办理排污许可证的单位没有缴纳环境保护税的情况。

通过审计，查找已经办理了排污许可证的企业，其污染物排放量已经达到了需要缴纳环境保护税的条件，但在环境税征收信息中却没有这些企业信息，说明企业没有按照规定及时缴纳环境保护税，要及时移送相关部门进行处理。

22.4 审计方法

以单位名称为主键，关联【环保_排污许可证发放信息】表和【税务_环境税征收信息】表，检查办理排污许可证的单位没有缴纳环境保护税的情况，以进一步核实。

22.5 SQL 语句

select a. 行政区划，a. 单位名称，a. 排污许可证号，a. 排污许可证期限，b. 纳税人名称，b. 应纳税额

from 环保_排污许可证发放信息 as a

left join（select 纳税人名称，征收项目，征收品目，sum（应纳税额）as 应纳税额

from 税务_环境税征收信息

group by 纳税人名称，征收项目，征收品目）as b

on a. 单位名称 = b. 纳税人名称

where b. 纳税人名称 is null

22.6 结果展示

行政区划	单位名称	排污许可证号	排污许可证期限	纳税人名称	应纳税额
＊＊市＊＊县	＊＊集团冷轧有限责任公司	91＊＊＊50071376136 M	2017. 10. 30 – 2020. 10. 29	null	null
＊＊市＊＊县	＊＊冶金炉料有限责任公司	91＊＊＊50079876136 M	2016. 4. 20 – 2020. 4. 19	null	null
＊＊市＊＊县	＊＊铸铁管有限责任公司	91＊＊＊50071305986 M	2017. 10. 26 – 2020. 10. 25	null	null
＊＊市＊＊县	＊＊建材有限责任公司	91＊＊＊50098765136 M	2016. 1. 26 – 2020. 1. 25	null	null
＊＊市＊＊县	＊＊多利源毛巾有限公司	91＊＊＊09871376136 M	2017. 12. 31 – 2020. 12. 30	null	null
＊＊市＊＊县	＊＊钢铁股份有限公司	91＊＊＊50000006136 M	2017. 10. 30 – 2020. 10. 29	null	null

23. 缴纳环境税的单位没有办理排污许可证

23.1 审计目标

检查缴纳环境税的单位没有办理排污许可证的情况。

23.2 所需数据

【税务_环境税征收信息】【环保_排污许可证发放信息】

23.3 审计思路

《中华人民共和国环境保护法》第四十三条："排放污染物的企业事业单位和其他生产经营者，应当按照国家有关规定缴纳排污费。排污费应当全部专项用于环境污染防治，任何单位和个人不得截留、挤占或者挪作他用。依照法律规定征收环境保护税的，不再征收排污费。"《排污许可证管理暂行规定》（环水体〔2016〕186号）第三条："本规定所称排污许可，是指环境保护主管部门依排污单位的申请和承诺，通过发放排污许可证法律文书形式，依法依规规范和限制排污单位排污行为并明确环境管理要求，依据排污许可证对排污单位实施监管执法的环境管理制度。"和《中华人民共和国环境保护税法》第二条："在中华人民共和国领域和中华人民共和国管辖的其他海域，直接向环境排放应税污染物的企业事业单位和其他生产经营者为环境保护税的纳税人，应当依照本法规定缴纳环境保护税。"

基于上述规定，排放污染物的企业事业单位和其他生产经营者，应当依法取得排污许可证，按照规定排放污染物，并及时缴纳环境保护税，检查缴纳环境税的单位没有办理排污许可证的情况。

通过审计，查找出已经缴纳环境保护税的企业，没有及时办理排污许可证，对这些企业的污染物排放就不能做到掌控，其排放的污染物数量、标准等没有约束，相关部门要及时对这些企业进行处理。

23.4 审计方法

以单位名称为主键，关联【税务_环境税征收信息】表和【环保_排污许可证发放信息】表，查询出现在【税务_环境税征收信息】表中，而没有出现在【环保_排污许可证发放信息】表中的企业。

23.5 SQL 语句

select a. 纳税人名称，a. 征收项目，a. 征收品目，a. 应纳税额，b. 单位名称，b. 排污许可证号

from（select 纳税人名称，征收项目，征收品目，sum（应纳税额）as 应纳税额

from 税务_环境税征收信息

group by 纳税人名称，征收项目，征收品目）as a

left join 环保_排污许可证发放信息 as b

on a. 纳税人名称 = b. 单位名称

where b. 单位名称 is null

and a. 应纳税额 > 0

23.6　结果展示

纳税人名称	征收项目	征收品目	应纳税额	单位名称	排污许可证号
＊＊生物发电有限公司	环境保护税	烟尘（气）	22366.88	null	null
＊＊实业有限公司	环境保护税	氨氮（水）	1207.26	null	null
＊＊轮胎股份有限公司	环境保护税	氮氧化物（气）	212634.96	null	null
＊＊有限公司鹤壁服务区	环境保护税	氨氮（水）	162.14	null	null
＊＊生物科技股份有限公司	环境保护税	氮氧化物（气）	1153.34	null	null
＊＊建材有限公司	环境保护税	氮氧化物（气）	435007.38	null	null

24. 排污费改为环境保护税后没有缴纳环境税的单位

24.1　审计目标

检查排污费改为环境保护税后没有缴纳环境税的单位的情况。

24.2　所需数据

【环保_排污费用征收2017年】【税务_环境税征收信息】

24.3　审计思路

《中华人民共和国环境保护税法》第二条："在中华人民共和国领域和中华人民共和国管辖的其他海域，直接向环境排放应税污染物的企业事业单位和其他生产经营者为环境保护税的纳税人，应当依照本法规定缴纳环境保护税。"和第二十七条："自本法施行之日起，依照本法规定征收环境保护税，不再征收排污费。"

基于上述规定，国家在调整政策后，将原来征收的排污费改为了环境保护税，原来按照规定缴纳排污费的企业应该改为缴纳环境保护税，及时履行纳税义务，检查缴纳了排污费但排污费改为环境保护税后没有缴纳环境税的单位的情况。

通过审计，查看原来缴纳排污企业是否在费改税后改为缴纳环境保护税，如果

原来缴纳排污的企业，在环境税征收信息中查询不到，说明企业在费改税后未及时作出调整，存在漏缴环境保护税的可能，需要移送相关部门及时作出处理。

24.4 审计方法

以单位名称为主键，关联【环保_排污费用征收 2017 年】表和【税务_环境税征收信息】表，查询出现在【环保_排污费用征收 2017 年】表中，征收时段在 2017 年第四季度的企业名称，而没有出现在【税务_环境税征收信息】表中的企业。

24.5 SQL 语句

select a. 单位名称，a. 征收时段，a. 本金，a. 滞纳金，a. 缴款书编号，b. 纳税人名称

from 环保_排污费用征收 2017 年 as a

left join（select 纳税人名称

from 税务_环境税征收信息

group by 纳税人名称）as b

on a. 单位名称 = b. 纳税人名称

where b. 纳税人名称 is null

24.6 结果展示

单位名称	征收时段	本金	滞纳金	缴款书编号	纳税人名称
＊＊煤业有限责任公司	2017. 10 – 12	30000	null	0215706	null
＊＊发电有限责任公司	2017. 10 – 12	138157	null	0215705	null
＊＊有限公司	2017. 10 – 12	23400	null	0215707	null
＊＊金秋企业	2017. 10 – 12	45630	null	0215709	null
＊＊矿山机械公司	2017. 10 – 12	65478	null	0215710	null
＊＊砖厂	2017. 10 – 12	89076	null	0215702	null

25. 符合安装条件的重点监控企业没有安装在线监控设备

25.1 审计目标

检查符合安装条件的重点监控企业没有安装在线监控设备的情况。

25.2 所需数据

【环保_企业污染源清单】【环保_安装在线监测企业名单】

25.3 审计思路

《中华人民共和国环境保护法》第十七条："国家建立、健全环境监测制度。国务院环境保护主管部门制定监测规范，会同有关部门组织监测网络，统一规划国家环境质量监测站（点）的设置，建立监测数据共享机制，加强对环境监测的管理。有关行业、专业等各类环境质量监测站（点）的设置应当符合法律法规规定和监测规范的要求。监测机构应当使用符合国家标准的监测设备，遵守监测规范。监测机构及其负责人对监测数据的真实性和准确性负责。"《中华人民共和国大气污染防治法》第二十四条："重点排污单位应当安装、使用大气污染物排放自动监测设备，与环境保护主管部门的监控设备联网，保证监测设备正常运行并依法公开排放信息。"《污染源自动监控设施现场监督检查办法》（环境保护部令第 19 号）第六条："污染源自动监控设施的生产者和销售者，应当保证其生产和销售的污染源自动监控设施符合国家规定的标准。排污单位自行运行污染源自动监控设施的，应当保证其正常运行。由取得环境污染治理设施运营资质的单位（以下简称运营单位）运行污染源自动监控设施的，排污单位应当配合、监督运营单位正常运行；运营单位应当保证污染源自动监控设施正常运行。污染源自动监控设施的生产者、销售者以及排污单位和运营单位应当接受和配合监督检查机构的现场监督检查，并按照要求提供相关技术资料。监督检查机构有义务为被检查单位保守在检查中获取的商业秘密。"

基于上述规定，国家建立健全环境监测制度，重点排污单位应当安装、使用大气污染物排放自动监测设备，与环境保护主管部门的监控设备联网，保证监测设备正常运行并依法公开排放信息，通过对抽取企业污染源清单和安装在线监测企业名单进行对比，检查出现在"企业污染源清单"中但没有出现在"安装在线监测企业名单"的情况。

通过审计，查找出属于重点排污的企业应该安装在线监控设备而没有及时安装在线监测设备的单位，进一步查明情况，移送有关主管部门查明原因后及时作出处理。

25.4 审计方法

以企业名称为主键，关联【环保_企业污染源清单】表和【环保_安装在线监测企业名单】表，查询出现在【环保_企业污染源清单】表中的单位而没有出现在【环保_安装在线监测企业名单】表中。

25.5 SQL 语句

select a. 企业名称，a. SO_2 排放量，a. NOx 排放量，b. 企业名称 as 安装在线监

控设备企业名称

from（select *

from 环保_企业污染源清单

where SO₂ 排放量 > 10 or NOx 排放量 > 10）as a

left join 环保_安装在线监测企业名单 as b

on a. 企业名称 = b. 企业名称

where b. 企业名称 is null

25.6 结果展示

企业名称	SO₂ 排放量	NOx 排放量	安装在线监控设备企业名称
＊＊新型节能建材有限公司	50.4	8.75	null
＊＊建材有限公司	28.8	5	null
＊＊志德新型建材厂	12.96	2.25	null
＊＊好兄弟建材有限公司	32.4	5.625	null
＊＊建材有限公司	21.6	3.75	null
＊＊环保节能建材有限公司	28.8	5	null

26. 上一年度已完成"散乱污"治理单位又列入当年的治理工作中

26.1 审计目标

检查上一年度已完成"散乱污"治理的单位又列入当年的治理工作中的情况。

26.2 所需数据

【环保_散乱污企业 2018 年清理整顿名单】【环保_散乱污企业 2019 年清理整顿名单】

26.3 审计思路

《河南省污染防治攻坚战三年行动计划（2018—2020 年）》（豫政〔2018〕30号）中关于"12. 严控'散乱污'企业死灰复燃。……坚决关停用地、工商手续不全并难以通过改造达标的污染企业，限期治理可以达标改造的企业，逾期一律依法关停。建立省、市、县、乡镇四级联动监管机制，加强环境监管和巡查检查，实行拉网式排查和清单式、台账式、网格化管理，坚决杜绝'散乱污'企业项目建设和已取缔的'散乱污'企业向乡村转移、死灰复燃。"《京津冀及周边地区 2018—2019 年秋冬季大气污染综合治理攻坚行动方案》（环大气〔2018〕100 号）中关于

"2. 巩固'散乱污'企业综合整治成果。各地要建立'散乱污'企业动态管理机制，进一步完善'散乱污'企业认定标准和整改要求，坚决杜绝'散乱污'项目建设和已取缔的'散乱污'企业异地转移、死灰复燃。2018 年 9 月底前，各地完成新一轮'散乱污'企业排查工作，按照'先停后治'的原则，实施分类处置。对关停取缔类的，切实做到'两断三清'（切断工业用水、用电，清除原料、产品、生产设备）；对整合搬迁类的，应依法依规办理相关审批手续；对升级改造类的，对标先进企业实施深度治理，由相关部门会审签字后方可投入运行。"和《河南省人民政府办公厅关于印发河南省 2018 年大气污染防治攻坚战实施方案的通知》（豫政办〔2018〕14 号）："四、主要任务……11. 严控'散乱污'企业死灰复燃。在 2017 年整改取缔 83040 家'散乱污'企业的基础上，建立省、市、县、乡四级联动监管机制，紧盯重点区域、重点行业、重点设备，充分发挥乡镇（街道）、村（社区）网格员作用，加强企业环境监管和巡查检查，确保'散乱污'企业不出现'死灰复燃'。凡被各级督导检查核查发现'散乱污'企业'死灰复燃'的，一律实施环保问责。"

基于上述规定，对不符合产业政策准入、产业布局规划、装备技术水平落后、达标排放无望的"散乱污"企业，要采取整改措施，整改期间要实施断水、断电、清除原料、清除设备、清除产品措施，确保企业不能再生产，检查纳入"散乱污"治理的取缔的企业是否治理到位，有无将上年度已经完成治理或者取缔的"散乱污"企业重新纳入当年名单中，虚报完成任务量情况。

通过审计查看上年度已完成的"散乱污"治理名单是否又出现在本年度治理台账中，如果两个年度内治理名单有重复，说明两个问题，一是上年度"散乱污"企业没有取缔或者没有治理到位，因为治理不到位又"死灰复燃"；二是说明该地区存在重复上报"散乱污"企业达到虚假完成任务问题。这两个问题都需要及时移送相关部门查明原因作出处理。

26.4 审计方法

以单位名称为主键，关联【环保_散乱污企业 2018 年清理整顿名单】表和【环保_散乱污企业 2019 年清理整顿名单】表，查询【环保_散乱污企业 2018 年清理整顿名单】表中出现的企业名单又在【环保_散乱污企业 2019 年清理整顿名单】表中出现的情况。

26.5 SQL 语句

select a. 行政区，a. 企业名称，a. 综合整治方式，a. 年度，b. 企业名称 as 上

年度散乱污治理单位名称，b. 年度 as 上年度散乱污治理完成年度，b. 综合整治方式 as 上年度综合整治方式

from（select *

from 环保_散乱污企业清理整顿名单

where 年度 like '%2019%'）as a

join（select * from 环保_散乱污企业 2018 年清理整顿名单

where 年度 like '%2018%'）as b

on a. 企业名称 = b. 企业名称

26.6 结果展示

行政区	企业名称	综合整治方式	年度	上年度散乱污治理单位名称	上年度散乱污治理完成年度	上年度综合整治方式
＊＊市＊＊县	＊＊振兴预制厂	取缔	2019	＊＊振兴预制厂	2018	取缔
＊＊市＊＊县	＊＊羊栓预制板厂	取缔	2019	＊＊羊栓预制板厂	2018	取缔
＊＊市＊＊县	＊＊和平预制板厂	取缔	2019	＊＊和平预制板厂	2018	取缔
＊＊市＊＊县	＊＊卫东搅拌站	取缔	2019	＊＊卫东搅拌站	2018	取缔
＊＊市＊＊县	＊＊庆富汽车配件厂	取缔	2019	＊＊庆富汽车配件厂	2018	取缔
＊＊市＊＊县	＊＊香合门业	取缔	2019	＊＊香合门业	2018	取缔

27. 未将环评情况作为企业工商注册的前置条件

27.1 审计目标

检查未将环评情况作为企业工商注册的前置条件的情况。

27.2 所需数据

【工商_工商登记信息】【环保_环评批复信息】

27.3 审计思路

《中华人民共和国环境影响评价法》第二十五条："建设项目的环境影响评价文件未依法经审批部门审查或者审查后未予批准的，建设单位不得开工建设。"和

《河南省建设项目环境保护条例》（1990 年 10 月 27 日河南省第七届人民代表大会第八次会议通过，2006 年 12 月 1 日河南省第十届人民代表大会常务委员会第二十七次会议修订）第九条："建设单位应当在开工建设前报批建设项目环境影响评价文件。需经审批的建设项目，建设单位应当在建设项目可行性研究报告报发展改革部门审批前，报批环境影响评价文件；需经核准的建设项目，建设单位应当在建设项目核准前，报批环境影响评价文件；需要备案的建设项目，建设单位应当在建设项目备案后开工建设前，报批环境影响评价文件；铁路、交通等建设项目，经有审批权的环境保护行政主管部门同意，可以在初步设计完成前，报批环境影响评价文件。对环境有影响的建设项目，未进行环境影响评价或环境影响评价文件未经审批的，发展改革部门不予办理项目的审批、核准手续，工商行政管理部门不予办理营业执照，建设部门不予办理施工许可，建设单位不得开工建设。"

基于上述规定，是否办理环评手续是进行工商登记的前置条件，涉污企业在工商登记前应当履行环境评价程序。

通过审计，将工商登记信息与办理环评批复信息进行比对分析，查找有工商登记信息但是没有环境影响评价批复信息的企业名单，核实没有办理环境影响评价手续的企业是否依然建设并且取得了正常营业执照，将这部分企业信息及时移送相关主管部门进行处理。

27.4　审计方法

以企业名称为主键，关联【工商_工商登记信息】表和【环保_环评批复信息】表，查询【工商_工商登记信息】表中已经办理工商登记手续的企业在【环保_环评批复信息】表中不存在。

27.5　SQL 语句

select a. 企业名称，a. 企业状态，a. 行业小类，a. 核准日期，b. 单位名称 as 工商登记_单位名称，b. 审批时间 as 工商登记_审批时间

from（select *

from 工商_工商登记信息

where（行业小类 like '% 再生物资%'

or 行业小类 like '% 饲养%'

or 行业小类 like '% 房地产开发%'

or 行业小类 like '% 机械制造%'

or 行业小类 like '% 房屋建筑业%'

```
  or 行业小类 like '% 日用陶瓷制品制造 %'
  or 行业小类 like '% 洗染服务 %'
  or 行业小类 like '% 金属铸造 %'
  or 行业小类 like '% 建筑用石加工 %'
  or 行业小类 like '% 水泥制品制造 %'
  or 行业小类 like '% 烟煤和无烟煤开采洗选 %'
  or 行业小类 like '% 水泥制造 %'
  or 行业小类 like '% 畜牧业 %'
  or 行业小类 like '% 日用陶瓷制品制造 %'
  or 行业小类 like '% 家具制造 %'
  or 行业小类 like '% 纸制品制造 %'
  or 行业小类 like '% 金属矿物制品制造 %'
  or 行业小类 like '% 煤炭 %'
  or 行业小类 like '% 陶瓷制品制造 %'
  or 行业小类 like '% 粘土砖瓦及建筑砌块制造 %'
  or 行业小类 like '% 煤炭开采和洗选业 %'
  or 行业小类 like '% 土砂石开采 %'
  or 行业小类 like '% 耐火材料制品制造 %'
  or 行业小类 like '% 锻件及粉末冶金制品制造 %'
  or 行业小类 like '% 石灰开采 %'
  or 行业小类 like '% 塑料制品制造 %'
  or 行业小类 like '% 铝冶炼 %'
  or 行业小类 like '% 涂料制造 %'
  or 行业小类 like '% 化学原料制造 %'
  or 行业小类 like '% 土砂石开采 %'
  or 行业小类 like '% 胶合板制造 %'
  or 行业小类 like '% 金属制品业 %'
  or 行业小类 like '% 纤维板制造 %'）） as a
left join 环保_环评批复信息 as b
on a. 企业名称 ＝ b. 单位名称
where b. 单位名称 is null
or a. 核准日期 ＞ b. 审批时间
```

27.6 结果展示

企业名称	企业状态	行业小类	核准日期	单位名称	审批时间
＊＊再生资源有限公司	吊销	再生物资回收与批发	2017－04－25	null	null
＊＊纸业有限公司	吊销	纸制品制造	2017－04－25	null	null
＊＊钢铁公司	吊销	金属铸造	2017－04－25	null	null
＊＊铝业公司	吊销	铝冶炼	2017－04－25	null	null
＊＊煤业公司	吊销	煤炭开采和洗选业	2017－04－25	null	null
＊＊养殖基地	吊销	畜牧业	2017－04－25	null	null

28. 新引进的企业是否为产能过剩产业和淘汰落后产业

28.1 审计目标

检查 2006 年以来，当地新引进企业是否为产能过剩产业和淘汰落后产能产业。

28.2 所需数据

【工商_工商登记信息】【商务_招商引资台账】

28.3 审计思路

《河南省人民政府办公厅关于印发河南省"十三五"生态环境保护规划的通知》（豫政办〔2017〕77 号）第三节："协同控制能源资源消耗。1. 建立资源环境承载能力监测预警机制。加强资源环境承载能力监测预警，对接近或达到警戒线的地方实行限制性措施。合理设定资源能源消耗上线，实施水资源、建设用地、能源消耗总量和强度双控。依据城市、区域、流域资源环境承载能力，确定重点地区造纸、毛皮制革、印染等行业规模限值。各环境质量超标地方实施行业内新建项目重点污染物排放总量超量或倍量替代。电力、钢铁、水泥、平板玻璃等产能过剩行业实施产能减量置换。2020 年年底前，完成省、省辖市、县（市、区）资源环境承载能力现状评价，超过承载能力的地区要调整发展规划和产业结构。"

基于上述规定，地方政府在招商引资中对国家已经淘汰过剩产能的行业是不能进行招商建设的，并且要逐步对产能过剩行业实施产能减量置换，控制能源资源消耗。

通过审计，将工商登记信息中属于国家已经淘汰落后产能的相关过剩行业名单与当地政府新引进注册登记的企业进行比对分析，查找出已经淘汰落后产能的过剩行业仍然在当地政府新引进注册登记的企业信息中，说明地方政府在招商引资中没有很好地执行国家相关政策规定，为了完成招商引资任务违规引进产能过剩或是淘汰落后的企业，对环境造成损害。要求地方政府调整招商引资措施，及时取缔已经淘汰的或产能过剩的企业，调整产业规划，促进高效、环保、节能、高科技企业入住。

28.4　审计方法

以企业名称为主键，关联【工商_工商登记信息】表和【商务_招商引资台账】表，查询【工商_工商登记信息】表中行业小类疑似"建煤化工""多晶硅""风电制造""平行玻璃""钢铁""水泥"等在 2014 年以后新登记的企业名称在【商务_招商引资台账】表中存在，为当地政府新引进的过剩产能和淘汰落后企业。

28.5　SQL 语句

select a. 企业名称 as 招商引资_企业名称，a. 登记时间 as 招商引资_登记时间，b. 企业名称 as 工商登记_企业名称，b. 企业状态 as 工商登记_企业状态，b. 行业类型 as 工商登记_行业类型，b. 行业小类 as 工商登记_行业小类，b. 核准日期 as 工商登记_核准日期

from 商务_招商引资台账 as a

join（select ∗ from 工商_工商登记信息

where（行业小类 like '%建煤化工%'

or 行业小类 like '%多晶硅%'

or 行业小类 like '%风电制造%'

or 行业小类 like '%平行玻璃%'

or 行业小类 like '%钢铁%'

or 行业小类 like '%水泥%'）

and year（核准日期）> 2014）as b

on a. 企业名称 = b. 企业名称

28.6 结果展示

招商引资_ 企业名称	招商引资_ 登记时间	工商登记_ 企业名称	工商登记_ 企业状态	工商登记_ 行业类型	工商登记_ 行业小类	工商登记_ 核准日期
＊＊水泥有限 公司	2018－03－13	＊＊水泥有 限公司	正常	制造业	水泥制造	2018－06－19
＊＊新型建材 有限公司	2018－06－17	＊＊新型建 材有限公司	正常	制造业	水泥制造	2018－07－20
＊＊建材公司	2018－09－15	＊＊建材 公司	正常	制造业	水泥制品 制造	2018－10－13
＊＊预制加 工厂	2018－09－16	＊＊预制加 工厂	正常	制造业	水泥制品 制造	2018－10－17
＊＊有色金属 公司	2018－10－13	＊＊有色金 属公司	正常	制造业	钢铁制造	2018－10－25
＊＊化学工业 公司	2018－11－18	＊＊铝业 公司	正常	制造业	建煤化工	2018－12－11

29. 为水泥、钢铁等污染严重企业办理税收优惠政策

29.1 审计目标

检查为水泥、钢铁等污染严重企业办理税收优惠政策的情况。

29.2 所需数据

【税务_税款征收信息】

29.3 审计思路

水泥、钢铁为限制性行业，不应当对此类企业实施税收优惠政策，审计时，查询税务部门在税收征收时，对这些企业实施税收优惠的情况，进一步查明原因，揭示环保政策执行情况。

29.4 审计方法

在【税务_税款征收信息】表中，查询纳税人名称中包含"水泥"或"钢铁"，且减免税额大于0的记录。

29.5 SQL 语句

```
select *
from 税务_税款征收信息
where (纳税人名称 like '%水泥%'
```

or 纳税人名称 like '%钢铁%')

and 减免税额 > 0

29.6　结果展示

纳税人名称	申报日期	应纳税额	减免税额	实纳税额
＊＊四方水泥制品厂	2018/11/4	150000	15000	135000
＊＊钢铁经贸有限公司	2018/7/7	200000	20000	180000
＊＊集团水泥有限公司	2018/9/18	100000	10000	90000
＊＊水泥有限公司	2018/8/13	120000	12000	108000
＊＊水泥制品有限公司	2018/2/9	350000	35000	315000
＊＊达水泥有限公司	2018/3/14	480000	48000	432000

30. 环保举报热线12319、12369办理情况

30.1　审计目标

检查环保举报热线12319、12369的办理情况。

30.2　所需数据

【环保_环保举报热线12319办理台账】【住建_环保举报热线12369办理台账】

30.3　审计思路

《环保举报热线工作管理办法》第十一条："举报件应当自受理之日起60日内办结。情况复杂的，经本级环境保护主管部门负责人批准，可以适当延长办理期限，并告知举报人延期理由，但延长期限不得超过30日。"

基于上述规定，相关部门应当在接到环保举报热线的60天内办理完毕，通过检查，看有无未及时办结情况；通过统计处理事项占举报事项比率，分析是否存在监督部门对举报线索处理不到位，处理事项占举报事项比率低的问题。

通过审计，检查在接到环保举报热线的60天内未办理完毕的情况，揭示有关主管部门管理不严格，制度流于形式，或谋取私人利益，执法不严格，包容放纵违规现象的发生，导致在接到环保举报热线的60天内未办理完毕的情况。

30.4　审计方法

30.4.1　环保举报热线12319办理情况

在【环保_环保举报热线12319办理台账】表中，以"办理状态，年度"分

组，分年度统计办理状态为"存档阶段"的办理次数和办结率。

30.4.2　环保举报热线12319超过60天尚未办结的情况

在【环保_环保举报热线12319办理台账】表中，求出当前系统时间减去举报时间大于60天的举报登记记录，进一步检查没有在60天内结案的情况。

30.4.3　环保举报热线12369办理情况

在【住建_环保举报热线12369办理台账】表中，以"办理状态，年度"分组，分年度统计办理状态为"存档阶段"的办理次数和办结率。

30.4.4　环保举报热线12369超过60天尚未办结的情况

在【住建_环保举报热线12369办理台账】表中，求出当前系统时间减去举报时间大于60天的举报登记记录，进一步检查没有在60天内结案的情况。

30.5　SQL语句

30.5.1　环保举报热线12319办理情况

select 问题状态，year（上报时间），count（＊）as 办理状态次数，count（＊）＊1.0/（select count（＊）from 环保_环保举报热线办理台账）as 办结率

from 环保_环保举报热线12319办理台账

where 问题状态 like '存档阶段'

group by 问题状态，year（上报时间）

order by 问题状态 desc，year（上报时间）

30.5.2　环保举报热线12319超过60天尚未办结的情况

select 任务号，上报时间，小类，问题描述，区域，专业部门，问题状态，（（year（getdate（））－year（上报时间））＊365 ＋（（month（getdate（）） － month（上报时间））＊30 ） ＋（day（getdate（））－day（上报时间）））as 办理天数

from 环保_环保举报热线12319办理台账

where 问题状态 not like '存档阶段'and（（year（getdate（）） － year（上报时间）） ＊ 365 ＋（365 ＋（month（getdate（）） － month（上报时间））＊30 ） ＋（day（getdate（）） － day（上报时间）））> 60

order by 办理天数 desc

30.5.3　环保举报热线12369办理情况

select 问题状态，year（上报时间）as 年度，count（＊）as 问题状态次数，count（＊）＊1.0/（select count（＊）

from 住建_环保举报热线12369办理台账）as 办结率

from 住建_环保举报热线12369办理台账

where 问题状态 like ′存档阶段′

group by 问题状态，year（上报时间）

order by 问题状态 desc，year（上报时间）

30.5.4　环保举报热线 12369 超过 60 天尚未办结的情况

select 任务号，上报时间，小类，问题描述，区域，专业部门，问题状态，（（year（getdate（））–year（上报时间））＊365＋（（month（getdate（））– month（上报时间））＊30）＋（day（getdate（））– day（上报时间）））as 办理天数

　　from 住建_环保举报热线 12369 办理台账

　　where 问题状态 not like ′存档阶段′

　　and（（year（getdate（））– year（上报时间））＊365＋（365＋（month（getdate（））– month（上报时间））＊30）＋（day（getdate（））– day（上报时间）））＞60

order by 办理天数 desc

30.6　结果展示

30.6.1　环保举报热线 12319 办理情况

问题状态	年度	问题状态次数	办结率
存档阶段	2016	2251	0. 203526220614
存档阶段	2017	4533	0. 409855334538
存档阶段	2018	1746	0. 157866184448

30.6.2　环保举报热线 12319 超过 60 天尚未办结的情况

任务号	上报时间	小类	问题描述	区域	专业部门	问题状态	办理天数
16091200985	2016 – 12 – 06	私搭乱建	＊＊家园二期 A 区楼下公用绿地被开发商私自搭建车库出售	＊关区	＊＊市城市管理局直属分局	缓办阶段	1033
16120600894	2016 – 12 – 06	违章张贴悬挂广告牌匾	＊＊大道与＊路交叉口向南 20 米路西，＊＊店面上有大型 LED 广告屏	＊关区	＊＊市城市管理局直属分局	缓办阶段	1033

任务号	上报时间	小类	问题描述	区域	专业部门	问题状态	办理天数
16122800500	2016 – 12 – 28	私搭乱建	＊＊街＊＊苑6号楼3单元11楼顶私搭乱建	北关区	＊＊关区＊＊街道办事处	处置阶段	1011
16123100025	2016 – 12 – 31	施工扰民	＊＊大道与＊＊路交叉口向北第二个路口施工扰民	开发区	＊＊市高新技术开发区指挥中心	派遣阶段	1008
17010100021	2017 – 01 – 01	商业噪音	＊＊南路与＊＊巷交叉口向东50米路北OPPO专卖店喇叭声音太大	＊＊区	＊＊区步行街	督查阶段	1007
17010100039	2017 – 01 – 01	商业噪音	＊＊南路与＊＊巷交叉口向东50米路北OPPO手机专卖店噪音扰民	＊＊区	＊＊区步行街	督查阶段	1007

30.6.3 环保举报热线12369办理情况

问题状态	年度	问题状态次数	办结率
存档阶段	2016	2251	0.4502000000000
存档阶段	2017	4533	0.9066000000000
存档阶段	2018	1746	0.3492000000000

30.6.4 环保举报热线12369超过60天尚未办结的情况

任务号	上报时间	小类	问题描述	区域	专业部门	问题状态	办理天数
17011900151	2017 – 01 – 01	其他市容环境问题	＊＊路与＊＊大道交叉口西北角有两个大坑	＊＊区	＊＊市住房和城乡建设局	处置阶段	1007
17011900679	2017 – 01 – 11	商业噪音	＊＊街＊＊鞋城高音喇叭扰民，多次举报	＊＊区	＊＊区北大街街道办事处	督查阶段	997
17012400391	2017 – 01 – 21	商业噪音	＊＊大道与＊＊路交叉口向西200米路北文竹园楼下＊＊布鞋店噪音扰民	开发区	＊＊市高新技术开发区指挥中心	派遣阶段	981

任务号	上报时间	小类	问题描述	区域	专业部门	问题状态	办理天数
17012500297	2017 – 01 – 21	无照经营游商	＊＊路与＊＊街交叉口游商占道	＊＊区	＊＊区＊＊大道街道办事处	处置阶段	981
17012600069	2017 – 01 – 26	违章张贴悬挂广告牌匾	＊＊街与＊＊路交叉口向东50米路北＊＊辣椒炒肉一店多牌	＊＊区	＊＊区＊＊路街道办事处	处置阶段	976
17020100028	2017 – 01 – 01	无照经营游商	＊＊路人民公园门口有大量游商占道经营	＊＊区	＊＊区＊＊大道街道办事处	督查阶段	1007

31. 大气在线监测数据各指标超标情况排序

31.1 审计目标

将大气监测点在线监测数据各指标超标情况进行排序。

31.2 所需数据

【环保_大气在线监测数据】

31.3 审计思路

《中华人民共和国大气污染防治法》第二十三条："国务院生态环境主管部门负责制定大气环境质量和大气污染源的监测和评价规范，组织建设与管理全国大气环境质量和大气污染源监测网，组织开展大气环境质量和大气污染源监测，统一发布全国大气环境质量状况信息。县级以上地方人民政府生态环境主管部门负责组织建设与管理本行政区域大气环境质量和大气污染源监测网，开展大气环境质量和大气污染源监测，统一发布本行政区域大气环境质量状况信息。"《河南省污染防治攻坚战三年行动计划（2018—2020年）》（豫政〔2018〕30号）中关于"1. 2018年度目标。全省PM2.5（细颗粒物）年均浓度达到63微克/立方米以下，PM10（可吸入颗粒物）年均浓度达到103微克/立方米以下，全年优良天数比例达到57.5%以上。……2. 2019年度目标。全省PM2.5年均浓度达到60微克/立方米以下，PM10年均浓度达到98微克/立方米以下，全年优良天数比例达到65%以上。"《京津冀及周边地区2018—2019年秋冬季大气污染综合治理攻坚行动方案》（环大气〔2018〕100号）："全面完成2018年空气质量改善目标；2018年10月1日至2019年3月31日，京津冀及周边地区细颗粒物（PM2.5）平均浓度同比下降3%左右，重度及以上污染天数同比减少3%左右。"《汾渭平原2018—2019年秋冬季大气污染综合治理攻坚行动方案》（环大气〔2018〕132 号）："全面完成 2018 年空气质量改善目标；2018 年 10 月 1 日至 2019 年 3 月 31 日，汾渭平原细颗粒物（PM2.5）平均浓度同比下降 4%左右，重度及以上污染天数同比减少 4%左右。"

基于上述规定，各级环保部门需要根据大气在线监测各项指标的历史数据情况，通过检查各大气监测点各项大气监测指标的值，分析各时间段影响大气质量的各种因子占比情况，找出影响当地大气质量的主要原因。管理部门对超标排放的行为，应当依法进行处理处罚。

通过审计，检查已经超标排放的企业的排放情况及相关部门的应对措施，揭示有关主管部门管理不严格，制度流于形式，或谋取私人利益，执法不严格，包容放纵违规现象的发生，导致环保政策执行不到位的情况。

大气指标控制标准：

PM10 50/150 μg/m（日均，一级/二级）；

PM2.5 35/75 μg/m3（日均，一级/二级）；

SO_2 80μg/m（日均），100 μg/m（时均）；

NOx 250μg/m（日均），350 μg/m（时均）；

O_3 250μg/m（日均值）；

NO 0.1 mg/m（日均值）。

31.4　审计方法

31.4.1　PM10 超标值查询排序

在【环保_大气在线监测数据】表中，查询监测指标为"PM10"并且监测值二级指标（日均值）大于 150μg/m 的记录，按日均值从大到小排列。

31.4.2　PM2.5 超标值查询排序

在【环保_大气在线监测数据】表中，查询监测指标为"PM2.5"并且监测值二级指标（日均值）大于 75μg/m 的记录，按日均值从大到小排列。

31.4.3　SO_2 时均超标值查询排序

在【环保_大气在线监测数据】表中，查询监测指标为"SO_2"并且监测值（日均值）大于 80μg/m 的记录，按日均值从大到小排列。

31.4.4　NOx 时均超标值查询排序

在【环保_大气在线监测数据】表中，查询监测指标为"NOx"并且监测值（日均值）大于 250μg/m 的记录，按日均值从大到小排列。

31.4.5　O_3 超标值查询排序

在【环保_大气在线监测数据】表中，查询监测指标为"O_3"并且监测值（日均值）大于 250μg/m 的记录，按日均值从大到小排列。

31.4.6　NO 超标值查询排序

在【环保_大气在线监测数据】表中，查询监测指标为"NO"并且监测值（日均值）大于 0.1 mg/m 的记录，按日均值从大到小排列。

31.5　SQL 语句

31.5.1　PM10 超标值查询排序

select 监测站点，监测时间，PM10

from 环保_大气在线监测数据

where PM10 > 150

order by PM10 desc

31.5.2　PM2.5 超标值查询排序

select 监测站点，监测时间，PM2 点 5

from 环保_大气在线监测数据

where PM2 点 5 > 75

order by PM2 点 5 desc

31.5.3　SO_2 时均超标值查询排序

select 监测站点，监测时间，SO_2

from 环保_大气在线监测数据

where SO_2 > 80

order by SO_2 desc

31.5.4　NOx 时均超标值查询排序

select 监测站点，监测时间，NOx

from 环保_大气在线监测数据

where NOx > 250

order by NOx desc

31.5.5　O_3 超标值查询排序

select 监测站点，监测时间，O_3

from 环保_大气在线监测数据

where O_3 > 250

order by O_3 desc

31.5.6　NO 超标值查询排序

select 监测站点，监测时间，NO

from 环保_大气在线监测数据

where NO > 0.1

order by NO desc

31.6 结果展示

31.6.1 PM10 超标值查询排序

监测站名	监测时间	**PM10**
站点 1	2018 - 04 - 03 09：00：00.000	1172
站点 2	2018 - 06 - 02 16：00：00.000	1114
站点 3	2018 - 03 - 15 10：00：00.000	933
站点 4	2018 - 03 - 15 10：00：00.000	920
站点 5	2018 - 04 - 14 16：00：00.000	916
站点 6	2018 - 04 - 14 15：00：00.000	825

31.6.2 PM2.5 时均超标值查询排序

监测站名	监测时间	**PM2 点 5**
站点 1	2018 - 01 - 21 03：00：00.000	628
站点 2	2018 - 01 - 21 02：00：00.000	559
站点 3	2018 - 02 - 16 11：00：00.000	554
站点 4	2018 - 01 - 21 02：00：00.000	541
站点 5	2018 - 01 - 21 02：00：00.000	527
站点 6	2018 - 02 - 16 10：00：00.000	526

31.6.3 SO_2 时均超标值查询排序

监测站名	监测时间	**SO_2**
站点 1	2018 - 01 - 21 03：00：00.000	628
站点 2	2018 - 01 - 21 02：00：00.000	559
站点 3	2018 - 02 - 16 11：00：00.000	554
站点 4	2018 - 01 - 21 02：00：00.000	541
站点 5	2018 - 01 - 21 02：00：00.000	527
站点 6	2018 - 02 - 16 10：00：00.000	526

31.6.4　NOx 时均超标值查询排序

监测站名	监测时间	NOx
站点 1	2018 – 01 – 07 08：00：00.000	361
站点 2	2018 – 01 – 15 23：00：00.000	291
站点 3	2018 – 05 – 07 10：00：00.000	272
站点 4	2018 – 01 – 07 09：00：00.000	243
站点 5	2018 – 01 – 05 17：00：00.000	238
站点 6	2018 – 01 – 05 15：00：00.000	235

31.6.5　O_3 超标值查询排序

监测站名	监测时间	O_3
站点 1	2018 – 04 – 09 06：00：00.000	524
站点 2	2018 – 04 – 09 07：00：00.000	475
站点 3	2018 – 04 – 09 04：00：00.000	463
站点 4	2018 – 04 – 09 08：00：00.000	440
站点 5	2018 – 04 – 09 08：00：00.000	431
站点 6	2018 – 01 – 16 22：00：00.000	362

31.6.6　NO 超标值查询排序

监测站名	监测时间	NO
站点 1	2018 – 01 – 17 21：00：00.000	10
站点 2	2018 – 01 – 21 02：00：00.000	10
站点 3	2018 – 01 – 21 03：00：00.000	9
站点 4	2018 – 04 – 15 09：00：00.000	9
站点 5	2018 – 05 – 27 04：00：00.000	9
站点 6	2018 – 04 – 15 08：00：00.000	8

32.　大气在线监测数据各指标值纵向分析

32.1　审计目标

将大气监测点在线监测数据各指标按年度纵向比对分析。

32.2 所需数据

【环保_大气在线监测数据】

32.3 审计思路

《中华人民共和国大气污染防治法》第二十三条："国务院生态环境主管部门负责制定大气环境质量和大气污染源的监测和评价规范，组织建设与管理全国大气环境质量和大气污染源监测网，组织开展大气环境质量和大气污染源监测，统一发布全国大气环境质量状况信息。县级以上地方人民政府生态环境主管部门负责组织建设与管理本行政区域大气环境质量和大气污染源监测网，开展大气环境质量和大气污染源监测，统一发布本行政区域大气环境质量状况信息。"《河南省污染防治攻坚战三年行动计划（2018—2020 年)》（豫政〔2018〕30 号）中关于"1. 2018 年度目标。全省 PM2.5（细颗粒物）年均浓度达到 63 微克/立方米以下，PM10（可吸入颗粒物）年均浓度达到 103 微克/立方米以下，全年优良天数比例达到 57.5%以上。……2. 2019 年度目标。全省 PM2.5 年均浓度达到 60 微克/立方米以下，PM10 年均浓度达到 98 微克/立方米以下，全年优良天数比例达到 65% 以上。"、《京津冀及周边地区 2018—2019 年秋冬季大气污染综合治理攻坚行动方案》（环大气〔2018〕100 号）："全面完成 2018 年空气质量改善目标；2018 年 10 月 1 日至 2019 年 3 月 31 日，京津冀及周边地区细颗粒物（PM2.5）平均浓度同比下降 3% 左右，重度及以上污染天数同比减少 3% 左右。"《汾渭平原 2018—2019 年秋冬季大气污染综合治理攻坚行动方案》（环大气〔2018〕132 号）："全面完成 2018 年空气质量改善目标；2018 年 10 月 1 日至 2019 年 3 月 31 日，汾渭平原细颗粒物（PM2.5）平均浓度同比下降 4% 左右，重度及以上污染天数同比减少 4% 左右。"

基于上述规定，各级环保部门需要根据大气在线监测各项指标的历史数据情况，通过检查各大气监测点大气监测指标的各个年度变化情况，评估一定时期大气质量，找出影响当地大气质量的主要原因。管理部门对超标行为，应当依法进行处理处罚。

通过审计，检查已经超标排放的企业的排放情况及相关部门的应对措施，揭示有关主管部门管理不严格，制度流于形式，或谋取私人利益，执法不严格，包容放纵违规现象的发生，导致环保政策执行不到位的情况。

大气指标控制标准：

PM10 50/150 μg/m（日均，一级/二级）；

PM2.5 35/75 μg/m3（日均，一级/二级）；

SO_2 80μg/m（日均），100 μg/m（时均）；

NOx 250μg/m（日均），350 μg/m（时均）；

O_3 250μg/m（日均值）；

NO 0.1 mg/m（日均值）。

32.4 审计方法

32.4.1 PM10 超标平均值、极大值、超标次数纵向分析

在【环保_大气在线监测数据】表中，以年度、监测站点为条件进行分组，查询监测指标为"PM10"并且监测值二级指标（日均值）大于 150μg/m 的超标平均值、极大值、超标次数。

32.4.2 PM2.5 超标平均值、极大值、超标次数纵向分析

在【环保_大气在线监测数据】表中，以年度、监测站点为条件进行分组，查询监测指标为"PM2.5"并且监测值二级指标（日均值）大于 75μg/m 的超标平均值、极大值、超标次数。

32.4.3 SO_2 超标平均值、极大值、超标次数纵向分析

在【环保_大气在线监测数据】表中，以年度、监测站点为条件进行分组，查询监测指标为"SO_2"并且监测值二级指标（日均值）大于 80μg/m 的超标平均值、极大值、超标次数。

32.4.4 NOx 超标平均值、极大值、超标次数纵向分析

在【环保_大气在线监测数据】表中，以年度、监测站点为条件进行分组，查询监测指标为"NOx"并且监测值（日均值）大于 250μg/m 的超标平均值、极大值、超标次数。

32.4.5 O_3 超标平均值、极大值、超标次数纵向分析

在【环保_大气在线监测数据】表中，以年度、监测站点为条件进行分组，查询监测指标为"O_3"并且监测值（日均值）大于 250μg/m 的超标平均值、极大值、超标次数。

32.4.6 NO 超标平均值、极大值、超标次数纵向分析

在【环保_大气在线监测数据】表中，以年度、监测站点为条件进行分组，查询监测指标为"NO"并且监测值大于 0.1 mg/m 的超标平均值、极大值、超标次数。

32.5 SQL 语句

32.5.1 PM10 超标平均值、极大值、超标次数纵向分析

select year（监测时间）as 年度，监测站点，avg（PM10）as 超标平均数，max

（PM10）as 超标极大值，count（PM10）as 超标次数

from 环保_大气在线监测数据

where PM10 > 150

group by year（监测时间），监测站点

order by year（监测时间），监测站点

32.5.2 PM2 点超标平均值、极大值、超标次数纵向分析

select year（监测时间）as 年度，监测站点，avg（PM2 点 5）as 超标平均数，max（PM2 点 5）as 超标极大值，count（PM2 点 5）as 超标次数

from 环保_大气在线监测数据

where PM2 点 > 75

group by year（监测时间），监测站点

order by year（监测时间），监测站点

32.5.3 SO_2 超标平均值、极大值、超标次数纵向分析

select year（监测时间）as 年度，监测站点，avg（SO_2）as 超标平均数，max（SO_2）as 超标极大值，count（SO_2）as 超标次数

from 环保_大气在线监测数据

where SO_2 > 80

group by year（监测时间），监测站点

order by year（监测时间），监测站点

32.5.4 NOx 超标平均值、极大值、超标次数纵向分析

select year（监测时间）as 年度，监测站点，avg（NOx）as 超标平均数，max（NOx）as 超标极大值，count（NOx）as 超标次数

from 环保_大气在线监测数据

where NOx > 250

group by year（监测时间），监测站点

order by year（监测时间），监测站点

32.5.5 O_3 超标平均值、极大值、超标次数纵向分析

select year（监测时间）as 年度，监测站点，avg（O_3）as 超标平均数，max（O_3）as 超标极大值，count（O_3）as 超标次数

from 环保_大气在线监测数据

where O_3 > 250

group by year（监测时间），监测站点

order by year（监测时间），监测站点

32.5.6 NO 超标平均值、极大值、超标次数纵向分析

select year（监测时间）as 年度，监测站点，avg（NO）as 超标平均数，max（NO）as 超标极大值，count（NO）as 超标次数

from 环保_大气在线监测数据

where NO > 0.1

group by year（监测时间），监测站点

order by year（监测时间），监测站点

32.6 结果展示

32.6.1 PM10 超标平均值、极大值、超标次数纵向分析

年度	监测站名	超标平均数	超标极大值	超标次数
2014	站点 1	239.00	920.00	68
2015	站点 1	251.00	214.00	66
2016	站点 1	239.00	416.00	76
2017	站点 1	245.00	272.00	78
2018	站点 1	238.00	633.00	56

32.6.2 PM2.5 超标平均值、极大值、超标次数纵向分析

年度	监测站名	超标平均数	超标极大值	超标次数
2014	站点 1	91.00	114.00	44
2015	站点 1	101.00	118.00	55
2016	站点 1	88.00	129.00	67
2017	站点 1	85.00	141.00	64
2018	站点 1	90.00	127.00	34

32.6.3 SO_2 超标平均值、极大值、超标次数纵向分析

年度	监测站名	超标平均数	超标极大值	超标次数
2014	站点 1	91.00	114.00	34
2015	站点 1	101.00	118.00	45
2016	站点 1	88.00	109.00	54

续表

年度	监测站名	超标平均数	超标极大值	超标次数
2017	站点1	85.00	101.00	42
2018	站点1	90.00	107.00	36

32.6.4 NOx 超标平均值、极大值、超标次数纵向分析

年度	监测站名	超标平均数	超标极大值	超标次数
2014	站点1	391.00	454.00	77
2015	站点1	301.00	421.00	87
2016	站点1	388.00	459.00	54
2017	站点1	385.00	341.00	65
2018	站点1	333	321.00	67

32.6.5 O_3 超标平均值、极大值、超标次数纵向分析

年度	监测站名	超标平均数	超标极大值	超标次数
2014	站点1	321.00	344.00	64
2015	站点1	301.00	628.00	56
2016	站点1	284.00	559.00	46
2017	站点1	285.00	541.00	76
2018	站点1	295.00	527.00	54

32.6.6 NO 超标平均值、极大值、超标次数纵向分析

年度	监测站名	超标平均数	超标极大值	超标次数
2014	站点1	2.00	14.00	76
2015	站点1	1.00	5.00	65
2016	站点1	1.00	5.00	64
2017	站点1	2.00	3.00	48
2018	站点1	1.50	1.00	76

33. 大气监测上报数据真实性审计

33.1 审计目标

检查大气监测上报数据的真实性。

33. 2　所需数据

【环保_大气监测上报数据】【环保_大气监测数据】

33. 3　审计思路

有的地方政府为了完成大气质量控制目标，在上报数据的最后环节，可能会采用篡改监控结果数据的办法。审计的方法是将大气监测系统产生的实际数据与地方政府上报的数据进行比较，检查二者的一致性。如果系统产生的数据与上报的数据一致，则说明上报的数据没有在数据上报环节修改，如果不一致，则存在数据篡改的可能性，需要进一步查明原因。

审计中可关注两方面，一是故意篡改数据；二是采取不恰当的抽样统计方法产生数据误差。如：日均值由"全部监测值求取平均数取得"与"随机抽样取得"会造成数据的误差，这就需要从机制和技术方法上提出审计建议。

33. 4　审计方法

33. 4. 1　整理数据

一是整理大气上报数据。此数据从《××市环境监测年鉴》中取得，反映每天监测上报的大气指标值，主要指标为：PM10，PM2. 5，SO_2，NO_2 等，数据量为每个监测点每天 1 条数据，共 5 个监测点。

此项数据需要将 Word 文档格式的文本转换成 Excel 格式的数据，然后导入 SQL_server 数据库。

二是整理大气监测数据。此数据从大气监测系统的后台数据库中取得，反映每小时监测的大气指标值，为了与上报的数据值具有可比性，大气指标可同样选取 PM10，PM2. 5，SO_2，NO_2 等，数据量为每天产生 24 条数据，同样选取与上报数据相一致的 5 个监测点。

此项数据需要将各监测点每天生成的 24 条数据转换成 1 条数据，即：日均值。

33. 4. 2　将上报值与监测值比对分析差异

以监测点、年、月、日为主键，关联【环保_大气监测数据整理为每天】表和【环保_大气上报数据】表，计算 PM10，PM2. 5，SO_2，NO_2，CO，O_3 各项指标的上报值与监测值的误差。

33. 5　SQL 语句

33. 5. 1　生成审计中间表_环保_大气监测数据整理为每天

select year（监测时间）as 年度，month（监测时间）as 月份，day（监测时间）as 日期，监测站点，sum（PM10）/count（PM10）as PM10 ，sum（PM2 点 5）/

count（PM2点5）as PM2点5，sum（SO$_2$）/count（SO$_2$）as SO$_2$，

sum（NO$_2$）/count（NO$_2$）as NO$_2$

into 审计中间表_环保_大气监测数据整理为每天

from 环保_大气在线监测数据

group by year（监测时间），month（监测时间），day（监测时间），监测站点

order by year（监测时间），month（监测时间），day（监测时间），监测站点

33.5.2 将大气上报数据与实际监测数据关联生成差异值

select a. 年度，a. 月份，a. 日期，a. 监测站点，a.PM10 as PM10 监测值，b.PM10 as PM10 上报值，a.PM10 – b.PM10 as PM10 误差，a.PM2点5 as PM2点5 监测值，b.PM2点5 as PM2点5 上报值，a.PM2点5 – b.PM2点5 as PM2点5 误差，a.SO$_2$ as SO$_2$ 监测值，b.SO$_2$ as SO$_2$ 上报值，a.SO$_2$ – b.SO$_2$ as SO$_2$ 误差，a.NO$_2$ as NO$_2$ 监测值，b.NO$_2$ as NO$_2$ 上报值，a.NO$_2$ – b.NO$_2$ as NO$_2$ 误差

from 审计中间表_环保_大气监测数据整理为每天 as a

join 环保_大气上报数据 as b

on a. 监测站点 = b. 监测点位

and a. 年度 = year（b. 监测日期）

and a. 月份 = month（b. 监测日期）

and a. 日期 = day（b. 监测日期）

33.6 结果展示

33.6.1 将大气监测历史数据由每小时换算成日均值

年度	月份	日期	监测点	PM10	PM2点5	SO$_2$	NO$_2$
2018	1	1	红庙街	176	72	118	95
2018	1	1	环保局	175	117	96	96
2018	1	1	棉研所	176	108	88	82
2018	1	1	铁佛寺	189	114	147	90
2018	1	1	银杏小区	206	106	88	51
2018	1	2	红庙街	468	184	179	140

33.6.2　将大气上报数据与实际监测数据关联生成差异值

年度	月份	日期	监测点	PM10 监测值	PM10 上报值	PM10 误差	PM2 点 5 监测值	PM2 点 5 上报值	PM2 点 5 误差
2018	1	1	红庙街	176	99	77	72	70	2
2018	1	1	环保局	175	99	78	117	100	17
2018	1	1	棉研所	176	99	77	108	100	8
2018	1	1	铁佛寺	189	99	90	114	100	14
2018	1	1	银杏小区	206	100	106	106	86	20
2018	1	2	红庙街	468	200	268	184	170	14

34. 大气监测信息系统数据录入合规性审计

34.1　审计目标

检查大气监测信息系统数据录入不合规性的情况。

34.2　所需数据

【环保_大气在线监测数据表】

34.3　审计思路

《国务院办公厅关于利用计算机信息系统开展审计工作有关问题的通知》中"审计机关发现被审计单位的计算机信息系统不符合法律、法规和政府有关主管部门的规定、标准的，可以责令限期改正或者更换。在规定期限内不予改正或者更换的，应当通报批评并建议有关主管部门予以处理。审计机关在审计过程中发现开发、故意使用有舞弊功能的计算机信息系统的，要依法追究有关单位和人员的责任。"《中华人民共和国环境保护法》第十七条："国家建立、健全环境监测制度。国务院环境保护主管部门制定监测规范，会同有关部门组织监测网络，统一规划国家环境质量监测站（点）的设置，建立监测数据共享机制，加强对环境监测的管理。有关行业、专业等各类环境质量监测站（点）的设置应当符合法律法规规定和监测规范的要求。监测机构应当使用符合国家标准的监测设备，遵守监测规范。监测机构及其负责人对监测数据的真实性和准确性负责。"《环境监测数据弄虚作假行为判定及处理办法》第四条："……（十二）对原始数据进行不合理修约、取舍，或者有选择性评价监测数据、出具监测报告或者发布结果，以至评价结论失真的。"和其他相关条款。

基于上述规定，管理部门如果发现大气监测点大气监测指标的不合理情况，应当引起重视。有的地方，疏于管理、环保意识淡薄，相关单位出现大气监测点大气监测指标的不合理情况。

通过审计，检查大气监测点大气监测指标的不合理情况评估检测数据的准确性。揭示有关主管部门管理不严格，制度流于形式，或谋取私人利益，执法不严格，包容放纵违规现象的发生，导致环保政策不到位的情况。

34.4　审计方法

以监测站点为主键，查询【环保_大气在线监测数据表】中监测站点数据像"MYM""＊""（""）""！""@"等非法字符的情况记录。

34.5　SQL 语句

```
select ＊ from 环保_大气在线监测数据
where（监测站点 like '％MYM％'
or 监测站点 like '％＊％'
or 监测站点 like '％（％'
or 监测站点 like '％）％'
or 监测站点 like '％！％'
or 监测站点 like '％@％'
or 监测站点 like '％#％'
or 监测站点 like '％&％'
or 监测站点 like '％＋％'
or 监测站点 like '％｛％'
or 监测站点 like '％｝％'
or 监测站点 like '％－％'
or 监测站点 like '％［％'
or 监测站点 like '％］％'
or 监测站点 like '％｜％'
or 监测站点 like '％\％'
or 监测站点 like '％:％'
or 监测站点 like '％"％'
or 监测站点 like '％＜％'
or 监测站点 like '％＞％'
or 监测站点 like '％?％'
```

or 监测站点 like '%/%'
or 监测站点 like '%1%'
or 监测站点 like '%2%'
or 监测站点 like '%3%'
or 监测站点 like '%4%'
or 监测站点 like '%5%'
or 监测站点 like '%6%'
or 监测站点 like '%7%'
or 监测站点 like '%8%'
or 监测站点 like '%9%'
or 监测站点 like ' '
or 监测站点 is null)
or (监测时间 like '% MYM%'
or 监测时间 like '% * %'
or 监测时间 like '% （%'
or 监测时间 like '% ）%'
or 监测时间 like '% !%'
or 监测时间 like '% @ %'
or 监测时间 like '% #%'
or 监测时间 like '% &%'
or 监测时间 like '% + %'
or 监测时间 like '% ｛%'
or 监测时间 like '% ｝%'
or 监测时间 like '% ［%'
or 监测时间 like '% ］%'
or 监测时间 like '% | %'
or 监测时间 like '% "%'
or 监测时间 like '% < %'
or 监测时间 like '% > %'
or 监测时间 like '% ?%'
or 监测时间 like ' '
or 监测时间 is null)

34.6 结果展示

监测站点	监测时间	SO₂	NO	NO₂	NOx	O₃	CO	PM10	PM2点5
站点 1	null	null	null	null	null	null	null	null	null
站点 2	null	null	null	null	null	null	null	null	null
站点 3	null	null	null	null	null	null	null	null	null
站点 4	null	null	null	null	null	null	null	null	null
站点 5	null	null	null	null	null	null	null	null	null
站点 6	null	null	null	null	null	null	null	null	null

35. 限产企业在限产期间在线监测数据显示有废气排出

35.1 审计目标

检查限产企业限产期间在线监测数据显示有废气排出的情况。

35.2 所需数据

【环保_重点企业大气在线监测数据】【工信_企业错峰生产台账】

35.3 审计思路

《污染源自动监控设施现场监督检查办法》（环境保护部令第 19 号）第六条：
"排污单位自行运行污染源自动监控设施的，应当保证其正常运行。由取得环境污
染治理设施运营资质的单位（以下简称运营单位）运行污染源自动监控设施的，排
污单位应当配合、监督运营单位正常运行；运营单位应当保证污染源自动监控设施
正常运行。"和《京津冀及周边地区 2018—2019 年秋冬季大气污染综合治理攻坚行
动方案》（环大气〔2018〕100 号）："（十）加强基础能力建设。29. 加强污染源自
动监控体系建设。2018 年 10 月底前，生态环境部出台 VOCs 在线监测技术规范。
各地要严格落实排气口高度超过 45 米的高架源安装自动监控设施、数据传输有效
率达到 90% 的监控要求，未达到的予以停产整治。石化、化工、包装印刷、工业涂
装等 VOCs 排放重点源，纳入重点排污单位名录，加快安装废气排放自动监控设
施，并与生态环境主管部门联网。企业在正常生产以及限产、停产、检修等非正常
工况下，均应保证自动监控设施正常运行并联网传输数据。"

基于上述规定，企业在停产限产期间，在线监测设备应当继续监测是否有废气
排出，企业如果很好地执行了限产停产要求，就不会有污染物排放，在线监测数据
能够反映出企业是否私自生产现象，有废气排出，则说明限产企业可能仍然在生

产，需要进一步核实。

通过审计，将限产企业名单与企业大气在线监测数据进行分析比对，查找在限产期间大气监测数据显示仍有污染物排放的企业名单，审计人员可以根据企业名单结合企业用电量等辅助信息进行进一步核实，坐实没有严格执行限产停产措施的企业。

35.4 审计方法

以企业名称为主键，关联【环保_重点企业大气在线监测数据】表和【工信_企业错峰生产台账】表，检查停限产措施为"停产"或"断电"，而限产期间的烟尘浓度值有排放数据的情况。

35.5 SQL 语句

select a. 年，a. 月，a. 日，a. 烟尘浓度，a. 烟尘折算浓度，a. 烟尘排放量，

a. 污染源名称，

a. 监控点名称，b. 停限措施，b. 停限产时段，b. 限产月份

from（select *

from 环保_重点企业大气在线监测数据

where（月 like '1'or 月 like '2' or 月 like '12'）and 烟尘浓度 < > ''）as a

join（select * from 工信_企业错峰生产台账

where 停限措施 like '%停产%' or 停限措施 like '%断电%'）as b

on a. 污染源名称 = b. 企业名称

order by a. 污染源名称，a. 年，a. 月

35.6 结果展示

年	月	日	烟尘浓度	烟尘折算浓度	烟尘排放量	污染源名称	监控点名称	停限措施	停限产时段	限产月份
2018	12	1	10	5.61	15	＊＊陶瓷有限公司	二号线干燥塔烟气排放口	停产	2018 年 11 月 15 日至 2019 年 3 月 15 日	12 月 1 月 2 月
2018	12	2	10	5.52	15	＊＊陶瓷有限公司	二号线干燥塔烟气排放口	停产	2018 年 11 月 15 日至 2019 年 3 月 15 日	12 月 1 月 2 月
2018	12	3	9.8	5.41	15	＊＊陶瓷有限公司	二号线干燥塔烟气排放口	停产	2018 年 11 月 15 日至 2019 年 3 月 15 日	12 月 1 月 2 月

续表

年	月	日	烟尘浓度	烟尘折算浓度	烟尘排放量	污染源名称	监控点名称	停限措施	停限产时段	限产月份
2018	12	4	10	5.53	15	＊＊陶瓷有限公司	二号线干燥塔烟气排放口	停产	2018 年 11 月 15 日至 2019 年 3 月 15 日	12 月 1 月 2 月
2018	12	5	8.6	5.17	11	＊＊陶瓷有限公司	二号线干燥塔烟气排放口	停产	2018 年 11 月 15 日至 2019 年 3 月 15 日	12 月 1 月 2 月
2018	12	6	14	7.66	20	＊＊陶瓷有限公司	二号线干燥塔烟气排放口	停产	2018 年 11 月 15 日至 2019 年 3 月 15 日	12 月 1 月 2 月

36. 启动大气黄色预警后重点监控企业应当停产而仍然排放废气

36.1 审计目标

检查在启动大气黄色预警后重点监控企业应当停产而仍然排放废气的情况。

36.2 所需数据

【环保_重点监控企业限产标准】【环保_国控点大气监测值】【环保_重点企业大气在线监测数据】

36.3 审计思路

《环境空气质量指数（AQI）技术规定（试行）》（HJ633 – 2012）规定，AQI大于200，即环境空气质量达到五级（重度污染）及以上污染程度的大气污染，实施重污染天气应急预案。和《河南省人民政府办公厅关于印发河南省重污染天气应急预案的通知》（豫政办〔2019〕56 号）："（3）强制性污染减排措施。事发地政府应当督导落实以下措施：工业源减排措施。事发地政府应当按照重污染天气应急减排清单，严格落实各项减排措施。生态环境、工业和信息化等部门按照职能分工负责督导重点行业、非重点行业、小微涉气行业等工业企业，按照"一厂一策"要求，采取降低生产负荷、停产、加强污染治理、大宗物料错峰运输等措施，减少大气污染物排放量；生态环境部门负责加大燃煤发电企业监管力度，确保达标排放；增加对重点大气污染源的执法检查频次，督促其大气污染防治设施高效运转，严格落实减排措施。"

基于上述规定，国家对大气污染防治实施预警机制，针对不同级别的预警需要采取不同的措施来有效改善空气环境质量，在启动大气黄色预警后就要求相关企业实施停产，检查在启动大气黄色预警后重点监控企业应当停产而仍然排放废气的情况，揭示企业仍然在生产的违规现象。

通过审计，对重点监控企业的大气在线监测数据、企业用电信息数据及国控点大气监测数据进行比对分析，看重点监控企业是否遵守重污染天气应急预案的管控要求及时停产，如果企业在线监测数据高于国控点监测数据，说明企业没有响应停产要求而是违规进行了生产，需要相关部门及时做出处理。

36.4　审计方法

以企业名称为主键，关联【环保_重点监控企业限产标准】表【环保_国控点大气监测值】表和【环保_重点企业大气在线监测数据】表，检查在启动大气黄色预警后重点监控企业应当停产而仍然排放废气的情况，以进一步核实。

36.5　SQL 语句

select d. ＊, c. 企业用电号, c. 黄色预警_停限产措施

from 环保_重点监控企业限产标准 as c

join（select a. 城市名称, a. 点位名称, a. AQI, b. 年, b. 月, b. 日, b. 污染源名称, b. 烟尘浓度, b. 烟尘排放量

from（select ＊

from 环保_国控点大气监测值

where AQI ＞ 200）as a

join（select ＊

from 环保_重点企业大气在线监测数据

where 烟尘浓度 ＜＞ ''）as b

on a. 年 = b. 年

and a. 月 = b. 月

and a. 日 = b. 日）as d

on c. 企业名称 = d. 污染源名称

where c. 黄色预警_停限产措施 like '% 停产 %'

36.6 结果展示

城市名称	点位名称	AQI	年	月	日	污染源名称	烟尘浓度	烟尘排放量	企业用电号	黄色预警_停限产措施
＊＊市	市监测站	209	2019	1	12	＊＊水泥有限公司	2.36	0.46	3060000024	停产
＊＊市	市监测站	209	2019	1	12	＊＊水泥有限公司	2.36	0.46	3060000024	停产
＊＊市	市监测站	209	2019	1	12	＊＊水泥有限公司	2.36	0.46	3060000024	停产
＊＊市	迎宾馆	312	2019	2	20	＊＊环保建材有限公司	2.52	1.23	3062032202	停产
＊＊市	市交警支队	211	2019	2	21	＊＊环保建材有限公司	2.5	2.21	3062032202	停产
＊＊市	迎宾馆	218	2019	2	21	＊＊环保建材有限公司	2.5	2.21	3062032202	停产

37. 降尘量总体分析

37.1 审计目标

分析某地区降尘总量的平均值和极大值。

37.2 所需数据

【环保_降尘月统计上报数据】

37.3 审计思路

《中华人民共和国大气污染防治法》第二条："防治大气污染，应当以改善大气环境质量为目标，坚持源头治理，规划先行，转变经济发展方式，优化产业结构和布局，调整能源结构。防治大气污染，应当加强对燃煤、工业、机动车船、扬尘、农业等大气污染的综合防治，推行区域大气污染联合防治，对颗粒物、二氧化硫、氮氧化物、挥发性有机物、氨等大气污染物和温室气体实施协同控制。"《京津冀及周边地区 2019—2020 年秋冬季大气污染综合治理攻坚行动方案》（环大气〔2019〕88 号）："二、主要任务（四）优化调整用地结构 18. 加强扬尘综合治理。严格降尘管控，各城市平均降尘量不得高于 9 吨/月·平方公里。鼓励各城市不断加严降尘量控制指标，实施网格化降尘量监测考核。"和《河南省污染防治攻坚战领导小组办公室关于印发"三散"污染专项治理工作方案的通知》（豫环攻坚办〔2019〕102 号）："三、主要任务。（三）全面提升散尘污染防治水平。2. 强化城市散尘防治。持续开展城市清洁行动，确保城市清洁全覆盖。县级以上城市平均降尘量不得高于 9 吨/月·平方公里。"

基于上述规定，国家为了有效控制降尘量，改善空气环境质量，设置了降尘量指标进行考核，各地应有效控制降尘总量，有效改善环境质量，审计查询降尘总量的平均值和极大值，揭示当地降尘量的总体情况；查询降尘总量每平方公里的月平均值大于 9 吨的天数，反映当地降尘量超过标准的情况，揭示当地政府在散尘污染防治工作方面的绩效。

通过审计，对被审计地区的降尘量数据进行分析，查找出降尘量平均数据高于9 吨/月·平方公里的月份，帮助分析降尘量超标的主要原因，督促被审计地区及时采取措施，控制降尘量，改善空气环境质量。

37.4 审计方法

37.4.1 查询降尘总量的平均值和极大值

在【环保_降尘月统计上报数据】表中，以省辖市，县区，年度，月份为条件，分组计算降尘总量月平均值和降尘总量极大值。

37.4.2 查询降尘总量每平方公里的月平均值大于 9 吨的情况

在【环保_降尘月统计上报数据】表中，以省辖市，县区，年度，月份为条件，分组计算降尘总量月平均值大于 9 的情况。

37.5 SQL 语句

37.5.1 查询降尘总量的平均值和极大值

select 省辖市，县区，年度，月份，sum（降尘总量）/count（降尘总量）as 降尘总量月平均值，max（降尘总量）as 降尘总量极大值

from 环保_降尘月统计上报数据

group by 省辖市，县区，年度，月份

37.5.2 查询降尘总量每平方公里的月平均值大于吨的情况

select 省辖市，县区，年度，月份，sum（降尘总量）as 降尘总量

from 环保_降尘月统计上报数据

group by 省辖市，县区，年度，月份

having sum（降尘总量）> 9

37.6 结果展示

37.6.1 查询降尘总量的平均值和极大值

省辖市	县区	年度	月份	降尘总量月平均值	降尘总量极大值
＊＊市	＊＊区	2019	1	18	25
＊＊市	＊＊区	2019	2	13	35
＊＊市	＊＊区	2019	3	10	13
＊＊市	＊＊区	2019	4	11	20
＊＊市	＊＊区	2019	5	10	21
＊＊市	＊＊区	2019	6	9.3	19

37.6.2 查询降尘总量每平方公里的月平均值大于 9 吨的情况

省辖市	县区	年度	月份	降尘总量
＊＊市	＊＊区	2019	3	14.1
＊＊市	＊＊区	2019	4	18.1
＊＊市	＊＊区	2019	5	15.8
＊＊市	＊＊区	2019	6	18.6
＊＊市	＊＊区	2019	7	17.5
＊＊市	＊＊区	2019	1	25

38. 在建项目没有办理环境评价书

38.1 审计目标

检查在建项目没有办理环境评价书的情况。

38.2 所需数据

【住建_建设项目登记表】【环保_环评批复信息】

38.3 审计思路

《中华人民共和国环境保护法》第十九条："编制有关开发利用规划，建设对环境有影响的项目，应当依法进行环境影响评价。未依法进行环境影响评价的开发利用规划，不得组织实施；未依法进行环境影响评价的建设项目，不得开工建设。"和第六十一条："建设单位未依法提交建设项目环境影响评价文件或者环境影响评价文件未经批准，擅自开工建设的，由负有环境保护监督管理职责的部门责令停止建设，处以罚款，并可以责令恢复原状。"《中华人民共和国环境影响评价法》第十六条："国家根据建设项目对环境的影响程度，对建设项目的环境影响评价实行分类管理。建设单位应当按照下列规定组织编制环境影响报告书、环境影响报告表或者填报环境影响登记表（以下统称环境影响评价文件）：（一）可能造成重大环境影响的，应当编制环境影响报告书，对产生的环境影响进行全面评价；（二）可能造成轻度环境影响的，应当编制环境影响报告表，对产生的环境影响进行分析或者专项评价；（三）对环境影响很小、不需要进行环境影响评价的，应当填报环境影响登记表。建设项目的环境影响评价分类管理名录，由国务院生态环境主管部门制定并公布。"和第二十四条："建设项目的环境影响评价文件经批准后，建设项目的性质、规模、地点、采用的生产工艺或者防治污染、防止生态破坏的措施发生重大变动的，建设单位应当重新报批建设项目的环境影响评价文件。"《国家环境保护总局建设项目环境影响评价审批程序规定》（国家环境保护总局令第 29 号）第四条："按照国家规定实行审批制的建设项目，建设单位应当在报送可行性研究报告前报批环境影响评价文件。按照国家规定实行核准制的建设项目，建设单位应当在提交项目申请报告前报批环境影响评价文件。按照国家规定实行备案制的建设项目，建设单位应当在办理备案手续后和开工前报批环境影响评价文件。"

基于上述规定，按照国家规定实行审批制的建设项目，要及时办理环境影响评价批复，经核准后才能进行项目建设，管理部门如果发现住建部门建设项目明细表有但是环保部门建设环评报告表审批台账没有的行为，应当依法进行处理处罚。有的地方，疏于管理，相关单位发生了在住建部门建设项目明细表中有，但是环保部门建设环评报告表审批台账没有的行为。

通过审计，检查住建部门建设项目明细表中有，但是环保部门建设环评报告表审批台账没有的情况，揭示有关主管部门管理不严格，制度流于形式，或谋取私人利益，执法不严格，包容放纵违规现象的发生，导致环评执行不到位的情况。

38.4 审计方法

以建设项目名称为主键，关联【住建_建设项目登记表】表和【环保_环评批复信息】表，查询出现在【住建_建设项目登记表】表中，已开工的企业名称，而没有出现在【环保_环评批复信息】表中的项目。

38.5 SQL 语句

select a. 建设项目名称，a. 建设单位，a. 施工单位，a. 开工日期，a. 形象进度，b. 单位名称 as 环评单位名称，b. 建设项目名称 as 环评建设项目名称

from 住建_建设项目登记表 as a

left join 环保_环评批复信息 as b

on a. 建设项目名称 = b. 建设项目名称

where b. 建设项目名称 is null

38.6 结果展示

建设项目名称	建设单位	施工单位	开工日期	形象进度	环评单位名称	环评建设项目名称
＊＊北关区建业城	＊＊住房保障发展有限责任公司	＊＊城建集团有限公司	2017 – 05 – 10	装饰装修	null	null
＊＊产业集聚区新兴产业创投基地项目	＊＊建设发展有限公司	＊＊工程集团有限公司	2017 – 05 – 10	主体	null	null
＊＊重工有限公司生产线项目	＊＊重工有限公司	＊＊建筑设计研究院	2017 – 08 – 10	已竣工	null	null
＊＊金秋企业总部基地项目	＊＊地置业有限公司	＊＊建设有限公司	2017 – 11 – 09	装修	null	null
＊＊二期商住小区	＊＊置业有限责任公司	＊＊建设（集团）有限责任公司	2017 – 05 – 12	已竣工	null	null
＊＊市安居五期	＊＊房地产开发有限责任公司	＊＊建设工程有限公司	2017 – 06 – 01	主体	null	null

39. 规模以上建设项目工地没有安装在线监测设备

39.1 审计目标

检查规模以上施工场地未按规定安装在线监测设备的情况。

39.2 所需数据

【住建_建设项目登记表】【环保_规模以上建设工地在线监测数据】

39.3 审计思路

《中华人民共和国环境保护法》第十七条："国家建立、健全环境监测制度。国务院环境保护主管部门制定监测规范，会同有关部门组织监测网络，统一规划国家环境质量监测站（点）的设置，建立监测数据共享机制，加强对环境监测的管理。有关行业、专业等各类环境质量监测站（点）的设置应当符合法律法规规定和监测规范的要求。监测机构应当使用符合国家标准的监测设备，遵守监测规范。监测机构及其负责人对监测数据的真实性和准确性负责。"《污染源自动监控设施现场监督检查办法》（环境保护部令第 19 号）第六条："排污单位自行运行污染源自动监控设施的，应当保证其正常运行。由取得环境污染治理设施运营资质的单位（以下简称运营单位）运行污染源自动监控设施的，排污单位应当配合、监督运营单位正常运行；运营单位应当保证污染源自动监控设施正常运行。"《京津冀及周边地区2019—2020 年秋冬季大气污染综合治理攻坚行动方案》（环大气〔2019〕88 号）中关于"二、主要任务。（四）优化调整用地结构 18. 加强扬尘综合治理。……加强施工扬尘控制。城市施工工地要严格落实工地周边围挡、物料堆放覆盖、土方开挖湿法作业、路面硬化、出入车辆清洗、渣土车辆密闭运输'六个百分之百'。5000 平方米及以上土石方建筑工地安装在线监测和视频监控设施，并与当地有关部门联网。长距离的市政、城市道路、水利等工程，要合理降低土方作业范围，实施分段施工。鼓励各地推动实施'阳光施工''阳光运输'，减少夜间施工数量。将扬尘管理工作不到位的不良信息纳入建筑市场信用管理体系，情节严重的，列入建筑市场主体'黑名单'。"《河南省污染防治攻坚战领导小组办公室关于印发"三散"污染专项治理工作方案的通知》（豫环攻坚办〔2019〕102 号）第三款第（三）项第 1 条："建筑面积 5000 平方米及以上的施工工地、长度 200 米以上的市政、国省干线公路、中标价 1000 万元以上且长度 1 公里以上的河道治理等线性工程和中型规模以上水利枢纽工程要安装扬尘在线监测监控设备并与当地主管部门监控平台联网。"

基于上述规定，国家要求有关行业建立环境监测数据共享机制，加强对环境监测的管理，规模以上建筑工地要及时安装在线监测设备，方便主管部门掌握治理情况。检查 5000 平方米及以上土石方建筑工地没有安装在线监测和视频监控设施，没有与当地有关部门联网的情况，揭示有关部门在监管方面存在的问题。

通过审计，将建设项目登记表中正常施工的建设项目同在线监测数据进行比对分析，查看是否仍然存在未安装在线监测设备的建筑工地，或者已经安装了在线监测设备，但是监测数据没有进行联网传输。将未安装在线监测设备或者没有联网的建筑工地信息及时通报有关主管部门进行整改，确保规模以上施工场地全部按照文件要求实现在线监测，达到智慧治污、科学治污的效果。

39.4　审计方法

以建设项目名称为主键，关联【住建_建设项目登记表】表和【环保_规模以上建设工地在线监测数据】表，查询【住建_建设项目登记表】表中规模以上施工场地在【环保_规模以上建设工地在线监测数据】表中却没有监测信息的记录。

39.5 SQL 语句

select a. 建设项目名称，a. 建筑面积，a. 建设单位，a. 施工单位，a. 开工日期，b. 场所名称，b. 安装地址

from 住建_建设项目登记表 as a

left join 环保_规模以上建设工地在线监测数据 as b

on a. 建设项目名称 = b. 场所名称

where b. 场所名称 is null

39.6 结果展示

建设项目名称	建筑面积	建设单位	施工单位	开工日期	场所名称	安装地址
＊＊企业总部基地项目 B7#楼	5297.61	＊＊大地置业有限公司	＊＊建设有限公司	2017－11－09	null	null
＊＊文庭 6#住宅楼	10293.78	＊＊房地产开发有限公司	＊＊建设有限公司	2017－07－27	null	null
＊＊都城 14－4#楼	18925.25	＊＊开发有限公司	＊＊北方城建集团有限公司	2017－04－21	null	null
＊＊大厦 B 座	13582.74	＊＊置业有限公司	＊＊宇建筑有限公司	2017－05－08	null	null
新都城 14－4#楼	18925.25	＊＊房地产开发有限公司	＊＊城建集团有限公司	2017－07－22	null	null
＊＊康体文化运动园 C07 栋	5160.92	＊＊文化发展有限责任公司	＊＊建筑工程有限公司	2016－08－22	null	null

40. 规模以上建设项目工地在线监测数据分析

40.1 审计目标

分析规模以上建设项目工地在线监测数据的总体情况、异常值及监控频率。

40.2 所需数据

【环保_规模以上建设工地在线监测数据】

40.3 审计思路

《污染源自动监控设施现场监督检查办法》（环境保护部令第 19 号）第六条：

"排污单位自行运行污染源自动监控设施的，应当保证其正常运行。由取得环境污染治理设施运营资质的单位（以下简称运营单位）运行污染源自动监控设施的，排污单位应当配合、监督运营单位正常运行；运营单位应当保证污染源自动监控设施正常运行。"《京津冀及周边地区 2019—2020 年秋冬季大气污染综合治理攻坚行动方案》（环大气〔2019〕88 号）中关于"二、主要任务。（四）优化调整用地结构18. 加强扬尘综合治理。……加强施工扬尘控制。城市施工工地要严格落实工地周边围挡、物料堆放覆盖、土方开挖湿法作业、路面硬化、出入车辆清洗、渣土车辆密闭运输'六个百分之百'。5000 平方米及以上土石方建筑工地安装在线监测和视频监控设施，并与当地有关部门联网。长距离的市政、城市道路、水利等工程，要合理降低土方作业范围，实施分段施工。鼓励各地推动实施'阳光施工''阳光运输'，减少夜间施工数量。将扬尘管理工作不到位的不良信息纳入建筑市场信用管理体系，情节严重的，列入建筑市场主体'黑名单'。"和《河南省住房和城乡建设厅关于印发〈河南省建筑施工现场扬尘防治管理暂行规定〉的通知》（豫建建〔2014〕83 号）第二十七条："住房城乡建设行政主管部门要建立严格的工作督导机制，加强对所辖各市、县、（区）建筑施工现场扬尘治理工作的督导和考核，对工作中发现的突出问题，要挂牌督办、限期整改。"

基于上述规定，通过对规模以上建设工地在线监测数据分析，掌握规模以上建设项目工地在线监测数据的总体情况，对异常值及监控频率不正常情况予以反映，揭示主管部门对在线监测异常数值及监控频率不正常现象没有及时处理的问题。

通过审计，对规模以上建设工地在线监测数据的平均值、异常值、频率等进行分析，找出监测值不同于正常工地监测值的记录，或者监测频率低于正常监测范围内的记录，将这部分数据及时移送相关主管部门查明原因并作出处理，要求主管部门对建设工地在线监测数据加强监管力度，对异常数值和低频率现象要及时应对，保证在线监测设备正常运行，发挥智慧治污、科学治污的作用。

40.4 审计方法

40.4.1 规模以上建设项目工地在线监测数据平均值

以场所名称为主键，对【环保_规模以上建设工地在线监测数据】表中按场所名称分组计算出每个施工工地监测数据的平均值。

40.4.2 规模以上建设项目工地在线监测数据异常值

以场所名称为主键，查询出【环保_规模以上建设工地在线监测数据】中PM10 监测数据在 0 以下 1000 以上的异常记录。

40.4.3 规模以上建设项目工地在线监测频率低

以场所名称为主键，查询出【环保_规模以上建设工地在线监测数据】中PM10 监测数据在一天中低于正常监测次数的记录。

40.5 SQL 语句

40.5.1 规模以上建设项目工地在线监测数据平均值

select 场所名称，sum（PM10）/count（PM10）as PM10 平均值

from 环保_规模以上建设工地在线监测数据

group by 场所名称

order by sum（PM10）/count（PM10）desc

40.5.2 规模以上建设项目工地在线监测数据异常值

select 场所名称，时间，PM10

from 环保_规模以上建设工地在线监测数据

where PM10 < 0 or PM10 > 1000

order by 场所名称，PM10 desc

40.5.3 规模以上建设项目工地在线监测频率低

select 场所名称，YEAR（时间）as 年，MONTH（时间）as 月，day（时间）as 日，COUNT（时间）as 监测次数

from 环保_规模以上建设工地在线监测数据

group by 场所名称，YEAR（时间），MONTH（时间），day（时间）

having count（day（时间））< 10

40.6 结果展示

40.6.1 规模以上建设项目工地在线监测数据平均值

场所名称	PM10 平均值
开发区＊＊电子科技产业园	187.389333333333
＊＊区＊＊绿林溪谷	146.265369649805
＊＊区＊＊花园	145.612961841308
＊＊区星＊＊德馨园	138.420970266041
＊＊区神农花园	134.540417209909
＊＊区＊＊世纪城	133.244039270687

40.6.2　规模以上建设项目工地在线监测数据异常值

场所名称	时间	PM10
＊＊世和府一标段	2019 – 07 – 13 11：34：14.000	3359
＊＊世和府一标段	2019 – 07 – 12 11：39：13.000	3346
＊＊世和府一标段	2019 – 07 – 14 11：34：13.000	3333
＊＊世和府一标段	2019 – 10 – 08 11：35：51.000	3333
＊＊世和府一标段	2019 – 10 – 13 11：37：23.000	3333
＊＊世和府一标段	2019 – 10 – 13 11：32：23.000	3333

40.6.3　规模以上建设项目工地在线监测频率低

场所名称	年	月	日	监测次数
＊＊迎宾馆南改扩建	2019	6	11	2
＊＊迎宾馆南改扩建	2019	6	12	2
＊＊迎宾馆南改扩建	2019	6	14	2
＊＊迎宾馆南改扩建	2019	6	15	2
＊＊迎宾馆南改扩建	2019	6	16	2
＊＊迎宾馆南改扩建	2019	6	17	1

41. 规模以上建设项目工地在线监测数据异常而没有在台账中登记和处理

41.1　审计目标

检查规模以上建设项目工地在线监测数据异常而没有在台账中登记和处理的情况。

41.2　所需数据

【环保_规模以上建设工地在线监测数据】【环保_建筑工地在线监测日报表】

41.3　审计思路

《污染源自动监控设施现场监督检查办法》（环境保护部令第 19 号）第六条："排污单位自行运行污染源自动监控设施的，应当保证其正常运行。由取得环境污染治理设施运营资质的单位（以下简称运营单位）运行污染源自动监控设施的，排污单位应当配合、监督运营单位正常运行；运营单位应当保证污染源自动监控设施正常运行。"《京津冀及周边地区 2019—2020 年秋冬季大气污染综合治理攻坚行动方案》(环大气〔2019〕88号)中关于"二、主要任务。(四)优化调整用地结构 18.加强扬尘综合治理。……加强施工扬尘控制。城市施工工地要严格落实工地周边围挡、物料堆放覆盖、土方开挖湿法作业、路面硬化、出入车辆清洗、渣土车辆密闭运输'六个百分之百'。5000平方米及以上土石方建筑工地安装在线监测和视频监控设施,并与当地有关部门联网。长距离的市政、城市道路、水利等工程,要合理降低土方作业范围,实施分段施工。鼓励各地推动实施'阳光施工''阳光运输',减少夜间施工数量。将扬尘管理工作不到位的不良信息纳入建筑市场信用管理体系,情节严重的,列入建筑市场主体'黑名单'。"和《河南省住房和城乡建设厅关于印发〈河南省建筑施工现场扬尘防治管理暂行规定〉的通知》(豫建建〔2014〕83号)第二十七条:"住房城乡建设行政主管部门要建立严格的工作督导机制,加强对所辖各市、县、(区)建筑施工现场扬尘治理工作的督导和考核,对工作中发现的突出问题,要挂牌督办、限期整改。"

基于上述规定,通过对规模以上建设工地在线监测数据分析,掌握规模以上建设项目工地在线监测数据的总体情况,对异常值及监控频率不正常情况要建立台账进行管理,情节严重的要列入建筑市场主体"黑名单",并且要挂牌督办,限期整改。揭示主管部门对在线监测异常数值及监控频率不正常现象没有及时处理问题。

通过审计,对规模以上建设工地在线监测数据的平均值、异常值、频率等进行分析,找出监测值不同于正常工地监测值的记录,或者监测频率低于正常监测范围内的记录,如果监测值和监测频率出现问题,说明监测设备出现了问题,要及时进行处理,保证监测数据的准确性。将这部分数据及时移送相关主管部门查明原因并作出处理,要求主管部门对建设工地在线监测数据加强监管力度,对异常数值和低频率现象要及时应对,保证在线监测设备正常运行,发挥智慧治污、科学治污的作用。

41.4 审计方法

以场所名称为主键,查询【环保_规模以上建设工地在线监测数据】表中异常监测数据是否出现在【环保_建筑工地在线监测日报表】中。

41.5 SQL语句

select a.*,b.工程名称 as 日报表记录的场所名称

from(select 场所名称,year(时间)as 年,month(时间)as 月,day(时间)as 日,pm10

from 环保_规模以上建设工地在线监测数据

where PM10 < 0 or pm10 > 100)as a

left join（select *

from 环保_建筑工地在线监测日报表）as b

on a. 场所名称 = b. 工程名称

where b. 工程名称 is null

41.6 结果展示

场所名称	年	月	日	pm10	工程名称
＊＊汽车工程学院学生宿舍楼	2019	5	27	1000	null
＊＊汽车工程学院学生宿舍楼	2019	5	28	1000	null
＊＊汽车工程学院学生宿舍楼	2019	5	29	1000	null
＊＊世和府一标段	2019	7	12	3346	null
＊＊世和府一标段	2019	7	13	3326	null
＊＊世和府一标段	2019	7	14	3333	null
＊＊世和府一标段	2019	7	15	3359	null
＊＊世和府一标段	2019	7	16	3306	null

42. 规模以上建设项目工地在线监测数据长期异常或超标而没有处理

42.1 审计目标

检查规模以上建设项目工地在线监测数据长期异常或超标而没有处理的情况。

42.2 所需数据

【环保_规模以上建设工地在线监测数据】

42.3 审计思路

《污染源自动监控设施现场监督检查办法》（环境保护部令第 19 号）第六条：
"排污单位自行运行污染源自动监控设施的，应当保证其正常运行。由取得环境污
染治理设施运营资质的单位（以下简称运营单位）运行污染源自动监控设施的，排
污单位应当配合、监督运营单位正常运行；运营单位应当保证污染源自动监控设施
正常运行。"《京津冀及周边地区 2019—2020 年秋冬季大气污染综合治理攻坚行动
方案》（环大气〔2019〕88 号）中关于"二、主要任务。（四）优化调整用地结构
18. 加强扬尘综合治理。……加强施工扬尘控制。城市施工工地要严格落实工地周
边围挡、物料堆放覆盖、土方开挖湿法作业、路面硬化、出入车辆清洗、渣土车辆
密闭运输'六个百分之百'。5000 平方米及以上土石方建筑工地安装在线监测和视

频监控设施，并与当地有关部门联网。长距离的市政、城市道路、水利等工程，要合理降低土方作业范围，实施分段施工。鼓励各地推动实施'阳光施工''阳光运输'，减少夜间施工数量。将扬尘管理工作不到位的不良信息纳入建筑市场信用管理体系，情节严重的，列入建筑市场主体'黑名单'。"和《河南省住房和城乡建设厅关于印发〈河南省建筑施工现场扬尘防治管理暂行规定〉的通知》（豫建建〔2014〕83号）第二十七条："住房城乡建设行政主管部门要建立严格的工作督导机制，加强对所辖各市、县、（区）建筑施工现场扬尘治理工作的督导和考核，对工作中发现的突出问题，要挂牌督办、限期整改。"

基于上述规定，通过对规模以上建设工地在线监测数据分析，掌握规模以上建设项目工地在线监测数据的总体情况，对异常值及监控频率不正常情况要建立台账进行管理，情节严重的要列入建筑市场主体"黑名单"，并且要挂牌督办，限期整改。揭示主管部门对在线监测异常数值及监控频率不正常现象没有及时处理问题。

通过审计，对规模以上建设工地在线监测数据的平均值、异常值、频率等进行分析，找出监测值不同于正常工地监测值的记录，或者监测频率低于正常监测范围内的记录，如果监测值和监测频率出现问题，说明监测设备出现了问题，要及时进行处理，保证监测数据的准确性。将这部分数据及时移送相关主管部门查明原因并作出处理，要求主管部门对建设工地在线监测数据加强监管力度，对异常数值和低频率现象要及时应对，保证在线监测设备正常运行，发挥智慧治污、科学治污的作用。

42.4 审计方法

42.4.1 查询规模以上建设项目工地在线监测数据 PM10 小于 0 或大于 100 的情况

以场所名称为主键，查询出【环保_规模以上建设工地在线监测数据】中 PM10 监测数据在 0 以下 1000 以上的异常记录，并生成审计中间表。

42.4.2 查询异常数据或超标准数据的规模以上建筑工地的数据明细

以场所名称为主键，查询出【审计中间表_环保_建筑工地监测数据长期超标没有纠正】中每月数据异常记录出现多次而一直未进行处理的记录。

42.5 SQL 语句

42.5.1 查询 PM10 小于 0 或者大于 100 的时间记录点

select 场所名称，YEAR（时间）as 年，MONTH（时间）as 月，COUNT（时间）as 当月次数

into 审计中间表_环保_建筑工地监测数据长期超标没有纠正

from 环保_规模以上建设工地在线监测数据

where PM10 ＜ 0 or pm10 ＞ 100

group by 场所名称，YEAR（时间），MONTH（时间）

having COUNT（时间）＞ 10

42.5.2　查询异常数据或超标准数据的规模以上建筑工地的数据明细

select ＊

from 审计中间表_环保_建筑工地监测数据长期超标没有纠正 as a

join（select ＊

from 环保_规模以上建设工地在线监测数据

where PM10 ＞ 100 or PM10 ＜ 1）as b

on a. 场所名称 ＝ b. 场所名称

order by b. 场所名称，b. 时间

42.6　结果展示

42.6.1　查询规模以上建设项目工地在线监测数据 PM10 小于 0 或大于 100 的情况

场所名称	年	月	当月次数
＊＊电子科技产业园	2019	1	101
＊＊电子科技产业园	2019	2	132
＊＊电子科技产业园	2019	3	60
＊＊电子科技产业园	2019	4	84
＊＊东方世纪城	2018	12	141
＊＊东方世纪城	2019	1	118

42.6.2　查询异常数据或超标准数据的规模以上建筑工地的数据明细

场所名称	安装地址	设备 id	时间	PM10
＊＊远洋汽车城	＊＊医院南九州路东	2031000304	2018－09－10	－1
＊＊远洋汽车城	＊＊医院南九州路东	2031000304	2018－09－11	－1
＊＊远洋汽车城	＊＊医院南九州路东	2031000304	2018－09－12	－1
＊＊远洋汽车城	＊＊医院南九州路东	2031000304	2018－09－13	－1
＊＊远洋汽车城	＊＊医院南九州路东	2031000304	2018－09－14	－1
＊＊远洋汽车城	＊＊医院南九州路东	2031000304	2018－09－15	－1

43. 规模以上建筑工地在线监测数据涉嫌造假

43.1 审计目标

检查规模以上建筑工地在线监测数据涉嫌造假的情况。

43.2 所需数据

【环保_规模以上建设工地在线监测数据】【环保_大气在线监测数据】

43.3 审计思路

《中华人民共和国环境保护法》第十七条："国家建立、健全环境监测制度。国务院环境保护主管部门制定监测规范，会同有关部门组织监测网络，统一规划国家环境质量监测站（点）的设置，建立监测数据共享机制，加强对环境监测的管理。有关行业、专业等各类环境质量监测站（点）的设置应当符合法律法规规定和监测规范的要求。监测机构应当使用符合国家标准的监测设备，遵守监测规范。监测机构及其负责人对监测数据的真实性和准确性负责。"《河南省污染防治攻坚战领导小组办公室关于印发"三散"污染专项治理工作方案的通知》（豫环攻坚办〔2019〕102 号）第三款第（三）项第 1 条："建筑面积 5000 平方米及以上的施工工地、长度 200 米以上的市政、国省干线公路、中标价 1000 万元以上且长度 1 公里以上的河道治理等线性工程和中型规模以上水利枢纽工程要安装扬尘在线监测监控设备并与当地主管部门监控平台联网。"

基于上述规定，检查规模以上施工场地在线监测设备上传的监测数据是否与大气在线监测数据相一致，揭示人为数据造假而形成大气监测数据为污染数据而工地监测数据却为良或优的现象。

通过审计，对规模以上建设工地在线监测数据进行分析，查看其监测到的数据是否与大气在线监测数据基本一致，如果大气在线监测数据的值偏高，显示的是污染天气，但建筑工地在线监测数据却明显低于大气在线监测数据，说明建筑工地的在线监测数据存在造假嫌疑，需要将信息及时移送有关主管部门进行查处，及时进行整改，并追究相关责任人员的责任。确保智慧治污、科学治污效果。

43.4 审计方法

以场所名称为主键，关联【环保_规模以上建设工地在线监测数据】表和【环保_大气在线监测数据】表，查询【环保_规模以上建设工地在线监测数据】表中工地 PM10 日均值小于【环保_大气在线监测数据】表监测站 PM10 日均值记录。

43.5 SQL 语句

select a. 场所名称，a. 年，a. 月，a. 日，a. 工地 pm10 日均值，b. 监测站 pm10 日均值

from（select 场所名称，year（时间）as 年，month（时间）as 月，day（时间）as 日，SUM（pm10）/COUNT（pm10）as 工地 pm10 日均值

from 环保_规模以上建设工地在线监测数据

group by 场所名称，year（时间），month（时间），day（时间））as a

join（select year（监测时间）as 年，month（监测时间）as 月，day（监测时间）as 日，SUM（pm10）/COUNT（pm10）as 监测站 pm10 日均值

from 环保_大气在线监测数据

group by year（监测时间），month（监测时间），day（监测时间））as b

on a. 年 = b. 年

and a. 月 = b. 月

and a. 日 = b. 日

where a. 工地 PM10 日均值 < 监测站 PM10 日均值

43.6 结果展示

场所名称	年	月	日	工地 PM10 日均值	监测站 PM10 日均值
＊＊东方世纪城	2018	7	1	20.5	108
＊＊水人家小区	2018	7	1	66.1666666666667	108
＊＊珠江小区	2018	7	1	55	108
＊＊万祥紫苑	2018	7	1	78.6	108
＊＊臣投二期	2018	7	1	1.5	108
＊＊泊邸商业楼	2018	7	1	13.8888888888889	108

44. 十吨位以上锅炉提标改造单位非正常营业或无工商登记

44.1 审计目标

检查十吨位以上锅炉提标改造补助发放的单位已注销或没有工商登记的情况。

44.2 所需数据

【环保_锅炉提标改造信息】【工商_工商登记信息】

44.3 审计思路

《河南省大气污染防治条例》第三十条："县级以上人民政府应当按照国家和本

省规定要求，制定本行政区域锅炉整治计划，淘汰、拆除每小时十蒸吨以下的燃烧煤炭、重油、渣油以及直接燃用生物质的锅炉。超过每小时十蒸吨以上的锅炉污染物排放应当符合国家和本省规定的污染物排放标准。在省辖市城市建成区内，禁止新建每小时二十蒸吨以下的燃烧煤炭、重油、渣油以及直接燃用生物质的锅炉，其他地区禁止新建每小时十蒸吨以下的燃烧煤炭、重油、渣油以及直接燃用生物质的锅炉。"、《中华人民共和国公司法》第六条："设立公司，应当依法向公司登记机关申请设立登记。符合本法规定的设立条件的，由公司登记机关分别登记为有限责任公司或者股份有限公司；不符合本法规定的设立条件的，不得登记为有限责任公司或者股份有限公司。法律、行政法规规定设立公司必须报经批准的，应当在公司登记前依法办理批准手续。公众可以向公司登记机关申请查询公司登记事项，公司登记机关应当提供查询服务。"第七条："依法设立的公司，由公司登记机关发给公司营业执照。公司营业执照签发日期为公司成立日期。公司营业执照应当载明公司的名称、住所、注册资本、经营范围、法定代表人姓名等事项。公司营业执照记载的事项发生变更的，公司应当依法办理变更登记，由公司登记机关换发营业执照。"第八条："依照本法设立的有限责任公司，必须在公司名称中标明有限责任公司或者有限公司字样。依照本法设立的股份有限公司，必须在公司名称中标明股份有限公司或者股份公司字样。"第九条："有限责任公司变更为股份有限公司，应当符合本法规定的股份有限公司的条件。股份有限公司变更为有限责任公司，应当符合本法规定的有限责任公司的条件。有限责任公司变更为股份有限公司的，或者股份有限公司变更为有限责任公司的，公司变更前的债权、债务由变更后的公司承继。"

基于上述规定，管理部门如果发现锅炉提标改造补助发放名单有但是工商登记信息表中没有相关企业的行为，应当依法进行处理处罚。有的地方，疏于管理、相关单位发放了锅炉提标改造补助，没有对企业信息进行核实，导致发放名单有但是工商登记信息表中没有相关企业的信息。

通过审计，检查锅炉提标改造补助发放的企业没有出现在工商登记信息表中，或工商登记信息中显示该企业已注销的情况，揭示有关主管部门管理不严格，制度流于形式，或谋取私人利益，执法不严格，包容放纵违规现象的发生，导致环保政策不到位的情况。

44.4　审计方法

以单位名称为主键，关联【环保_锅炉提标改造信息】表和【工商_工商登记信息】表，查询在【环保_锅炉提标改造信息】表中出现的单位没有出现在【工商_工商登记信息】表中或企业状态不是"正常"，进一步核实后，揭示虚构锅炉改造骗取煤改气补助资金的情况。

44.5 SQL 语句

select a. 辖区，a. 单位名称，a. 吨位蒸吨小时，a. 锅炉台数，a. 治理内容，
b. 企业名称 as 工商登记的单位名称

from 环保_锅炉提标改造信息 as a

left join 工商_工商登记信息 as b

on a. 单位名称 = b. 企业名称

where b. 企业名称 is null

or b. 企业状态 not like '% 正常 %'

44.6 结果展示

辖区	单位名称	吨位蒸吨小时	锅炉台数	治理内容	工商登记的单位名称
＊＊市	＊＊化学工业集团有限责任公司	15	1	燃煤（生物质）锅炉超低排放改造。治理后污染物排放符合以下标准：即在基准氧含量6%的条件下，烟尘、二氧化硫、氮氧化物排放浓度分别不高于10、35、50毫克/立方米（"W"型火焰锅炉和循环流化床锅炉的氮氧化物排放浓度不高于106毫克/立方米）。安装大气污染物在线监测装置，与环保部门联网。	null
＊＊县	＊＊针织染整有限责任公司	15	1	锅炉提标治理；安装在线监测装置，与环保部门联网。	null
＊＊市	＊＊新材料科技有限公司	15	1	锅炉提标治理；安装在线监测装置，与环保部门联网。	null
＊＊县	＊＊九州药业有限公司	15	1	锅炉提标治理；安装在线监测装置，与环保部门联网。	null
＊＊县	＊＊食品有限公司	12	1	锅炉提标治理；安装在线监测装置，与环保部门联网。	null
＊＊县	＊＊针织有限责任公司	15	1	锅炉提标治理；安装在线监测装置，与环保部门联网。	null

45. 十吨位以上锅炉提标改造合规性审计

45.1 审计目标

检查十吨位以上锅炉提标改造补助发放的范围是否确为使用锅炉的企业。

45.2　所需数据

【环保_锅炉提标改造信息】【质检_锅炉使用单位清单】

45.3　审计思路

《河南省大气污染防治条例》第三十条："县级以上人民政府应当按照国家和本省规定要求，制定本行政区域锅炉整治计划，淘汰、拆除每小时十蒸吨以下的燃烧煤炭、重油、渣油以及直接燃用生物质的锅炉。超过每小时十蒸吨以上的锅炉污染物排放应当符合国家和本省规定的污染物排放标准。在省辖市城市建成区内，禁止新建每小时二十蒸吨以下的燃烧煤炭、重油、渣油以及直接燃用生物质的锅炉，其他地区禁止新建每小时十蒸吨以下的燃烧煤炭、重油、渣油以及直接燃用生物质的锅炉。"

基于上述规定，管理部门如果发现十吨位以上锅炉提标改造补助发放的范围不是使用锅炉的企业的行为，应当依法进行处理处罚。有的地方疏于管理，相关单位发放了十吨位以上锅炉提标改造补助但却没有对企业信息进行核实，发放的范围不是使用锅炉的企业。

通过审计，检查十吨位以上锅炉提标改造补助发放的范围不是使用锅炉的企业的情况，揭示有关主管部门管理不严格，制度流于形式，或谋取私人利益，执法不严格，包容放纵违规现象的发生，导致十吨位以上锅炉提标改造补助发放的范围不是使用锅炉的企业的情况。

45.4　审计方法

以单位名称为主键，关联【环保_锅炉提标改造信息】表和【质检_锅炉使用单位清单】表，查询在【环保_锅炉提标改造信息】表中出现的单位没有出现在【质检_锅炉使用单位清单】表中，进一步核实后，揭示虚构锅炉改造骗取煤改气补助资金的情况。

45.5　SQL 语句

select a. 辖区，a. 单位名称，a. 吨位蒸吨小时，a. 锅炉台数，a. 治理内容，b. 单位名称 as 在质检部门登记的单位名称

　　from 环保_锅炉提标改造信息 as a

　　left join 质检_锅炉使用单位清单 as b

　　on a. 单位名称 = b. 单位名称

　　where b. 单位名称 is null

45.6 结果展示

辖区	单位名称	吨位蒸吨小时	锅炉台数	治理内容	在质检部门登记的单位名称
＊＊县	＊＊豆制品有限公司	12	1	锅炉提标治理；安装在线监测装置，与环保部门联网。	null
＊＊区	＊＊发展有限责任公司	15	1	燃煤锅炉拆改	null
＊＊区	＊＊天彩印染有限公司	12	1	锅炉提标治理；安装在线监测装置，与环保部门联网。	null
＊＊县	＊＊纸业有限公司	15	1	锅炉提标治理；安装在线监测装置，与环保部门联网。	null
＊＊县	＊＊食品有限公司	12	1	锅炉提标治理；安装在线监测装置，与环保部门联网。	null
＊＊县	＊＊植物蛋白有限公司	15	1	锅炉提标治理；安装在线监测装置，与环保部门联网。	null

46. 加油站没有取得成品油经营许可证

46.1 审计目标

检查加油站没有取得成品油经营许可证的情况。

46.2 所需数据

【商务_加油站基本情况表】【商务_成品油零售企业经营许可证信息】

46.3 审计思路

《成品油市场管理办法》第六条："申请从事成品油零售经营资格的企业，应当向所在地市级（设区的市，下同）人民政府商务主管部门提出申请。地市级人民政府商务主管部门审查后，将初步审查意见及申请材料报省级人民政府商务主管部门。由省级人民政府商务主管部门决定是否给予成品油零售经营许可。"

基于上述规定，管理部门如果发现加油站没有取得成品油经营许可证的行为，应当依法进行处理处罚。有的地方疏于管理，相关加油站没有取得成品油经营许可证而经营的情况。

通过审计，检查加油站没有取得成品油经营许可证经营的情况，揭示有关主管部门管理不严格，制度流于形式，或谋取私人利益，执法不严格，包容放纵违规现象的发生，导致加油站没有取得成品油经营许可证而经营的情况。

46.4　审计方法

以单位名称为主键，关联【商务_加油站基本情况表】表和【商务_成品油零售企业经营许可证信息】表，查询【商务_加油站基本情况表】表的单位名称没有出现在【商务_成品油零售企业经营许可证信息】表中的记录。

46.5　SQL 语句

select a. 加油站名称，a. 加油站地址，a. 法人代表，a. 发证时间，b. 单位名称 as 成品油经营许可_单位名称

from 商务_加油站基本情况表 as a

left join 商务_成品油零售企业经营许可证信息 as b

on a. 加油站名称 = b. 单位名称

where b. 单位名称 is null

46.6　结果展示

加油站名称	加油站地址	法人代表	发证时间	成品油经营许可_单位名称
＊＊曹洼加油站	＊＊曹洼村西头	王＊七	2018/3/1	null
＊＊河涧加油站	＊＊大河涧段	董＊福	2018/4/2	null
＊＊袁庄加油站	＊＊路中段袁庄南	郝＊生	2018/8/7	null
＊张近加油站	＊＊路张近段北侧	苏＊军	2018/5/2	null
＊屯子加油站	＊＊村安长线路西	任＊国	2018/12/12	null
＊东区加油站	＊＊服务区东区	周＊华	2018/12/23	null

47. 成品油零售企业没有取得经营许可证

47.1　审计目标

检查成品油零售企业没有取得经营许可证的情况。

47.2　所需数据

【工商_工商登记信息】【商务_成品油零售企业经营许可证信息】

47.3　审计思路

《成品油市场管理办法》第六条："申请从事成品油零售经营资格的企业，应当向所在地市级（设区的市，下同）人民政府商务主管部门提出申请。地市级人民政府商务主管部门审查后，将初步审查意见及申请材料报省级人民政府商务主管部门。由省级人民政府商务主管部门决定是否给予成品油零售经营许可。"

基于上述规定，管理部门如果发现成品油零售企业没有取得经营许可证的行为，应当依法进行处理处罚。有的地方疏于管理，相关成品油零售企业没有取得经营许可证的情况。

通过审计，检查成品油零售企业没有取得成品油经营许可证的情况，揭示有关主管部门管理不严格，制度流于形式，或谋取私人利益，执法不严格，包容放纵违规现象的发生，导致成品油零售企业没有取得成品油经营许可证的情况。

47.4　审计方法

以单位名称为主键，关联【工商_工商登记信息】表和【商务_成品油零售企业经营许可证信息】表，查询【工商_工商登记信息】表中经营范围包含"成品油销售、石油销售、天然气销售"的单位名称没有出现在【商务_成品油零售企业经营许可证信息】表中的记录。

47.5　SQL 语句

select a. 企业名称，a. 企业状态，a. 法定代表人，a. 经营范围，a. 注册资本，b. 单位名称 as 许可证单位名称，b. 许可证编号

from（select ＊

from 工商_工商登记信息

where 经营范围 like '％成品油％销售％'

or 经营范围 like '％石油％销售％'

or 经营范围 like '％天然气％销售％'）as a

left join 商务_成品油零售企业经营许可证信息 as b

on a. 企业名称 ＝ b. 单位名称

where b. 单位名称 is null

47.6 结果展示

企业名称	企业状态	法定代表人	经营范围	注册资本	许可证单位名称	许可证编号
＊＊贸易有限公司	正常	张＊华	日用品、五金交电、建筑材料、金属材料及制品、机电设备及配件、化工原料及产品、原油及成品油、矿产品（需专项审批方可经营的除外）、煤炭、珠宝首饰、电缆、电线、电子产品的销售。	300	null	null
＊＊天然气有限公司	正常	吴＊银	天然气技术的开发、推广、应用；自有设备租赁；润滑油销售。（国家法律法规规定应经审批方可经营的，未获审批前不得经营）。	2000	null	null
＊＊石油天然气股份有限公司＊＊第一加油站	正常	朱＊义	车用乙醇汽油、柴油的零售；润滑油、燃料油、石蜡、馏分油、石油焦、化工产品（不含化学危险品）的零售。	0	null	null
＊＊燃气供应站	吊销	王＊充	石油液化气、燃气具、化工产品（不含危险化学品和专控产品）、建材销售。	16	null	null
＊＊金利石化有限公司	正常	贾＊民	石油制品、煤油、机油的销售（限分支机构凭有效许可证经营）；石油用具及包装、润滑油、润滑脂的销售；废油回收；石油设施的修缮。	577.8	null	null
＊＊石油天然气股份有限公司＊＊第三加油站	正常	朱＊得	汽油、柴油、润滑油、煤油、燃料油、石蜡、馏分油、石油焦、化工产品（不含化学危险品）。	0	null	null

48. 成品油零售企业没有办理工商登记

48.1 审计目标

检查成品油零售企业没有办理工商登记的情况。

48.2 所需数据

【工商_工商登记信息】【商务_成品油零售企业经营许可证信息】

48.3 审计思路

《中华人民共和国公司登记管理条例》（根据 2016 年 2 月 6 日国务院令第 666

号《国务院关于修改部分行政法规的决定》修订）第三条："公司经公司登记机关依法登记，领取《企业法人营业执照》，方取得企业法人资格。自本条例施行之日起设立公司，未经公司登记机关登记的，不得以公司名义从事经营活动。"

基于上述规定，为加强对公司类企业进行管理，国家要求以公司名义从事经营活动的企业必须要进行公司登记，审计检查有无未依法取得《企业法人营业执照》而违规经营的成品油零售企业。

通过审计，对商务部门已经办理了成品油零售经营许可证的企业信息与工商登记信息进行比对分析，查找已经办理了成品油零售经营许可的企业没有及时办理工商登记手续，将发现的问题及时移送有关主管部门查明原因后进行处理。

48.4　审计方法

以单位名称为主键，关联【工商_工商登记信息】表和【商务_成品油零售企业经营许可证信息】表，查询【商务_成品油零售企业经营许可证信息】表中企业没有出现在【工商_工商登记信息】表中的记录。

48.5　SQL 语句

select a. 单位名称，a. 发证日期，a. 许可证编号，b. 企业名称 as 工商登记_企业名称

from 商务_成品油零售企业经营许可证信息 as a

left join 工商_工商登记信息 as b

on a. 单位名称 = b. 企业名称

where b. 企业名称 is null

48.6　结果展示

单位名称	发证日期	许可证编号	工商登记_企业名称
＊＊化学工业集团有限公司	2018.03.18	null	null
＊＊生物科技有限公司	2016.09.27	null	null
＊＊溶解乙炔厂	2017.05.22	null	null
＊＊化工有限责任公司	2017.05.15	null	null
＊＊汇源化工厂	2018.02.08	null	null
＊＊煤焦集团有限公司	2016.10.17	null	null

49. 取缔的加油站没有办理工商注销手续

49.1 审计目标

检查取缔的加油站没有办理工商注销手续的情况。

49.2 所需数据

【商务_加油站基本情况表】【工商_工商登记信息】

49.3 审计思路

《中华人民共和国安全生产法》第九十三条："生产经营单位的安全生产管理人员未履行本法规定的安全生产管理职责的，责令限期改正；导致发生生产安全事故的，暂停或者撤销其与安全生产有关的资格；构成犯罪的，依照刑法有关规定追究刑事责任。"《河南省污染防治攻坚战三年行动计划（2018—2020 年）》（豫政〔2018〕30 号）中关于"12. 严控'散乱污'企业死灰复燃。……坚决关停用地、工商手续不全并难以通过改造达标的污染企业，限期治理可以达标改造的企业，逾期一律依法关停。建立省、市、县、乡镇四级联动监管机制，加强环境监管和巡查检查，实行拉网式排查和清单式、台账式、网格化管理，坚决杜绝'散乱污'企业项目建设和已取缔的'散乱污'企业向乡村转移、死灰复燃"和《京津冀及周边地区 2018—2019 年秋冬季大气污染综合治理攻坚行动方案》（环大气〔2018〕100号）中关于"2. 巩固'散乱污'企业综合整治成果。各地要建立'散乱污'企业动态管理机制，进一步完善'散乱污'企业认定标准和整改要求，坚决杜绝'散乱污'项目建设和已取缔的'散乱污'企业异地转移、死灰复燃。2018 年 9 月底前，各地完成新一轮'散乱污'企业排查工作，按照'先停后治'的原则，实施分类处置。对关停取缔类的，切实做到'两断三清'（切断工业用水、用电，清除原料、产品、生产设备）；对整合搬迁类的，应依法依规办理相关审批手续；对升级改造类的，对标先进企业实施深度治理，由相关部门会审签字后方可投入运行。"和"14. 强化车用油品监督管理。2018 年 10 月底前，各地要开展打击黑加油站点专项行动。建立常态化管理机制，实行多部门联合执法，以城乡接合部、国省道、企业自备油库和物流车队等为重点，通过采取有奖举报、随机抽查和重点检查等手段，严厉打击违法销售车用油品的行为，涉嫌犯罪的移送司法机关。对黑加油站点和黑移动加油车，一经发现，坚决取缔，严防死灰复燃。"

基于上述规定，已经取缔的加油站要及时关停，防止死灰复燃，查看被依法关停的加油站是否进行工商注销以防止死灰复燃。

通过审计，查看已经取缔的加油站在工商登记信息中的状态，如果显示企业登记仍为正常，说明加油站没有及时办理工商注销登记，有继续经营的可能性，把其作为审计疑点进一步核实，看加油站是否存在未取缔到位死灰复燃现象，需要及时移送相关主管部门作出处理。

49.4 审计方法

以企业名称为主键，关联【商务_加油站基本情况表】表和【工商_工商登记信息】表，查询在【商务_加油站基本情况表】表被取缔的加油站名称同时在【工商_工商登记信息】表中。

49.5 SQL 语句

select a. 加油站名称，a. 省辖市，a. 县区，a. 在营状况，b. 企业名称 as 工商登记企业名称，b. 企业状态

from（select *

from 商务_加油站基本情况表

where 在营状况 like '%停业%'）as a

join（select *

from 工商_工商登记信息

where 企业状态 like '%在业%'

or 企业状态 like '%正常%'）as b

on a. 加油站名称 = b. 企业名称

49.6 结果展示

加油站名称	县区	在营状况	工商登记企业名称	企业状态
＊＊顺连加油站	淇滨区	停业	＊＊顺连加油站	在业
＊＊万和加油站	淇滨区	停业	＊＊万和加油站	在业
＊＊王庄加油站	浚县	停业	＊＊王庄加油站	在业
＊＊众兴加油站	淇滨区	停业	＊＊众兴加油站	在业
＊＊世纪星加油站	淇滨区	停业	＊＊世纪星加油站	在业
＊＊海岛加油站	浚县	停业	＊＊海岛加油站	在业

50. 取缔的加油站企业死灰复燃

50.1 审计目标

检查取缔的加油站用电量仍然保持较高水平的情况。

50.2 所需数据

【商务_加油站基本情况表】【电力_企业用电信息】

50.3 审计思路

《河南省污染防治攻坚战三年行动计划（2018—2020 年）》（豫政〔2018〕30 号）中关于"12. 严控'散乱污'企业死灰复燃。坚决关停用地、工商手续不全并难以通过改造达标的污染企业，限期治理可以达标改造的企业，逾期一律依法关停。建立省、市、县、乡镇四级联动监管机制，加强环境监管和巡查检查，实行拉网式排查和清单式、台账式、网格化管理，坚决杜绝'散乱污'企业项目建设和已取缔的'散乱污'企业向乡村转移、死灰复燃。"《京津冀及周边地区 2018—2019 年秋冬季大气污染综合治理攻坚行动方案》（环大气〔2018〕100 号）中关于"2. 巩固'散乱污'企业综合整治成果。各地要建立'散乱污'企业动态管理机制，进一步完善'散乱污'企业认定标准和整改要求，坚决杜绝'散乱污'项目建设和已取缔的'散乱污'企业异地转移、死灰复燃。2018 年 9 月底前，各地完成新一轮'散乱污'企业排查工作，按照'先停后治'的原则，实施分类处置。对关停取缔类的，切实做到'两断三清'（切断工业用水、用电，清除原料、产品、生产设备）；对整合搬迁类的，应依法依规办理相关审批手续；对升级改造类的，对标先进企业实施深度治理，由相关部门会审签字后方可投入运行。"和"14. 强化车用油品监督管理。2018 年 10 月底前，各地要开展打击黑加油站点专项行动。建立常态化管理机制，实行多部门联合执法，以城乡接合部、国省道、企业自备油库和物流车队等为重点，通过采取有奖举报、随机抽查和重点检查等手段，严厉打击违法销售车用油品的行为，涉嫌犯罪的移送司法机关。对黑加油站点和黑移动加油车，一经发现，坚决取缔，严防死灰复燃。"

基于上述规定，对不符合产业政策准入、产业布局规划、装备技术水平落后、达标排放无望的"散乱污"企业，要采取整改措施，整改期间要实施断水、断电、清除原料、清除设备、清除产品措施，确保企业不能再生产，取缔的加油站应该也在清理范围之内，检查纳入"散乱污"治理的取缔的企业有电量且维持较高水平的情况。

通过审计，查看取缔的加油站用电量信息，如果没有用电信息，说明已经取缔到位，但是如果仍存在用电量信息，且用电量信息与取缔前基本一样或者上下浮动不大，说明加油站没有取缔到位，存在偷偷运营现象，需要及时移送相关部门作出处理。

50.4　审计方法

以企业名称为主键，关联【商务_加油站基本情况表】和【电力_企业用电信息】表，查询在【商务_加油站基本情况表】中营业状态为"停业"但有用电信息的企业。

50.5　SQL 语句

select a. 加油站名称，a. 县区，a. 在营状况，b. 企业名称 as 用电企业名称，b. 用电量，

b. 年度 as 用电年度，b. 用电月份

from （select *

from 商务_加油站基本情况表

where 在营状况 like '%停业%'） as a

join （select *

from 电力_企业用电信息

where 用电量 > 0） as b

on a. 加油站名称 = b. 企业名称

50.6　结果展示

加油站名称	县区	在营状况	用电企业名称	用电量	用电年度	用电月份
＊＊城南加油站	＊＊县	停业	＊＊城南加油站	5689	2019	1
＊＊石油有限公司	＊＊县	停业	＊＊石油有限公司	6547	2019	1
＊＊东头加油站	＊＊区	停业	＊＊东头加油站	8743	2019	1
＊＊石油化工有限公司东街加油站	＊＊区	停业	＊＊石油化工有限公司东街加油站	5467	2019	1
＊＊石油化工股份有限公司第贰拾陆加油站	＊＊区	停业	＊＊石油化工股份有限公司第贰拾陆加油站	6578	2019	1
＊＊石油化工股份有限公司大湖加油站	＊＊区	停业	＊＊石油化工股份有限公司大湖加油站	9800	2019	1

51. 不具备治理能力的 VOCs 无组织排放治理企业的用电情况

51.1　审计目标

检查不具备治理能力的 VOCs 无组织排放治理企业的用电的情况。

51.2　所需数据

【环保_VOCs 无组织排放治理信息】【电力_企业用电信息】

51.3　审计思路

《中华人民共和国大气污染防治法》第四十四条："生产、进口、销售和使用含挥发性有机物的原材料和产品的，其挥发性有机物含量应当符合质量标准或者要求，国家鼓励生产、进口、销售和使用低毒、低挥发性有机溶剂。"第四十五条："产生含挥发性有机物废气的生产和服务活动，应当在密闭空间或者设备中进行，并按照规定安装、使用污染防治设施；无法密闭的，应当采取措施减少废气排放。"《京津冀及周边地区 2019—2020 年秋冬季大气污染综合治理攻坚行动方案》（环大气〔2019〕88 号）"二、主要任务（一）调整优化产业结构 6. 推进工业炉窑大气污染综合治理。……2019 年 10 月底前，各地开展一轮 VOCs 治理执法检查，将有机溶剂使用量较大的，存在敞开式作业的，末端治理仅使用一次活性炭吸附、水或水溶液喷淋吸收、等离子、光催化、光氧化等技术的企业作为重点，对不能稳定达到《挥发性有机物无组织排放控制标准》以及相关行业排放标准要求的，督促企业限期整改。"

基于上述规定，为有效改善大气环境质量，国家对 VOCs 无组织排放治理企业要求其进行无组织排放治理后才能持续经营，其在治理期间需要停产，检查不具备治理能力而需要关闭的 VOCs 无组织排放治理单位的用电量维持较高水平的情况，用电量能够反映企业的生产量，揭示企业仍然在生产的违规现象。在环保审计中，如果在限产期间某一企业的用电量高于全年平均用电量，说明该企业可能存在没有采取限产措施的情况，需要进一步核实确定。

通过审计，对不具备治理能力的无组织排放 VOCs 生产企业的用电量数据进行分析，看其在停产整改期间的用电量信息是否下降，如果无明显变化或者不降反升，说明企业没有在规定的期间内停产整改，而是违规继续生产，需要相关主管部门加强执法检查。

51.4　审计方法

以企业名称为主键，关联【环保_VOCs 无组织排放治理信息】表和【电力_企业用电信息】表，检查不具备治理能力的 VOCs 无组织排放治理单位的用电量大于 0 的情况，以进一步核实。

51.5 SQL 语句

select a. 企业名称 as 不具备治理能力企业名称，b. 地市，b. 区县，b. 供电所，b. 企业名称，b. 用户编号，b. 用电量，b. 年度，b. 用电月份

from（select *

from 环保_VOCs 无组织排放治理信息

where 治理进展情况 like '%不具备治理能力%'）as a

join（select *

from 电力_企业用电信息 where 用电量 > 0）as b

on a. 企业名称 = b. 企业名称

51.6 结果展示

地市	区县	供电所	企业名称	用户编号	用电量	年度	用电月份	不具备治理能力企业名称
＊＊市	＊＊区	＊＊区供电所	＊＊包装公司	3060035115	26374	2018	6	＊＊包装公司
＊＊市	＊＊区	＊＊区供电所	＊＊陶瓷有限公司	3060065082	294600	2018	6	＊＊陶瓷有限公司
＊＊市	＊＊区	＊＊区供电所	＊＊机械有限公司	3060065770	99570	2018	6	＊＊机械有限公司
＊＊市	＊＊区	＊＊区供电所	＊＊软管有限公司	5042947580	21256	2018	6	＊＊软管有限公司
＊＊市	＊＊区	＊＊区供电所	＊＊门业有限公司	5023468051	7199	2018	6	＊＊门业有限公司
＊＊市	＊＊区	＊＊区供电所	＊＊科技有限公司	5023624211	22767	2018	6	＊＊科技有限公司

52. 上一年度已完成 VOCs 无组织排放治理的单位又列入当年的治理工作中

52.1 审计目标

检查上一年度已完成 VOCs 无组织排放治理的单位又列入当年的治理工作的情况（本方法以 2019 年度为例）。

52.2 所需数据

【环保_VOCs 无组织排放治理信息】【环保_VOCs 无组织排放治理年治理信息】

52.3 审计思路

《中华人民共和国大气污染防治法》第四十四条："生产、进口、销售和使用含挥发性有机物的原材料和产品的，其挥发性有机物含量应当符合质量标准或者要求，国家鼓励生产、进口、销售和使用低毒、低挥发性有机溶剂。"第四十五条："产生含挥发性有机物废气的生产和服务活动，应当在密闭空间或者设备中进行，并按照规定安装、使用污染防治设施；无法密闭的，应当采取措施减少废气排放。"《河南省人民政府关于印发河南省污染防治攻坚战三年行动计划（2018—2020）的通知》（豫政〔2018〕30号）中关于"（2）构建VOCs排放监控体系。开展全省VOCs排放企业排查，摸清VOCs排放企业清单，将石化、化工、包装印刷、工业涂装等VOCs排放重点企业纳入重点排污单位名录，安装VOCs排放自动监控设备并与环保部门联网，实现石化、现代煤化工等行业泄漏检测与修复（LDAR）相关无组织排放数据与环保监管部门共享。2018年年底前，建立VOCs排放企业清单，发布重点排污单位名录。"

基于上述规定，国家在大气污染防治中要求构建VOCs排放监控体系，认真开展排查，对排查到的企业无组织排放情况要进行治理，达标后才能继续生产，为保证治理效果，每次治理内容都会有所不同，治理的目的也有所差异，检查在上一年度已完成VOCs无组织排放治理的单位的具体情况，看是否存在没有新增治理内容的情况下把上年已完成治理企业名单又列入当年的治理工作中的情况。

通过审计，查找出上一年度已经治理过的企业名单，在没有新增治理内容的前提下，又列入了本年度治理任务，通过虚报治理企业名单完成治理任务，将审计查出的问题及时移送相关主管部门查明原因后作出处理。

52.4 审计方法

以企业名称为主键，关联【环保_VOCs无组织排放治理信息】表和【环保_VOCs无组织排放治理年治理信息】表，检查在上一年度已完成VOCs无组织排放治理的单位又列入当年的治理工作中的情况，以进一步核实。

52.5 SQL语句

select a.省辖市, a.县区, a.企业名称, a.大行业类型, a.治理进展情况, a.完成时间,

b.企业名称 as 上年度治理企业名称, b.完成时间 as 上年度治理完成时间, b.完成情况 as 上年度治理完成情况

from（select *

from 环保_VOCs无组织排放治理信息

where 完成时间 like '%2019%'）as a

join（select *

from 环保_VOCs无组织排放治理年治理信息

where 完成时间 like '%2018%'）as b

on a. 企业名称 = b. 企业名称

52.6 结果展示

省辖市	县区	企业名称	大行业类型	治理进展情况	完成时间	上年度治理企业名称	上年度治理完成时间	上年度治理完成情况
＊＊市	＊＊县	＊＊轮胎股份有限公司	橡胶制品	已完成	2019	＊＊轮胎股份有限公司	2018	已完成
＊＊市	＊＊县	＊＊新材料股份有限公司	橡胶制品	已完成	2019	＊＊新材料股份有限公司	2018	已完成
＊＊市	＊＊县	＊＊轮胎有限公司	橡胶制品	已完成	2019	＊＊轮胎有限公司	2018	已完成
＊＊市	＊＊县	＊＊股份有限公司	橡胶制品	已完成	2019	＊＊股份有限公司	2018	已完成
＊＊市	＊＊县	＊＊煤电股份有限公司	化工	已完成	2019	＊＊煤电股份有限公司	2018	已完成
＊＊市	＊＊县	＊＊科技有限责任公司	化工	已完成	2019	＊＊科技有限责任公司	2018	已完成

53. 列入 VOCs 治理目标单位没有办理排污许可证

53.1 审计目标

检查列入 VOCs 治理目标单位没有办理排污许可证的情况。

53.2 所需数据

【环保_VOCs无组织排放治理信息】【环保_排污许可证发放信息】

53.3　审计思路

《中华人民共和国大气污染防治法》第四十四条："生产、进口、销售和使用含挥发性有机物的原材料和产品的，其挥发性有机物含量应当符合质量标准或者要求，国家鼓励生产、进口、销售和使用低毒、低挥发性有机溶剂。"第四十五条："产生含挥发性有机物废气的生产和服务活动，应当在密闭空间或者设备中进行，并按照规定安装、使用污染防治设施；无法密闭的，应当采取措施减少废气排放。"《中华人民共和国环境保护法》第四十五条："国家依照法律规定实行排污许可管理制度。实行排污许可管理的企业事业单位和其他生产经营者应当按照排污许可证的要求排放污染物；未取得排污许可证的，不得排放污染物。"和《排污许可管理办法（试行）》（环境保护部令第 48 号）第四条："排污单位应当依法持有排污许可证，并按照排污许可证的规定排放污染物。应当取得排污许可证而未取得的，不得排放污染物。"

基于上述规定，国家依照法律规定实行排污许可管理制度，VOCs 企业会排放污染物，根据规定需要办理排污许可证，检查列入 VOCs 治理目标单位没有办理排污许可证的情况。

通过审计，查找已经列入 VOCs 治理目标企业，在排污许可证发放信息中却没有，说明这些 VOCs 企业没有及时办理排污许可证，需要移送相关部门作出处理。

53.4　审计方法

以单位名称为主键，关联【环保_VOCs 无组织排放治理信息】表和【环保_排污许可证发放信息】表，查询出现在【环保_VOCs 无组织排放治理信息】表中，而没有出现在【环保_排污许可证发放信息】表中的企业。

53.5　SQL 语句

select a. 省辖市，a. 县区，a. 企业名称，a. 治理进展情况，a. 完成时间，b. 单位名称 as 排污许可单位名称，b. 排污许可证号

from 环保_VOCs 无组织排放治理信息 as a

left join 环保_排污许可证发放信息 as b

on a. 企业名称 = b. 单位名称

where b. 单位名称 is null

53.6 结果展示

省辖市	县区	企业名称	治理进展情况	完成时间	单位名称	排污许可证号
＊＊市	＊＊区	＊＊机械制造有限公司	已完成	2017 年	null	null
＊＊市	＊＊区	＊＊生物科技有限公司	已完成	2017 年	null	null
＊＊市	＊＊区	＊＊精密电子有限公司	已完成	2018 年	null	null
＊＊市	＊＊区	＊＊通信股份有限公司	已完成	2017 年	null	null
＊＊市	＊＊区	＊＊橡塑科技股份有限公司	已完成	2018 年	null	null
＊＊市	＊＊区	＊＊轮胎股份有限公司	已完成	2018 年	null	null

54. 上年度已完成工业企业无组织排放治理的单位又列入本年度的治理工作中

54.1 审计目标

检查上一年度已完成工业企业无组织排放治理的单位又列入当年的治理工作的情况（本方法以 2019 年度为例）。

54.2 所需数据

【环保_工业企业无组织排放治理】【环保_工业企业无组织排放治理 2018 年治理信息】

54.3 审计思路

《中华人民共和国大气污染防治法》第二十七条："国家对严重污染大气环境的工艺、设备和产品实行淘汰制度。国务院经济综合主管部门会同国务院有关部门确定严重污染大气环境的工艺、设备和产品淘汰期限，并纳入国家综合性产业政策目录。生产者、进口者、销售者或者使用者应当在规定期限内停止生产、进口、销售或者使用列入前款规定目录中的设备和产品。工艺的采用者应当在规定期限内停止采用列入前款规定目录中的工艺。"《河南省 2019 年工业企业无组织排放治理方案》（豫环文〔2019〕84 号）中"第三项（二）制定'一企一策'治理清单。当地政府组织本辖区内无组织排放治理企业，对照本方案《无组织排放治理标准》（具体内容见附件）进行自查，建立无组织排放问题清单，问题清单要逐项明确具体车间、工段、设备点位、主要污染物、存在问题等。各企业组织专门力量或聘请专家，对企业进行现场指导，'一企一策'确定治理方案，明确治理标准、技术路线、完成期限，逐企落实监督责任单位、责任人。"

基于上述规定，国家为有效改善空气环境质量，要求对工业企业无组织排放情况进行治理，要求一企一策，企业根据自身情况制定治理方案，明确治理标准、技术路线、完成期限，达到规定的排放标准。检查上一年度工业企业无组织排放治理单位的情况，是否存在在没有新增治理内容的情况下将上年度已完成工业企业无组织排放治理的单位又列入当年的治理工作的情况，虚增完成工作任务。

通过审计，查找出上一年度已经完成无组织排放治理的企业，在没有新增无组织排放治理内容的前提下，又列入了本年度的治理任务，通过虚报治理企业名单来完成无组织排放治理任务。将审计查出的问题及时移送相关主管部门查明原因后作出处理。

54.4　审计方法

以企业名称为主键，关联【环保_工业企业无组织排放治理】表和【环保_工业企业无组织排放治理2018年治理信息】表，检查上一年度已完成工业企业无组织排放治理的单位又列入当年的治理工作的情况，以进一步核实。

54.5　SQL 语句

select a. 省辖市，a. 县区，a. 企业名称，a. 治理进展情况，a. 完成时间，b. 企业名称 as 上年度治理企业名称，b. 完成时间 as 上年度治理完成时间，b. 完成情况 as 上年度治理完成情况

from（select *

from 环保_工业企业无组织排放治理

where 完成时间 like '%2019%'）as a

join（select *

from 环保_工业企业无组织排放治理2018年治理信息

where 完成时间 like '%2018%'）as b

on a. 企业名称 = b. 企业名称

54.6　结果展示

省辖市	县区	企业名称	治理进展情况	完成时间	上年度治理企业名称	上年度治理完成时间	上年度治理完成情况
＊＊市	＊＊区	＊＊省金鸡山＊＊	已完成	2019	＊＊省金鸡山＊＊	2018	完成
＊＊市	＊＊区	＊＊科技股份有限公司	已完成	2019	＊＊科技股份有限公司	2018	完成

续表

省辖市	县区	企业名称	治理进展情况	完成时间	上年度治理企业名称	上年度治理完成时间	上年度治理完成情况
＊＊市	＊＊区	＊＊能源科技股份有限公司	已完成	2019	＊＊能源科技股份有限公司	2018	完成
＊＊市	＊＊区	＊＊环保建材有限公司	已完成	2019	＊＊环保建材有限公司	2018	完成
＊＊市	＊＊区	＊＊砼业有限公司	已完成	2019	＊＊砼业有限公司	2018	完成
＊＊市	＊＊区	＊＊建筑材料有限公司	已完成	2019	＊＊建筑材料有限公司	2018	完成

55. 不具备治理能力的无组织排放治理工业企业的用电情况

55.1 审计目标

检查不具备治理能力的无组织排放治理工业企业的用电情况。

55.2 所需数据

【环保_工业企业无组织排放治理】【电力_企业用电信息】

55.3 审计思路

《中华人民共和国大气污染防治法》第二十七条："国家对严重污染大气环境的工艺、设备和产品实行淘汰制度。国务院经济综合主管部门会同国务院有关部门确定严重污染大气环境的工艺、设备和产品淘汰期限，并纳入国家综合性产业政策目录。生产者、进口者、销售者或者使用者应当在规定期限内停止生产、进口、销售或者使用列入前款规定目录中的设备和产品。工艺的采用者应当在规定期限内停止采用列入前款规定目录中的工艺。"《京津冀及周边地区 2019—2020 年秋冬季大气污染综合治理攻坚行动方案》（环大气〔2019〕88 号）："二、主要任务（一）调整优化产业结构 2. 推进企业集群升级改造。……2019 年 10 月底前，制定综合整治方案，建设清洁化企业集群。按照'标杆建设一批、改造提升一批、优化整合一批、淘汰退出一批'的总体要求，统一标准、统一时间表，从生产工艺、产品质量、安全生产、产能规模、燃料类型、原辅材料替代、污染治理等方面提出具体治理任务，加强无组织排放控制，提升产业发展质量和环保治理水平。"

基于上述规定，国家为有效改善环境质量，要求无组织排放的企业对其无组织排放进行治理后才能继续生产，其在治理期间是需要停产的，检查不具备治理能力而需要关闭的工业企业无组织排放治理单位的用电量维持较高水平的情况，揭示企业仍然在生产的违规现象。用电量能够反映企业生产量。在环保审计中，如果在限产期间某一企业的用电量高于全年平均用电量，说明该企业可能存在没有采取限产措施的情况，需要进一步核实确定。

通过审计，对不具备治理能力的无组织排放生产企业的用电量数据进行分析，看其在停产整改期间的用电量信息是否下降，如果无明显变化或者不降反升，说明企业没有在规定的期间内停产整改，而是违规继续生产，需要相关主管部门加强执法检查。

55.4 审计方法

以企业名称为主键，关联【环保_工业企业无组织排放治理】【电力_企业用电信息】表，检查不具备治理能力而需要关闭的工业企业的用电量大于0的情况，以进一步核实。

55.5 SQL 语句

select a. 企业名称 as 不具备治理能力的企业名称，b. 地市，b. 区县，b. 供电所，b. 企业名称，b. 用户编号，b. 用电量，b. 年度，b. 用电月份

from（select *

from 环保_工业企业无组织排放治理

where 治理进展情况 like '% 不具备治理能力%'）as a

join（select *

from 电力_企业用电信息 where 用电量 > 0）as b

on a. 企业名称 = b. 企业名称

where b. 用电量 > 0

order by a. 企业名称

55.6 结果展示

不具备治理能力的企业名称	地市	区县	供电所	企业名称	用户编号	用电量	年度	用电月份
＊＊钢琴有限公司	＊＊市	＊＊区	＊＊区供电所	＊＊钢琴有限公司	5111235	30751	2018	6
＊＊建筑材料公司	＊＊市	＊＊区	＊＊区供电所	＊＊建筑材料公司	5114238	21705	2018	7
＊＊预制构件厂	＊＊市	＊＊区	＊＊区供电所	＊＊预制构件厂	5114654	22344	2018	11

不具备治理能力的企业名称	地市	区县	供电所	企业名称	用户编号	用电量	年度	用电月份
＊＊矿山设备公司	＊＊市	＊＊区	＊＊区供电所	＊＊矿山设备公司	5112908	32324	2018	12
＊＊建材工程公司	＊＊市	＊＊区	＊＊区供电所	＊＊建材工程公司	5119807	21373	2019	8
＊＊门窗厂	＊＊市	＊＊区	＊＊区供电所	＊＊门窗厂	5115439	34857	2019	2

56. 列入工业企业无组织排放治理单位没有办理排污许可证

56.1　审计目标

检查列入工业企业无组织排放治理单位没有办理排污许可证的情况。

56.2　所需数据

【环保_工业企业无组织排放治理】【环保_排污许可证发放信息】

56.3　审计思路

《中华人民共和国大气污染防治法》第二十七条："国家对严重污染大气环境的工艺、设备和产品实行淘汰制度。国务院经济综合主管部门会同国务院有关部门确定严重污染大气环境的工艺、设备和产品淘汰期限，并纳入国家综合性产业政策目录。生产者、进口者、销售者或者使用者应当在规定期限内停止生产、进口、销售或者使用列入前款规定目录中的设备和产品。工艺的采用者应当在规定期限内停止采用列入前款规定目录中的工艺。"《排污许可证管理暂行规定》（环水体〔2016〕186 号）第三条："本规定所称排污许可，是指环境保护主管部门依排污单位的申请和承诺，通过发放排污许可证法律文书形式，依法依规规范和限制排污单位排污行为并明确环境管理要求，依据排污许可证对排污单位实施监管执法的环境管理制度。"和《排污许可管理办法（试行）》第五条："对污染物产生量大、排放量大或者环境危害程度高的排污单位实行排污许可重点管理，对其他排污单位实行排污许可简化管理。"第十六条："核发环保部门应当根据国家和地方污染物排放标准，确定排污单位排放口或者无组织排放源相应污染物的许可排放浓度。"

基于上述规定，列入无组织排放治理的工业企业存在无组织排放源等污染物，需要办理排污许可证，对无组织排放源的污染物进行监管。

通过审计，如果企业被列入无组织排放治理清单，说明企业属于排污企业，需要办理排污许可证，在排污许可证发放信息中查找企业名称，如果查找不到，说明企业没有按照规定及时办理排污许可证，需要及时移送有关主管部门查明原因作出处理。

56.4 审计方法

以单位名称为主键，关联【环保_工业企业无组织排放治理】表和【环保_排污许可证发放信息】表，查询在【环保_工业企业无组织排放治理】表中出现的企业名称没有出现在【环保_排污许可证发放信息】表中。

56.5 SQL 语句

select a. 企业名称，a. 省辖市，a. 县区，b. 单位名称 as 排污许可单位名称，b. 排污许可证号

from（select ＊

from 环保_工业企业无组织排放治理

where 企业名称 not like 'null'）as a

left join 环保_排污许可证发放信息 as b

on a. 企业名称 ＝ b. 单位名称

where b. 单位名称 is null

56.6 结果展示

企业名称	省辖市	县区	排污许可单位名称	排污许可证号
＊＊热能有限公司	＊＊市	＊＊区	null	null
＊＊水泥有限责任公司	＊＊市	＊＊区	null	null
＊＊节能建筑材料公司	＊＊市	＊＊区	null	null
＊＊钢铸造有限公司	＊＊市	＊＊区	null	null
＊＊鹤通新型建材厂	＊＊市	＊＊区	null	null
＊＊环保建材厂	＊＊市	＊＊区	null	null

57. 不具备治理能力的工业窑炉治理企业的用电情况

57.1 审计目标

检查不具备治理能力而停止生产的工业窑炉治理企业存在用电的情况。

57.2 所需数据

【环保_工业炉窑专项治理】【电力_企业用电信息】

57.3 审计思路

《中华人民共和国大气污染防治法》第二十七条："国家对严重污染大气环境的工艺、设备和产品实行淘汰制度。国务院经济综合主管部门会同国务院有关部门确定严重污染大气环境的工艺、设备和产品淘汰期限，并纳入国家综合性产业政策目录。生产者、进口者、销售者或者使用者应当在规定期限内停止生产、进口、销售或者使用列入前款规定目录中的设备和产品。工艺的采用者应当在规定期限内停止采用列入前款规定目录中的工艺。"《河南省人民政府办公厅关于印发河南省大气污染防治攻坚战 7 个实施方案的通知》（豫政办〔2016〕117 号）中《河南省治理工业大气污染攻坚战实施方案（2016—2017 年)》："四、主要任务（四）实施工业炉窑和砖瓦炉窑提标改造。1. 2016 年 10 月底前，完成 1435 台耐材、石灰、有色金属冶炼、铝压延加工、刚玉、玻璃制品等行业炉窑及 59 台砖瓦炉窑的废气提标治理。耐材、石灰、有色金属冶炼、铝压延加工、刚玉、玻璃制品等行业炉窑的废气排放要达到《河南省工业炉窑大气污染物排放标准（DB41/1066—2015)》要求，砖瓦炉窑的废气排放要达到《砖瓦工业大气污染物排放标准（GB29620—2013)》要求。2. 各省辖市、省直管县（市）政府要在本方案所列治理任务的基础上，继续开展排查，查清所有工业炉窑企业名单，确保所有工业炉窑实现达标排放。对不能按期完成提标治理任务的企业，自 2016 年 11 月 1 日起，依法实施停产治理。"

基于上述规定，不具备治理能力的工业窑炉企业要实施停产进行有效治理，停产期间企业的电费与生产期间相比会有大幅度下降，通过检查企业电费情况看企业是否按要求停止生产。

通过审计分析不具备治理能力工业窑炉的企业的用电量信息，如果企业的用电量信息与以前持平且上下浮动不大，说明企业没有及时停产进行有效治理，需要及时移送相关部门查明原因作出处理。

57.4 审计方法

以单位名称为主键，关联【环保_工业炉窑专项治理】表和【电力_企业用电信息】表，查询企业"停产"状态下仍有用电量信息且用电费比较大的情况。

57.5 SQL 语句

select a. 炉窑使用单位名称，a. 省辖市，a. 县区，a. 治理情况，a. 完成年度，b. 企业名称 as 用电企业名称，b. 用电量，b. 年度 as 用电年度，b. 用电月份

from（select *

from 环保_工业炉窑专项治理

where 治理情况 like '%停产%') as a

join（select *

from 电力_企业用电信息

where 用电量 > 0）as b

on a. 炉窑使用单位名称 = b. 企业名称

57.6 结果展示

炉窑使用单位名称	**市	**区	治理情况	完成年度	用电企业名称	用电量	用电年度	用电月份
**瓷业有限公司	**市	**区	停产	2018	**瓷业有限公司	34248	2018	1
**高温节能材料有限公司	**市	**区	停产	2018	**高温节能材料有限公司	69247	2018	1
**建筑材料有限公司	**市	**区	停产	2018	**建筑材料有限公司	64621	2018	1
**新型建筑材料有限公司	**市	**区	停产	2018	**新型建筑材料有限公司	1 E+05	2018	1
**城源建材有限公司	**市	**区	停产	2018	**城源建材有限公司	42000	2018	1
**新型节能建材有限公司	**市	**区	停产	2018	**新型节能建材有限公司	54360	2018	1

58. 列入工业窑炉治理目标单位没有办理排污许可证

58.1 审计目标

检查列入工业窑炉治理目标单位没有办理排污许可证的情况。

58.2 所需数据

【环保_工业炉窑专项治理】【环保_排污许可证发放信息】

58.3 审计思路

《中华人民共和国大气污染防治法》第二十七条："国家对严重污染大气环境的工艺、设备和产品实行淘汰制度。国务院经济综合主管部门会同国务院有关部门确定严重污染大气环境的工艺、设备和产品淘汰期限，并纳入国家综合性产业政策目录。生产者、进口者、销售者或者使用者应当在规定期限内停止生产、进口、销售或者使用列入前款规定目录中的设备和产品。工艺的采用者应当在规定期限内停止采用列入前款规定目录中的工艺。"《排污许可证管理暂行规定》（环水体〔2016〕186号）第三条："本规定所称排污许可，是指环境保护主管部门依排污单位的申请和承诺，通过发放排污许可证法律文书形式，依法依规规范和限制排污单位排污行为并明确环境管理要求，依据排污许可证对排污单位实施监管执法的环境管理制度。"《排污许可管理办法（试行）》第五条："对污染物产生量大、排放量大或者环境危害程度高的排污单位实行排污许可重点管理，对其他排污单位实行排污许可简化管理。"和《河南省人民政府办公厅关于印发河南省大气污染防治攻坚战7个实施方案的通知》（豫政办〔2016〕117号）中《河南省治理工业大气污染攻坚战实施方案（2016—2017年)》："四、主要任务（四）实施工业炉窑和砖瓦炉窑提标改造。1. 2016年10月底前，完成1435台耐材、石灰、有色金属冶炼、铝压延加工、刚玉、玻璃制品等行业炉窑及59台砖瓦炉窑的废气提标治理。耐材、石灰、有色金属冶炼、铝压延加工、刚玉、玻璃制品等行业炉窑的废气排放要达到《河南省工业炉窑大气污染物排放标准（DB41/1066—2015)》要求，砖瓦炉窑的废气排放要达到《砖瓦工业大气污染物排放标准（GB29620—2013)》要求。"

基于上述规定，工业窑炉根据行业要求应实行排污许可管理，检查列入工业窑炉治理的企业是否办理了排污许可证并纳入管理。

通过审计，查找已列入工业窑炉治理范围内的企业，这部分企业必定有污染物排放，进一步分析排污许可证发名单中是否有这部分企业信息，如果没有，说明这部分企业没有办理排污许可证，需要移送相关部门及时查明原因并作出处理。

58.4 审计方法

以单位名称为主键，关联【环保_工业炉窑专项治理】表和【环保_排污许可证发放信息】表，查询在【环保_工业炉窑专项治理】表中出现的企业名称没有出现在【环保_排污许可证发放信息】表中。

58.5 SQL语句

select a. 炉窑使用单位名称，a. 省辖市，a. 县区，a. 治理情况，a. 完成年度，b. 单位名称 as 排污许可单位名称，b. 排污许可证号

from（select *

from 环保_工业炉窑专项治理

where 炉窑使用单位名称 not like 'null') as a

left join 环保_排污许可证发放信息 as b

on a. 炉窑使用单位名称 ＝ b. 单位名称

where b. 单位名称 is null

58.6 结果展示

炉窑使用单位名称	省辖市	县区	治理情况	完成年度	排污许可单位名称	排污许可证号
＊＊节能建筑材料有限公司	＊＊市	＊＊区	停业	2018	null	null
＊＊铸造有限公司	＊＊市	＊＊区	停业	2018	null	null
＊＊环保建材厂	＊＊市	＊＊区	停业	2018	null	null
＊＊陶瓷有限公司	＊＊市	＊＊区	停业	2018	null	null
＊＊建材有限公司	＊＊市	＊＊区	停业	2018	null	null
＊＊绝热材料股份有限公司	＊＊市	＊＊区	停业	2018	null	null

59. 上一年度已完成工业窑炉治理的单位又列入当年的治理工作中

59.1 审计目标

检查上一年度已完成工业窑炉治理的单位又列入当年的治理工作中的情况。

59.2 所需数据

【环保_工业炉窑专项治理】【环保_工业炉窑专项治理年台账】

59.3 审计思路

《中华人民共和国大气污染防治法》第二十七条："国家对严重污染大气环境的工艺、设备和产品实行淘汰制度。国务院经济综合主管部门会同国务院有关部门确定严重污染大气环境的工艺、设备和产品淘汰期限，并纳入国家综合性产业政策目录。生产者、进口者、销售者或者使用者应当在规定期限内停止生产、进口、销售或者使用列入前款规定目录中的设备和产品。工艺的采用者应当在规定期限内停止采用列入前款规定目录中的工艺。"《河南省治理工业大气污染攻坚战实施方案（2016—2017年）》："四、主要任务（四）实施工业炉窑和砖瓦炉窑提标改造。1. 2016年10月底前，完成1435台耐材、石灰、有色金属冶炼、铝压延加工、刚玉、玻璃制品等行业炉窑及59台砖瓦炉窑的废气提标治理。耐材、石灰、有色金属冶炼、铝压延加工、刚玉、玻璃制品等行业炉窑的废气排放要达到《河南省工业炉窑大气污染物排放标准（DB41/1066—2015）》要求，砖瓦炉窑的废气排放要达到《砖瓦工业大气污染物排放标准（GB29620—2013）》要求。2. 各省辖市、省直管县（市）政府要在本方案所列治理任务的基础上，继续开展排查，查清所有工业炉窑企业名单，确保所有工业炉窑实现达标排放。对不能按期完成提标治理任务的企业，自 2016 年 11 月 1 日起，依法实施停产治理。各级环保部门负责工业炉窑的提标治理工作，要对照辖区内的治理任务清单，建立工作台账，加强指导督促和执法监管，治理一台、核定一台、销号一台，确保按时完成治理任务。"

基于上述规定，各级环保部门负责工业窑炉的提标治理工作，对照任务清单，建立工作台账，治理一台，核定一台，销号一台，按时完成治理任务。

通过审计，对比各年度治理台账，如果同一个企业出现在不同年度的治理台账中，且治理项目没有新增，企业仍然上报已完成治理的，说明存在重复上报治理企业，虚增完成任务数据问题，应及时移送相关部门查明原因作出处理。

59.4 审计方法

以单位名称为主键，关联【环保_工业炉窑专项治理】表和【环保_工业炉窑专项治理年台账】表，查询在【环保_工业炉窑专项治理】表中出现的"完成"治理企业名称同时又在【环保_工业炉窑专项治理年台账】表中出现。

59.5 SQL 语句

select a. 省辖市，a. 县区，a. 炉窑使用单位名称，a. 治理情况，a. 完成年度，b. 炉窑使用单位名称 as 上年度治理炉窑使用单位名称，b. 完成年度 as 上年度治理完成年度，b. 治理情况 as 上年度治理情况

from（select ＊

from 环保_工业炉窑专项治理

where 完成年度 like '％2019％' and 治理情况 like '％完成％'）as a

join（select ＊

from 环保_工业炉窑专项治理年台账

where 完成年度 like '％2018％'）as b

on a. 炉窑使用单位名称 ＝ b. 炉窑使用单位名称

59.6 结果展示

省辖市	县区	炉窑使用单位名称	治理情况	完成年度	上年度治理炉窑使用单位名称	上年度治理完成年度	上年度治理情况
＊＊市	＊＊区	＊＊高温节能材料有限公司	完成	2019	＊＊高温节能材料有限公司	2018	完成
＊＊市	＊＊区	＊＊瓷业有限公司	完成	2019	＊＊瓷业有限公司	2018	完成
＊＊市	＊＊区	＊＊陶瓷有限公司	完成	2019	＊＊陶瓷有限公司	2018	完成
＊＊市	＊＊区	＊＊建材有限公司	完成	2019	＊＊建材有限公司	2018	完成
＊＊市	＊＊区	＊＊钢铁有限公司	完成	2019	＊＊钢铁有限公司	2018	完成
＊＊市	＊＊区	＊＊铝业有限公司	完成	2019	＊＊铝业有限公司	2018	完成

60. 餐饮企业油烟管控数据质检局与城管局不一致

60.1 审计目标

检查餐饮企业油烟管控数据质检局与城管局不一致的情况。

60.2 所需数据

【质检_油烟治理管理台账】【城管_油烟治理台账】

60.3 审计思路

《河南省治理重点行业挥发性有机物污染攻坚战实施方案（2016—2017 年）》："四、主要任务。（五）加强规模餐饮服务经营场所油烟治理。2016 年 10 月底前，各地排查上报的 8119 家规模餐饮服务经营场所（基准灶头数大于等于 6 个）均要加装集气罩，建设密闭的油烟排放管道，安装高效油烟净化设施，达到《饮食业油烟排放标准（GB18483—2001）》要求。……3. 规模餐饮业单位油烟净化设施必须根据技术要求定期进行清洁维护保养，并建立台账，保证设施正常运行。自 2016 年 11 月 1 日起，所有未安装治理设施或治理设施不正常运行的规模餐饮企业，依法责令实施停业治理。各省辖市、省直管县（市）政府对本辖区规模餐饮场所油烟治理工作负总责，由当地政府确定的职能部门牵头负责规模餐饮场所的油烟治理，要建立工作台账，加强执法监管，确保治理一家、核定一家、销号一家，按期完成治理任务。"和《关于印发〈"十三五"挥发性有机物污染防治工作方案〉的通知》（环大气〔2017〕121 号）："五、保障措施。（一）加强协调配合……（二）制定实施方案。……明确职责分工，强化部门协作。"

基于上述规定，为有效对餐饮业油烟排放情况进行监管，各省都出台了相关制度，要求各部门应加强协作，保证数据信息一致，质监部门和城管部门在各自职责范围内各司其职、各尽其责，做好治理管控。检查各部门是否做到职责分工明确，部门配合协作默契。

通过审计，将质检部门管理的油烟治理台账和城管部门管理的油烟治理台账进行比对分析，看两个部门管理的台账信息是否一致，分析存在差异的原因，要求相关部门按照文件要求明确职责分工，做好配合，避免出现多头管理，管理内容不一致，给经营者造成负担现象。部门间应加强沟通协调，明确分工，合理进行治理，确保治理效果。

60.4 审计方法

60.4.1 餐饮企业油烟管控数据质检局登记而城管局没有登记

以餐饮场所名称为主键，关联【质检_油烟治理管理台账】表和【城管_油烟治理台账】表，查询油烟管控数据在【质检_油烟治理管理台账】表中登记的有而在【城管_油烟治理台账】表中没有的记录。

60.4.2 餐饮企业油烟管控数据城管局登记而质检局没有登记

以餐饮场所名称为主键，关联【城管_油烟治理台账】表和【质检_油烟治理管理台账】表，查询油烟管控数据在【城管_油烟治理台账】表中登记的有而在【质检_油烟治理管理台账】表中没有的记录。

60.5 SQL 语句

60.5.1 餐饮企业油烟管控数据质检局登记而城管局没有登记

select a. 餐饮场所名称 as 质检局登记饭店名称，a. 监督管理措施 as 质检局登记监管管理措施，a. 区县，b. 饭店名称 as 城管局登记饭店名称，b. 监管管理措施 as 城管局登记监督管理措施

　from 质检_油烟治理管理台账 as a

　left join 城管_油烟治理台账 as b

　on a. 餐饮场所名称 = b. 饭店名称

　where b. 饭店名称 is null

60.5.2 餐饮企业油烟管控数据城管局登记而质检局没有登记

select a. 饭店名称 as 城管局登记饭店名称，a. 监管管理措施 as 城管局登记监管管理措施，a. 区县，a. 年度，b. 餐饮场所名称 as 质检局登记饭店名称，b. 监督管理措施 as 质检局登记监督管理措施

from 城管_油烟治理台账 as a

left join 质检_油烟治理管理台账 as b

on a. 饭店名称 = b. 餐饮场所名称

where b. 餐饮场所名称 is null

60.6 结果展示

60.6.1 餐饮企业油烟管控数据质检局登记而城管局没有登记

质检局登记 饭店名称	质检局登记监管 管理措施	区县	城管局登记 饭店名称	城管局登记 监督管理措施
油泼面大盘鸡	日常巡查	＊＊区	null	null
非常小吃	日常巡查	＊＊区	null	null
海天面馆	日常巡查	＊＊区	null	null
酸辣粉	日常巡查	＊＊区	null	null
赵记骨汤面	日常巡查	＊＊区	null	null
永康包子	日常巡查	＊＊区	null	null

60.6.2 餐饮企业油烟管控数据城管局登记而质检局没有登记

城管局登记 饭店名称	城管局登记监管 管理措施	区县	年度	质检局登记 饭店名称	质检局登记监督 管理措施
＊＊区家的味道小吃店	安装	＊＊区	2019	null	null
＊＊区嘉煜干锅饭店	安装	＊＊区	2019	null	null
＊＊区早爱上火锅店	安装	＊＊区	2019	null	null
＊＊区早点来早餐店	安装	＊＊区	2019	null	null
＊＊区＊＊合罗面馆	安装	＊＊区	2019	null	null
＊＊区＊＊渔锅餐饮店	安装	＊＊区	2019	null	null

61. 建筑工地在线监测系统数据录入合规性审计

61.1 审计目标

检查建筑工地在线监测系统数据录入的合规性。

61.2 所需数据

【环保_规模以上建设工地在线监测数据】

61.3 审计思路

《国务院办公厅关于利用计算机信息系统开展审计工作有关问题的通知》中"审计机关发现被审计单位的计算机信息系统不符合法律、法规和政府有关主管部门的规定、标准的,可以责令限期改正或者更换。在规定期限内不予改正或者更换的,应当通报批评并建议有关主管部门予以处理。审计机关在审计过程中发现开发、故意使用有舞弊功能的计算机信息系统的,要依法追究有关单位和人员的责任。"《中华人民共和国环境保护法》第十七条:"国家建立、健全环境监测制度。国务院环境保护主管部门制定监测规范,会同有关部门组织监测网络,统一规划国家环境质量监测站(点)的设置,建立监测数据共享机制,加强对环境监测的管理。有关行业、专业等各类环境质量监测站(点)的设置应当符合法律法规规定和监测规范的要求。监测机构应当使用符合国家标准的监测设备,遵守监测规范。监测机构及其负责人对监测数据的真实性和准确性负责。"《环境监测数据弄虚作假行为判定及处理办法》第四条:"……(十二)对原始数据进行不合理修约、取舍,或者有选择性评价监测数据、出具监测报告或者发布结果,以至评价结论失真的。"和其他相关条款。《污染源自动监控设施现场监督检查办法》(环境保护部令第19号)第六条:"排污单位自行运行污染源自动监控设施的,应当保证其正常运行。由取得环境污染治理设施运营资质的单位(以下简称运营单位)运行污染源自动监控设施的,排污单位应当配合、监督运营单位正常运行;运营单位应当保证污染源自动监控设施正常运行。"

基于上述规定,要求规模以上建设工地安装在线监测和视频监控设施,并与监管部门联网,方便监管部门随时掌握违规建筑工地信息,如果信息不规范,监管部门就失去了通过在线监测掌握准确信息的意义。

通过审计,对规模以上建设工地上传的在线监测数据进行分析,查找出数据内容中不规范信息,提醒监管部门及时纠正,促使在线监测数据信息规范,数据准确,真正起到智慧治污、科学治污的作用。

61.4 审计方法

查询【环保_规模以上建设工地在线监测数据】表中场所名称和时间信息中有非法字符存在导致信息不准确的记录。

61.5 SQL 语句

select * from 环保_规模以上建设工地在线监测数据

where（场所名称 like '%MYM%'

or 场所名称 like '%*%'

or 场所名称 like '%!%'

or 场所名称 like '%@%'

or 场所名称 like '%#%'

or 场所名称 like '%&%'

or 场所名称 like '% ¦%'

or 场所名称 like '%¦%'

or 场所名称 like '% [%'

or 场所名称 like '% +%'

or 场所名称 like '%]%'

or 场所名称 like '% | %'

or 场所名称 like '%'

or 场所名称 like '% :%'

or 场所名称 like '%"%'

or 场所名称 like '% <%'

or 场所名称 like '% >%'

or 场所名称 like '%?%'

or 场所名称 like '%/%'

or 场所名称 like ''

or 场所名称 is null）

or（时间 like '%MYM%'

or 时间 like '% *%'

or 时间 like '% (%'

or 时间 like '%)%'

or 时间 like '%!%'

or 时间 like '%@%'

or 时间 like '%#%'

or 时间 like '%&%'

or 时间 like '% ¦%'

or 时间 like '%∤%'

or 时间 like '%〔%'

or 时间 like '%〕%'

or 时间 like '%∣%'

or 时间 like '%"%'

or 时间 like '%<%'

or 时间 like '%>%'

or 时间 like '%?%'

or 时间 like ''

or 时间 is null）

61.6　结果展示

序号	场所名称	安装地址	设备 id	时间	PM10
19946	＊＊区??????	＊＊—南门	301430004	2019－07－16 11：33：58	43
19980	＊＊区&&&&&&&&	＊＊—东门	301430004	2019－07－17 11：38：58	159
20015	＊＊区％％％％％％％	＊＊—大门	301430004	2019－07－17 11：33：58	153
20048	＊＊区########	＊＊—东门	301430004	2019－07－18 11：38：58	69
20083	＊＊区∣∣∣∣∣∣∣	＊＊—南门	301430004	2019－07－18 11：33：58	69
20112	＊＊区@@@@@@@@	＊＊—南门	301430004	2019－07－19 11：38：58	55

62.　已淘汰的黄标车没有拆解

62.1　审计目标

检查已淘汰的黄标车没有拆解的情况。

62.2　所需数据

【公安_黄标车注销信息】【商务_黄标车拆解信息】

62.3　审计思路

《中华人民共和国大气污染防治法》第六十条："在用机动车排放大气污染物超过标准的，应当进行维修；经维修或者采用污染控制技术后，大气污染物排放仍不符合国家在用机动车排放标准的，应当强制报废。其所有人应当将机动车交售给报废机动车回收拆解企业，由报废机动车回收拆解企业按照国家有关规定进行登记、拆解、销毁等处理。"和《河南省人民政府办公厅关于印发河南省淘汰黄标车工作方案的通知》（豫政办〔2014〕125号）："四、保障措施。（二）明确责任分工。各省辖市、省直管县（市）政府对本地淘汰黄标车工作负总责，要摸清底数，细化措施，确保工作有序推进。省政府有关部门要协调联动，密切配合，齐抓共管，形成工作合力。环保部门负责加强源头管控，严把机动车尾气检测关，制定加强机动车环保检验和外地转入车辆管理工作有关规定；公安部门负责指导各地完善限行政策，加强机动车登记管理，加大路查路检力度，配合相关部门做好机动车报废监管、车辆安全技术检验机构监督管理工作；交通运输部门负责营运黄标车淘汰工作，研究制定营运黄标车《道路运输证》核发控制管理办法；商务部门负责会同环保、公安、工商等部门加强对报废汽车回收拆解企业经营行为的监督管理，制定淘汰车辆回收拆解工作制度和措施；财政部门负责落实财政补贴资金，加强资金监督管理，会同商务、交通运输、环保、公安等部门制定淘汰黄标车补贴奖励办法；工商部门负责会同商务部门做好二手车交易监督管理工作；质监部门负责加强机动车安全技术检验机构、尾气检测机构的计量检定与资质认证管理，加强机动车安全技术检验机构的检验资格证许可管理；工业和信息化部门研究出台改进车辆尾气减排的技术性政策和措施；法制部门负责审查有关治理淘汰黄标车方面的地方性法规和规章（草案）以及规范性文件；宣传部门负责加强宣传，营造浓厚的舆论氛围；纪检、监察部门负责加强检查，严格责任追究；省事管局负责省直机关、企事业单位黄标车淘汰工作。"

　　基于上述规定，黄标车的注销和拆解虽然是两项工作，但需要配合进行，先进行注销，然后进行拆解，不再上路行驶，这就需要公安部门和商务部门加强协调沟通，确保黄标车治理到位，通过审计检查已注销的黄标车是否做到及时拆解，两部门配合是否到位，有无虚假注销或者虚假拆解现象，要保证黄标车治理到位，不再上路行驶。

　　通过审计，将公安部门掌握的黄标车注销信息与商务部门掌握的黄标车拆解信息进行比对分析，查找公安部门掌握的已注销黄标车信息是否及时进行了拆解，如果已经注销的黄标车信息没有在拆解信息中找到，说明一是商务部门没有按照要求对拆解的黄标车信息建立台账进行管理；二是已注销的黄标车并没有及时进行拆解，有可能虚假拆解，仍存在上路的可能性，需要公安部门加大查处力度，对未拆解的黄标车及时查处，减少其上路行驶出现事故。同时要求公安部门与商务部门要做好沟通协调，及时建立黄标车注销和拆解信息共享机制，确保黄标车治理到位，消除隐患。

62.4 审计方法

以车牌号码为主键，关联【公安_黄标车注销信息】表和【商务_黄标车拆解信息】表，查询已在公安部门注销的黄标车，但在商务部门的拆解信息中去查询不到，揭示部门间协作机制不健全，信息不共享问题。

62.5 SQL 语句

select a. 车牌号码，a. 车辆识别代号，a. 初次登记日期，a. 注销原因，a. 注销日期，a. 所有人，b. 车主姓名 as 拆解信息_车主姓名，b. 牌照号码 as 拆解信息_牌照号码，b. 车辆唯一识别代码车架号码 as 拆解信息_车辆唯一识别代码车架号码

from 公安_黄标车注销信息 as a

left join 商务_黄标车拆解信息 as b

on a. 车辆识别代号 = b. 车辆唯一识别代码车架号码

where b. 车辆唯一识别代码车架号码 is null

62.6 结果展示

车牌号码	车辆识别代号	初次登记日期	注销原因	注销日期	所有人	拆解信息_车主姓名	拆解信息_牌照号码	拆解信息_车辆唯一识别代码车架号码
E5＊＊69	0＊＊＊2085	1996 − 05 − 02	报废注销	2016 − 12 − 01	＊＊有限公司	null	null	null
EK＊＊55	0＊＊＊5001	1996 − 09 − 24	报废注销	2016 − 10 − 11	刘＊生	null	null	null
E1＊＊93	0＊＊＊9242	1999 − 11 − 23	报废注销	2016 − 10 − 25	魏＊平	null	null	null
E0＊＊88	0＊＊＊1071	1996 − 04 − 01	报废注销	2016 − 10 − 21	＊＊物资中心	null	null	null
ED＊＊28	0＊＊＊5384	1998 − 09 − 03	报废注销	2015 − 03 − 31	＊＊监狱	null	null	null
ED＊＊79	0＊＊＊5389	1997 − 09 − 12	报废注销	2016 − 06 − 03	窦＊兵	null	null	null

63. 已领取淘汰黄标车补助资金的车辆没有拆解报废

63.1 审计目标

检查已领取淘汰黄标车补助资金的车辆没有拆解报废的情况。

63.2 所需数据

【财政_领取报废黄标车补助信息】【商务_车辆拆解信息】

63.3 审计思路

《中华人民共和国大气污染防治法》第六十条："在用机动车排放大气污染物超过标准的，应当进行维修；经维修或者采用污染控制技术后，大气污染物排放仍不符合国家在用机动车排放标准的，应当强制报废。其所有人应当将机动车交售给报废机动车回收拆解企业，由报废机动车回收拆解企业按照国家有关规定进行登记、拆解、销毁等处理。"

基于上述规定，管理部门如果发现已领取淘汰黄标车补助资金的车辆没有拆解报废的行为，应当依法进行处理处罚。有的地方，疏于管理，相关单位发生了已领取淘汰黄标车补助资金的车辆没有拆解报废的情况。

通过审计，检查已领取淘汰黄标车补助资金的车辆没有拆解报废的情况，揭示有关主管部门管理不严格，制度流于形式，或谋取私人利益，执法不严格，包容放纵违规现象的发生，导致已领取淘汰黄标车补助资金的车辆没有拆解报废的情况。

63.4 审计方法

以车辆识别代号和号牌号码为主键，关联【财政_领取报废黄标车补助信息】表和【商务_车辆拆解信息】表，查询【财政_领取报废黄标车补助信息】表中的车辆识别代号和号牌号码没有出现在【商务_车辆拆解信息】表中的记录。

63.5 SQL 语句

select a. 机动车所有人名称，a. 车主身份证号代码证号，a. 车牌号码，a. 机动车识别代码车架号，a. 注销日期，a. 回收证明号，a. 奖补金额合计，b. 车主姓名 as 收回车主姓名，b. 牌照号码 as 收回牌照号码，b. 车辆唯一识别代码车架号码 as 收回车辆唯一识别代码车架号码

from 商务_黄标车淘汰补贴清单 as a

left join 商务_黄标车拆解信息 as b

on a. 机动车识别代码车架号 = b. 车辆唯一识别代码车架号码

and a. 车牌号码 = b. 牌照号码

where b. 牌照号码 is null

63.6 结果展示

机动车所有人名称	车主身份证号代码证号	车牌号码	机动车识别代码车架号	注销日期	回收证明号	奖补金额合计	收回车主姓名	收回牌照号码	收回车辆唯一识别代码车架号码
郭 * 刚	411002 * * * * * * * * 1502	E1 * * 76	* * * * * * 8876	2016/10/31	* * * * 456	5000	null	null	null
刘 * 民	411002 * * * * * * * * 4501	E1 * * 63	* * * * * 4437	2016/10/25	* * * * 465	5000	null	null	null
马 * 涛	411002 * * * * * * * * 3322	E2 * * 55	* * * * * 8321	2016/9/30	* * * * 228	5000	null	null	null
张 * 红	411002 * * * * * * * * 4567	E4 * * 06	* * * * 2319	2017/5/27	* * * * 412	5000	null	null	null
崔 * 军	411002 * * * * * * * * 6547	ED * * 90	* * * * * 4450	2016/6/3	* * * * 443	5000	null	null	null
郭 * 振	411002 * * * * * * * * 2341	EG * * 98	* * * * * 7681	2017/5/16	* * * * 321	5000	null	null	null

64. 已淘汰的黄标车在二手车市场交易

64.1 审计目标

检查已淘汰的黄标车出现交易的情况。

64.2 所需数据

【公安_黄标车注销信息】【公安_车辆转移信息】

64.3 审计思路

《中华人民共和国大气污染防治法》第六十条："在用机动车排放大气污染物超过标准的，应当进行维修；经维修或者采用污染控制技术后，大气污染物排放仍不符合国家在用机动车排放标准的，应当强制报废。其所有人应当将机动车交售给报废机动车回收拆解企业，由报废机动车回收拆解企业按照国家有关规定进行登记、拆解、销毁等处理。"

基于上述规定，管理部门如果发现已淘汰的黄标车出现交易的情况的行为，应当依法进行处理处罚。有的地方，疏于管理，相关单位发生了已淘汰的黄标车仍存在交易的情况。

通过审计，检查已淘汰的黄标车出现交易的情况，揭示有关主管部门管理不严格，制度流于形式，或谋取私人利益，执法不严格，包容放纵违规现象的发生，导致已淘汰的黄标车出现交易的情况。

64.4 审计方法

以车辆识别代号和号牌号码为主键，关联【公安_黄标车注销信息】表和【公安_车辆转移信息】表，检查车辆注销日期小于转移日期的信息，揭示对已淘汰的黄标车仍然进行交易的情况。

64.5 SQL 语句

select a. 车牌号码，a. 车辆型号，a. 使用性质，a. 车辆识别代号，a. 注销日期，a. 所有人，b. 原所有人 as 交易信息_原所有人，b. 原所有人身份证号 as 交易信息_原所有人身份证号，b. 所有人 as 交易信息_所有人，b. 所有人身份证号 as 交易信息_所有人身份证号，b. 车辆识别代号 as 交易信息_车辆识别代号，b. 变更日期 as 交易信息_变更日期

from 公安_黄标车注销信息 as a

join 公安_车辆转移信息 as b

on a. 车辆识别代号 ＝ b. 车辆识别代号

where a. 注销日期 ＜ b. 变更日期

64.6 结果展示

车牌号码	车辆型号	使用性质	车辆识别代号	注销日期	所有人	交易信息_原所有人	交易信息_原所有人身份证号	交易信息_所有人	交易信息_所有人身份证号	交易信息_车辆识别代号	交易信息_变更日期
E7＊＊2F	BORA 1.9 TDI	A	LF＊＊＊＊1JX33059065	2016-12-08	杜＊华	付＊波	410728＊＊＊＊＊＊021034	杜＊华	410522＊＊＊＊＊＊05221X	LF＊＊＊＊1JX33059065	2018/2/12
ED＊＊90	HFC5048XXYK103	L	LJ＊＊＊＊BC281047162	2016-06-08	苏＊书	刘＊军	410527＊＊＊＊＊＊012014	苏＊书	410527＊＊＊＊＊＊232036	LJ＊＊＊＊BC281047162	2018/4/4

车牌号码	车辆型号	使用性质	车辆识别代号	注销日期	所有人	交易信息_原所有人	交易信息_原所有人身份证号	交易信息_所有人	交易信息_所有人身份证号	交易信息_车辆识别代号	交易信息_变更日期
E1＊＊9G	FV7190GDF	A	LF＊＊＊＊1G573011195	2016-06-06	靳＊海	张＊印	410527＊＊＊＊＊＊168018	靳＊海	410527＊＊＊＊＊＊27001X	LF＊＊＊＊1G573011195	2017/7/3
EF＊＊63	BJ1032V3 PA5	F	LV＊＊＊＊AB09E334559	2016-12-09	王＊强	张＊生	410511＊＊＊＊＊＊152256	王＊强	410511＊＊＊＊＊＊222333	LV＊＊＊＊＊AB09E334559	2018/1/30
E8＊＊2F	BORA1.9 TDI	A	LF＊＊＊＊1JX33059065	2016-12-08	杜＊华	田＊炜	410522＊＊＊＊＊＊195815	杜＊华	410522＊＊＊＊＊＊05221X	LF＊＊＊＊1JX33059065	2017/10/26
E1＊＊99	JX1020TS3	A	LE＊＊＊＊D129HP13429	2016-06-28	秦＊建	刘＊强	410511＊＊＊＊＊＊052255	秦＊建	320624＊＊＊＊＊＊103652	LE＊＊＊＊D129HP13429	2018/9/19

65. 对已淘汰的黄标车进行年检

65.1 审计目标

检查对已淘汰的黄标车进行年检的情况。

65.2 所需数据

【公安_黄标车注销信息】【公安_车辆检测信息】

65.3 审计思路

《中华人民共和国大气污染防治法》第六十条："在用机动车排放大气污染物超过标准的，应当进行维修；经维修或者采用污染控制技术后，大气污染物排放仍不符合国家在用机动车排放标准的，应当强制报废。其所有人应当将机动车交售给报废机动车回收拆解企业，由报废机动车回收拆解企业按照国家有关规定进行登记、拆解、销毁等处理。"

基于上述规定，管理部门如果发现已淘汰的黄标车进行年检的行为，应当依法进行处理处罚。有的地方，疏于管理，相关地方存在已淘汰的黄标车进行年检的行为。

通过审计，检查已淘汰的黄标车进行年检的情况，揭示有关主管部门管理不严格、制度流于形式，或谋取私人利益，执法不严格，包容放纵违规现象的发生，导致发现已淘汰的黄标车进行年检的情况。

65.4 审计方法

以车辆识别代号和号牌号码为主键，关联【公安_黄标车注销信息】表和【公安_车辆检测信息】表，检查车辆注销日期小于检测日期的信息，揭示对已淘汰的黄标车仍然进行车辆检测的情况。

65.5 SQL 语句

select a. 车牌号码，a. 车辆型号，a. 使用性质，a. 车辆识别代号，a. 注销日期，a. 所有人，b. 所有人 as 车检信息_所有人，b. 身份证号 as 车检信息_身份证号，b. 车辆识别代号 as 车检信息_车辆识别代号，b. 检测日期 as 车检信息_检测日期

from 公安_黄标车注销信息 as a

join 公安_车辆检测信息 as b

on a. 车辆识别代号 = b. 车辆识别代号

and a. 车牌号码 = b. 车牌号码

where a. 注销日期 < b. 检测日期

65.6 结果展示

号牌号码	车辆型号	使用性质	车辆识别代号	注销日期	所有人	车检信息_所有人	车检信息_身份证号	车检信息_车辆识别代号	车检信息_检测日期
EA2301	LZ6460 Q7 GE	A	LG＊＊＊3 GA75 P001514	2016－12－27	＊＊变压器有限责任公司	＊＊变压器有限责任公司	75＊＊＊＊46－X	LG＊＊＊3 GA75 P001514	2017/3/27
EGG588	FV7190 GDF	A	LF＊＊＊31 G873126664	2016－11－24	孙＊兵	孙＊兵	410521＊＊＊＊＊166034	LFV＊＊1 G873126664	2017/9/19
ESN968	BJ3032 D3 PEA	F	LV＊＊＊PBB19 W009864	2016－03－07	刘＊华	刘＊华	410522＊＊＊＊＊130012	LVA＊＊BB19 W009864	2017/3/23

号牌号码	车辆型号	使用性质	车辆识别代号	注销日期	所有人	车检信息_所有人	车检信息_身份证号	车检信息_车辆识别代号	车检信息_检测日期
ESN968	BJ3032 D3 PEA	F	LV＊＊＊ PBB19 W009864	2016 - 03 - 07	刘＊华	刘＊华	410522 ＊ ＊＊＊＊ ＊130012	LVA＊＊＊ BB19 W009864	2018/ 4/16
E00088	SCT6700 RZB53 L	A	LC＊＊＊ 53812 S001554	2017 - 01 - 01	＊＊办公室	＊＊办公室	005＊＊＊ 81 - 0	LCU＊＊＊ 3812 S001554	2018/ 1/27
EU1586	BJ5033 V2 CE6 - 6	F	LV＊＊＊ PBB08 E509731	2016 - 04 - 15	李＊俊	李＊俊	410521 ＊ ＊＊＊＊ ＊08701 X	LVA＊＊＊ BB08 E509731	2017/ 2/22

66. 已淘汰的黄标车有违法处理结果

66.1 审计目标

检查对已淘汰的黄标车进行违法处理的情况。

66.2 所需数据

【公安_黄标车注销信息】【公安_车辆违法处理信息】

66.3 审计思路

《中华人民共和国大气污染防治法》第六十条："在用机动车排放大气污染物超过标准的，应当进行维修；经维修或者采用污染控制技术后，大气污染物排放仍不符合国家在用机动车排放标准的，应当强制报废。其所有人应当将机动车交售给报废机动车回收拆解企业，由报废机动车回收拆解企业按照国家有关规定进行登记、拆解、销毁等处理。"

基于上述规定，管理部门如果发现已淘汰的黄标车有违法处理结果的行为，应当依法进行处理处罚。有的地方疏于管理，相关地方存在已淘汰的黄标车有违法处理结果的情况。

通过审计，检查已淘汰的黄标车有违法处理结果的情况，揭示有关主管部门管理不严格，制度流于形式，或谋取私人利益，执法不严格，包容放纵违规现象的发生，导致已淘汰的黄标车有违法处理结果的情况。

66.4 审计方法

以车辆识别代号和号牌号码为主键，关联【公安_黄标车注销信息】表和【公安_车辆违法处理信息】表，检查车辆注销日期小于违法日期的信息，揭示对已淘汰的黄标车仍然在运行的情况。

66.5 SQL 语句

select a. 车牌号码，a. 车辆型号，a. 使用性质，a. 车辆识别代号，a. 注销日期，a. 所有人，b. 姓名 as 车辆违章姓名，b. 车牌号码 as 车辆违章车牌号码，b. 违章时间 as 车辆违章时间

from 公安_黄标车注销信息 as a

join 公安_车辆违章信息 as b

on a. 车牌号码 = b. 车牌号码

where a. 注销日期 < b. 违章时间

66.6 结果展示

号牌号码	车辆型号	使用性质	车辆识别代号	注销日期	所有人	车辆违章姓名	车辆违章车牌号码	车辆违章时间
EJ＊＊79	NJ＊＊＊＊XXYN	A	LNYRBKA2 X7 V＊＊＊＊＊＊	2016－11－17	张＊革	张＊革	EJ＊＊79	2017/10/25
EB＊＊73	CC＊＊＊＊KM40	A	LGWEFCA567 B＊＊＊＊＊＊	2016－05－16	王＊芳	王＊芳	EB＊＊73	2017/6/20
E8＊＊26	FV＊＊＊＊AT	A	LFVAA12 B6 Y ＊＊＊＊＊＊	2016－11－25	刘＊广	刘＊广	E8＊＊26	2018/2/11
EX＊＊82	FV＊＊＊＊GDF	A	LFV3 A31 G17 ＊＊＊＊＊＊	2016－08－24	曹＊杰	曹＊杰	EX＊＊82	2017/9/4
EA＊＊75	SY＊＊＊＊B2 C.	A	LSYKF7 UM81 K＊＊＊＊＊＊	2016－10－17	高＊伟	高＊伟	EA＊＊75	2017/3/20
EA＊＊63	BJ＊＊＊＊V3 PA5	F	LVAV2 PAB49 E＊＊＊＊＊＊	2016－02－26	田＊开	田＊开	EA＊＊63	2017/2/21

67. 已拆解的黄标车出现年检记录

67.1 审计目标

检查已拆解的黄标车出现年检记录的情况。

67.2 所需数据

【商务_黄标车拆解信息】【公安_车辆检测信息】

67.3　审计思路

《河南省人民政府办公厅关于印发河南省淘汰黄标车工作方案的通知》（豫政办〔2014〕125号）："四、保障措施。（二）明确责任分工。各省辖市、省直管县（市）政府对本地淘汰黄标车工作负总责，要摸清底数，细化措施，确保工作有序推进。省政府有关部门要协调联动，密切配合，齐抓共管，形成工作合力。环保部门负责加强源头管控，严把机动车尾气检测关，制定加强机动车环保检验和外地转入车辆管理工作有关规定；公安部门负责指导各地完善限行政策，加强机动车登记管理，加大路查路检力度，配合相关部门做好机动车报废监管、车辆安全技术检验机构监督管理工作；交通运输部门负责营运黄标车淘汰工作，研究制定营运黄标车《道路运输证》核发控制管理办法；商务部门负责会同环保、公安、工商等部门加强对报废汽车回收拆解企业经营行为的监督管理，制定淘汰车辆回收拆解工作制度和措施；财政部门负责落实财政补贴资金，加强资金监督管理，会同商务、交通运输、环保、公安等部门制定淘汰黄标车补贴奖励办法；工商部门负责会同商务部门做好二手车交易监督管理工作；质监部门负责加强机动车安全技术检验机构、尾气检测机构的计量检定与资质认证管理，加强机动车安全技术检验机构的检验资格证许可管理；工业和信息化部门研究出台改进车辆尾气减排的技术性政策和措施；法制部门负责审查有关治理淘汰黄标车方面的地方性法规和规章（草案）以及规范性文件；宣传部门负责加强宣传，营造浓厚的舆论氛围；纪检、监察部门负责加强检查，严格责任追究；省事管局负责省直机关、企事业单位黄标车淘汰工作。"

基于上述规定，黄标车的注销和拆解虽然是两项工作，但需要配合进行，先进行注销，然后进行拆解，不再上路行驶，这就需要公安部门和商务部门加强协调沟通，确保黄标车治理到位，通过审计检查已注销的黄标车是否做到及时拆解，两部门配合是否到位，有无虚假注销或者虚假拆解现象，虽然上报已经治理，但通过虚假信息仍到交管部门办理年检后上路行驶。审计检查要保证黄标车治理到位，不再上路行驶。

通过审计，将公安部门掌握的车辆检测信息与商务部门掌握的黄标车拆解信息进行比对分析，查找商务部门台账中已经拆解的黄标车是否存在年检信息，如果有年检信息，说明已注销的黄标车并没有及时进行拆解，有可能虚假注销，并且编造虚假信息进行了年检，仍存在上路的可能性，需要公安部门加大查处力度，对未拆解的黄标车及时查处，减少其上路行驶出现事故。同时要求公安部门与商务部门要做好沟通协调，及时建立黄标车注销和拆解台账，确保黄标车治理到位，消除隐患。

67.4 审计方法

以车架号码为主键，关联【商务_黄标车拆解信息】表和【公安_车辆检测信息】表，查询【商务_黄标车拆解信息】表中已拆解的黄标车信息中的车辆唯一识别代码车架号码出现在【公安_车辆检测信息】表中，且拆解日期早于检测日期。

67.5 SQL 语句

select a. 车主姓名，a. 牌照号码，a. 车辆唯一识别代码车架号码，a. 报废车行驶证注册登记日期，a. 回收证明单编号，a. 回收日期，b. 所有人 as 年检信息_所有人，b. 车牌号码 as 年检信息_车牌号码，b. 车辆识别代号 as 年检信息_车辆识别代号，b. 检测日期 as 年检信息_检测日期

from 商务_黄标车拆解信息 as a

join 公安_车辆检测信息 as b

on a. 车辆唯一识别代码车架号码 = b. 车辆识别代号

where a. 回收日期 < b. 检测日期

67.6 结果展示

车主姓名	牌照号码	车辆唯一识别代码车架号码	报废车行驶证注册登记日期	回收证明单编号	回收日期	年检信息_所有人	年检信息_车牌号码	年检信息_车辆识别代号	年检信息_检测日期
＊＊市政工程处	E＊＊120	L＊＊＊9 E1 M07 H070573	2007－06－19	HS－＊＊0000－979－20170417－7	2017－04－17	＊＊市政工程处	E＊＊120	LGAW9 E1 M07 H070573	2018/6/19 16：36：30
＊＊购销有限公司	E＊＊991	L＊＊＊DC1 R26 A501178	2007－06－19	HS－＊＊0000－979－20171129－11	2017－11－29	＊＊购销有限公司	E＊＊991	LS4 BDC1 R26 A501178	2009/11/24 9：24：24
张＊宽	E＊＊62 Y	L＊＊＊2 JB-BX8 E508535	2009－02－20	HS－＊＊0000－979－20160908－154	2016－09－08	张＊宽	E＊＊62 Y	LVAV2 JBBX8 E508535	2010/1/29 17：15：19
王＊亮	E＊＊168	＊＊＊99060488	2000－03－21	HS－＊＊0000－979－20160913－17	2016－09－13	王＊亮	E＊＊168	99060488	2007/7/5 11：03：14

车主姓名	牌照号码	车辆唯一识别代码车架号码	报废车行驶证注册登记日期	回收证明单编号	回收日期	年检信息_所有人	年检信息_车牌号码	年检信息_车辆识别代号	年检信息_检测日期
＊＊工程一处	E＊＊987	L＊＊＊152202AM12866	2002－08－08	HS－＊＊0000－979－20160930－197	2016－09－30	＊＊工程_处	E＊＊987	LKDA152202AM12866	2007/8/23 16：34：40
郭＊威	E＊＊088	L＊＊＊H033022064290	2002－06－01	HS－＊＊0000－979－20170720－1	2017－07－20	郭＊威	E＊＊088	LSVEH33022064290	2012/12/28 10：06：46

68. 已拆解的黄标车出现违法记录

68.1　审计目标

检查已拆解的黄标车出现违法记录的情况。

68.2　所需数据

【商务_黄标车拆解信息】【公安_车辆违章信息】

68.3　审计思路

《河南省人民政府办公厅关于印发河南省淘汰黄标车工作方案的通知》（豫政办〔2014〕125号）："四、保障措施。（二）明确责任分工。各省辖市、省直管县（市）政府对本地淘汰黄标车工作负总责，要摸清底数，细化措施，确保工作有序推进。省政府有关部门要协调联动，密切配合，齐抓共管，形成工作合力。环保部门负责加强源头管控，严把机动车尾气检测关，制定加强机动车环保检验和外地转入车辆管理工作有关规定；公安部门负责指导各地完善限行政策，加强机动车登记管理，加大路查路检力度，配合相关部门做好机动车报废监管、车辆安全技术检验机构监督管理工作；交通运输部门负责营运黄标车淘汰工作，研究制定营运黄标车《道路运输证》核发控制管理办法；商务部门负责会同环保、公安、工商等部门加强对报废汽车回收拆解企业经营行为的监督管理，制定淘汰车辆回收拆解工作制度和措施；财政部门负责落实财政补贴资金，加强资金监督管理，会同商务、交通运输、环保、公安等部门制定淘汰黄标车补贴奖励办法；工商部门负责会同商务部门做好二手车交易监督管理工作；质监部门负责加强机动车安全技术检验机构、尾气检测机构的计量检定与资质认证管理，加强机动车安全技术检验机构的检验资格证许可管理；工业和信息化部门研究出台改进车辆尾气减排的技术性政策和措施；法制部门负责审查有关治理淘汰黄标车方面的地方性法规和规章（草案）以及规范性文件；宣传部门负责加强宣传，营造浓厚的舆论氛围；纪检、监察部门负责加强检查，严格责任追究；省事管局负责省直机关、企事业单位黄标车淘汰工作。"

基于上述规定，黄标车的注销和拆解虽然是两项工作，但需要配合进行，先进行注销，然后进行拆解，不再上路行驶，这就需要公安部门和商务部门加强协调沟通，确保黄标车治理到位，通过审计检查已注销的黄标车是否做到及时拆解，两部门配合是否到位，有无虚假注销或者虚假拆解现象，虽然上报已经治理，但通过虚假信息仍到交管部门办理年检后上路行驶。审计检查要保证黄标车治理到位，不再上路行驶。

通过审计，将已拆解的黄标车信息与公安部门抓拍的车辆违章信息进行比对，看已拆解的黄标车是否有违章记录，如果存在违章记录，说明该黄标车并没有按照要求及时进行拆解，商务部门在黄标车拆解过程中可能存在执法不严或者弄虚作假现象，要求移送相关部门进行处理。同时，公安部门要加大查处力度，对没有进行拆解的上路行驶的黄标车要及时进行查处，并按照规定进行拆解，消除安全隐患。

68.4　审计方法

以牌照号码为主键，关联【商务_黄标车拆解信息】表和【公安_车辆违章信息】表，查询【商务_黄标车拆解信息】表中已拆解的黄标车信息中的牌照号码出现在【公安_车辆违章信息】表中，且拆解日期早于违章日期。

68.5　SQL 语句

select a. 车主姓名，a. 牌照号码，a. 车辆唯一识别代码车架号码，a. 报废车行驶证注册登记日期，a. 回收证明单编号，a. 回收日期，b. 姓名 as 违章信息_所有人，b. 车牌号码 as 违章信息_车牌号码，b. 违章时间 as 违章信息_违章时间

from 商务_黄标车拆解信息 as a

join 公安_车辆违章信息 as b

on a. 牌照号码 ＝ b. 车牌号码

where a. 回收日期 ＜ b. 违章时间

68.6 结果展示

车主姓名	牌照号码	车辆唯一识别代码车架号码	报废车行驶证注册登记日期	回收证明单编号	回收日期	违章信息_所有人	违章信息_车牌号码	违章信息_违章时间
＊＊运输有限公司	E＊＊666	L＊＊＊BTD6091017075	2009－09－25	HS－＊＊0000－979－20170921－2	2017－09－21	＊＊运输有限公司	E＊＊666	2018－05－30
王＊芝	E＊＊066	L＊＊＊R3 EG278002759	2007－07－11	HS－＊＊0000－979－20160813－18	2016－08－13	王＊芝	E＊＊066	2018－03－11
张＊生	E＊＊62 Y	L＊＊2JBBX8E508678	2009－02－20	HS－＊＊0000－979－20160908－121	2016－09－08	张＊生	E＊＊62 Y	2018－05－30
王＊九	E＊＊168	＊＊＊99060909	2000－03－21	HS－＊＊0000－979－20160913－231	2016－09－13	王＊九	E＊＊168	2018－03－11
越＊于	E＊＊987	L＊＊＊152202AM12213	2002－08－08	HS－＊＊0000－979－20160930－111	2016－09－30	越＊于	E＊＊987	2018－05－30
郭＊威	E＊＊088	L＊＊＊H033022064290	2002－06－01	HS－＊＊0000－979－20170720－1	2017－07－20	郭＊威	E＊＊088	2018－03－11

69. 已拆解的黄标车在二手车市场交易

69.1 审计目标

检查已拆解的黄标车在二手车市场交易的情况。

69.2 所需数据

【商务_黄标车拆解信息】【公安_车辆转移信息】

69.3 审计思路

《河南省人民政府办公厅关于印发河南省淘汰黄标车工作方案的通知》（豫政办〔2014〕125号）："四、保障措施。（二）明确责任分工。各省辖市、省直管县（市）政府对本地淘汰黄标车工作负总责，要摸清底数、细化措施，确保工作有序推进。省政府有关部门要协调联动，密切配合，齐抓共管，形成工作合力。环保部门负责加强源头管控，严把机动车尾气检测关，制定加强机动车环保检验和外地转入车辆管理工作有关规定；公安部门负责指导各地完善限行政策，加强机动车登记管理，加大路查路检力度，配合相关部门做好机动车报废监管、车辆安全技术检验机构监督管理工作；交通运输部门负责营运黄标车淘汰工作，研究制定营运黄标车《道路运输证》核发控制管理办法；商务部门负责会同环保、公安、工商等部门加强对报废汽车回收拆解企业经营行为的监督管理，制定淘汰车辆回收拆解工作制度和措施；财政部门负责落实财政补贴资金，加强资金监督管理，会同商务、交通运输、环保、公安等部门制定淘汰黄标车补贴奖励办法；工商部门负责会同商务部门做好二手车交易监督管理工作；质监部门负责加强机动车安全技术检验机构、尾气检测机构的计量检定与资质认证管理，加强机动车安全技术检验机构的检验资格证许可管理；工业和信息化部门研究出台改进车辆尾气减排的技术性政策和措施；法制部门负责审查有关治理淘汰黄标车方面的地方性法规和规章（草案）以及规范性文件；宣传部门负责加强宣传，营造浓厚的舆论氛围；纪检、监察部门负责加强检查，严格责任追究；省事管局负责省直机关、企事业单位黄标车淘汰工作。"

基于上述规定，黄标车的注销和拆解虽然是两项工作，但需要配合进行，先进行注销，然后进行拆解，不再上路行驶，这就需要公安部门和商务部门加强协调沟通，确保黄标车治理到位，通过审计检查已注销的黄标车是否做到及时拆解，两部门配合是否到位，有无虚假注销或者虚假拆解现象，虽然上报已经治理，但通过虚假信息仍到交管部门办理年检后上路行驶。审计检查要保证黄标车治理到位，不再上路行驶。

通过审计，将黄标车拆解信息与二手车市场交易信息进行比对，查找已经拆解的黄标车仍出现在二手车交易市场上的信息，分析交易过程，是否存在虚假拆解，编造虚假信息参加年检，或者违规进行交易现象，及时将黄标车信息移送有关部门进行处理。同时，公安交管部门要加大查处力度，对违规交易的黄标车及时进行查处，消除安全隐患。

69.4 审计方法

以车辆识别代码为主键，关联【商务_黄标车拆解信息】表和【公安_车辆转移信息】表，查询【商务_黄标车拆解信息】表中已拆解的黄标车出现在【公安_车辆转移信息】表中，且拆解日期早于交易变更日期。

69.5 SQL 语句

select a. 车主姓名，a. 牌照号码，a. 车辆唯一识别代码车架号码，a. 报废车行驶证注册登记日期，a. 回收证明单编号，a. 回收日期，b. 所有人 as 交易信息_

新车主，b. 车牌号码 as 交易信息_ 车牌号码，b. 车辆识别代号 as 交易信息_ 车辆识别代号，b. 变更日期 as 交易信息_ 变更日期

　　from 商务_ 黄标车拆解信息 as a

　　join 公安_ 车辆转移信息 as b

　　on a. 车辆唯一识别代码车架号码 ＝ b. 车辆识别代号

　　where a. 回收日期 ＜ b. 变更日期

69.6　结果展示

车主姓名	牌照号码	车辆唯一识别代码车架号码	报废车行驶证注册登记日期	回收证明单编号	回收日期	交易信息_ 新车主	交易信息_ 车牌号码	交易信息_ 车辆识别代号	交易信息_ 变更日期
蔡＊红	E＊＊000	L＊＊3HB798HA31826	2009－02－23	HS－＊＊＊000－979－20170321－1	2017－03－21	刘＊平	E＊＊000	L＊＊3HB798HA31826	2016/3/22
邓＊军	E＊＊875	W＊＊＊ZZ33ZWW204436	2000－08－03	HS－＊＊＊000－979－20170823－31	2017－08－23	王＊正	E＊＊875	W＊＊＊ZZ33ZWW204436	2007/11/13
房＊庆	E＊＊636	L＊＊＊BCJ1842012556	2005－01－17	HS－＊＊＊000－979－20170719－3	2017－07－19	赵＊天	E＊＊636	L＊＊＊BCJ1842012556	2013/11/6
王＊玲	E＊＊075	L＊＊＊CD8114L306561	2004－03－17	HS－＊＊＊000－979－20160805－29	2016－08－05	张＊伟	E＊＊075	L＊＊＊CD8114L306561	1994/10/19

70. 发放黄标车淘汰补贴资金与财政下拨资金一致性审查

70.1　审计目标

检查发放黄标车淘汰补贴资金与财政下拨资金是否一致。

70.2　所需数据

【财政_ 黄标车报废补助资金表】【区县_ 黄标车淘汰补贴清单】

70.3　审计思路

　　依据《×××市 2017 年鼓励黄标车提前淘汰补贴实施办法》（×财企〔2017〕13 号）第五条"黄标车提前淘汰补助实行属地管理，由各县（市、区）政府和管

委会负责"的规定，市级财政部门将补助资金下拨至县（市、区）政府和管理会，由县级政府负责发放。审计时，可将市级财政部门下拨的【财政_黄标车报废补助资金表】与【区县_黄标车淘汰补贴清单】进行关联分析，检查黄标车拨出资金与发放金额的一致性。

72.4 审计方法

以县区和车辆登记地区为主键，关联【财政_黄标车报废补助资金表】表和【区县_黄标车淘汰补贴清单】，计算财政拨出金额合计数与发放奖补金额合计数的差额。

70.5 SQL 语句

select a. 区县，a. 资金年度，a. 资金额度 as 财政拨付资金额度，b. 资金发放金额，a. 资金额度 – b. 资金发放金额 as 资金收支差额

from（select 区县，资金年度，SUM（资金额度）as 资金额度

from 财政_黄标车补助专项资金 group by 区县，资金年度）as a

join（select 区县，year（补助资金发放日期）as 资金发放年度，SUM（奖补金额合计）as 资金发放金额

from 商务_黄标车淘汰补贴清单

group by 区县，year（补助资金发放日期））as b

on a. 资金年度 = b. 资金发放年度

and a. 区县 = b. 区县

70.6 结果展示

区县	资金年度	财政拨付资金额度	资金发放金额	资金收支差额
A 县	2017	5000000	4185252	814748
B 县	2017	4000000	3900000	100000
C 县	2017	3000000	3000000	0
D 县	2017	5000000	4890000	110000
E 县	2017	4000000	3900000	100000
F 县	2017	3000000	2900000	100000

71. 重复领取黄标车补助资金

71.1 审计目标

检查重复领取黄标车补助资金的情况。

71.2　所需数据

【商务局_黄标车淘汰补贴清单】

71.3　审计思路

《河南省人民政府办公厅关于印发河南省淘汰黄标车工作方案的通知》（豫政办〔2014〕125 号）："四、保障措施。（二）明确责任分工。各省辖市、省直管县（市）政府对本地淘汰黄标车工作负总责，要摸清底数，细化措施，确保工作有序推进。省政府有关部门要协调联动，密切配合，齐抓共管，形成工作合力。环保部门负责加强源头管控，严把机动车尾气检测关，制定加强机动车环保检验和外地转入车辆管理工作有关规定；公安部门负责指导各地完善限行政策，加强机动车登记管理，加大路查路检力度，配合相关部门做好机动车报废监管、车辆安全技术检验机构监督管理工作；交通运输部门负责营运黄标车淘汰工作，研究制定营运黄标车《道路运输证》核发控制管理办法；商务部门负责会同环保、公安、工商等部门加强对报废汽车回收拆解企业经营行为的监督管理，制定淘汰车辆回收拆解工作制度和措施；财政部门负责落实财政补贴资金，加强资金监督管理，会同商务、交通运输、环保、公安等部门制定淘汰黄标车补贴奖励办法；工商部门负责会同商务部门做好二手车交易监督管理工作；质监部门负责加强机动车安全技术检验机构、尾气检测机构的计量检定与资质认证管理，加强机动车安全技术检验机构的检验资格证许可管理；工业和信息化部门研究出台改进车辆尾气减排的技术性政策和措施；法制部门负责审查有关治理淘汰黄标车方面的地方性法规和规章（草案）以及规范性文件；宣传部门负责加强宣传，营造浓厚的舆论氛围；纪检、监察部门负责加强检查，严格责任追究；省事管局负责省直机关、企事业单位黄标车淘汰工作。"

基于上述规定，国家为鼓励黄标车及时淘汰，减少污染排放对大气环境的影响，采取补贴措施提早对黄标车进行报废处理，营运黄标车的单位或个人如果及时淘汰黄标车上路行驶，将会按照规定由财政部门对已淘汰的黄标车给予补贴，不过每辆车只能补贴一次，审计检查有无弄虚作假套取黄标车淘汰补贴现象。

通过审计，对黄标车淘汰补贴信息进行分析，查找同一辆车存在两次以上领取补贴信息，如果存在同一所有人、同一车架号、同一车牌号领取了两次以上的补贴，就有套取补贴的嫌疑，要将信息及时移送有关主管部门进行查处，及时收回补贴资金，并追究相关责任人员的责任。

71.4　审计方法

以车架号为主键，查询【商务局_黄标车淘汰补贴清单】表中同一车架号却有

2 条以上领取补贴的记录。揭示重复领取补贴问题。

71.5　SQL 语句

select 机动车所有人名称，机动车识别代码车架号，COUNT（机动车识别代码车架号）as 补贴次数，sum（奖补金额合计）as 奖补金额合计

from 商务局_黄标车淘汰补贴清单

group by 机动车所有人名称，机动车识别代码车架号

having COUNT（机动车识别代码车架号）> 1

71.6　结果展示

机动车所有人名称	机动车识别代码车架号	补贴次数	奖补金额合计
＊＊交大驾驶学校	20040829	2	31200
＊＊有限责任公司	20050201	2	16800
＊＊钢铁有限责任公司	2006/10/9	2	37440
韩＊民	20060109	2	52800
刘＊林	20070425	2	36000
＊＊物流有限公司	20070723	2	36000

72.　重复领取电代煤补助资金的人员

72.1　审计目标

检查重复领取电代煤补助资金的人员及金额。

72.2　所需数据

【发改_双替代电代煤】

72.3　审计思路

《河南省加快推进"双替代"供暖实施方案》："四、保障措施（一）加大财政支持力度。……要加强对财政资金使用监管"和《河南省电能替代工作实施方案》（2016—2020 年）："（四）加大财政补贴力度。各地方政府应有效利用大气污染防治专项资金等渠道，通过奖励、补贴等方式，对符合条件的电能替代项目给予支持。重点对实施燃煤锅炉、燃煤窑炉电能替代的企业，政府确定的农村'煤改电'试点用户，以及安装节能电采暖设施的城镇居民用户，开展设备一次性补助和运行补贴，具体奖励和补贴办法由各地结合实际制定。"

基于上述规定，双替代补贴是一次性补贴，检查看是否有重复领取补贴现象，

如果同一户居民领取了多次补贴，说明政策执行不到位，需要查明原因。

通过审计，将发改部门发放的电代煤补贴信息进行分析，查找同一户领取两次以上补贴记录，对分析的疑点信息进行核实，看是否属于重复领取补贴现象，如果属实要及时追回财政资金，并对相关经办人员和其他责任人员进行处理。

72.4 审计方法

以身份证号为主键，分析【发改_双替代电代煤】表中替代补助信息，筛选出身份证号重复出现 2 次以上记录和重复领取补贴金额。

72.5 SQL 语句

select 区县，乡镇街道办，社区村名称，户名，身份证号，设备名称，设备类型，sum（购置数量）as 购置数量，count（补助金额）as 补助次数，sum（补助金额）as 补助金额

from 发改_双替代电代煤

group by 区县，乡镇街道办，社区村名称，户名，身份证号，设备名称，设备类型

having count（补助金额）> 1

72.6 结果展示

区县	乡镇街道办	社区村名称	户名	身份证号	设备名称	设备类型	购置数量	补助次数	补助金额
＊＊县	＊＊乡	＊＊村	李＊全	410522＊＊＊＊＊＊144754	美的 MFR－35 GW	三元 SYK（BL）－1900 B	1	2	2000
＊＊县	＊＊乡	＊＊村	李＊生	410522＊＊＊＊＊＊104718	1 台格力、2 台美的	三元 SYK（BL）－1900 B	1	3	3000
＊＊县	＊＊乡	＊＊村	李＊波	410522＊＊＊＊＊＊134711	美的 MFR－35 GW	三元 SYK（BL）－1900 B	1	2	2000
＊＊县	＊＊乡	＊＊村	李＊志	410522＊＊＊＊＊＊31473 X	美的 MFR－35 GW	三元 SYK（BL）－1900 B	1	2	2000
＊＊县	＊＊乡	＊＊村	李＊智	410522＊＊＊＊＊＊374712	格力 MFR－35 GW	三元 SYK（BL）－1900 B	1	2	2000
＊＊县	＊＊乡	＊＊村	李＊平	410522＊＊＊＊＊＊034718	null	三元 SYK（BL）－1900 B	1	2	2000

73. 重复领取气代煤补助资金的人员

73.1 审计目标

检查重复领取气代煤补助资金的人员及金额。

73.2 所需数据

【发改_双替代气代煤】

73.3 审计思路

《河南省加快推进"双替代"供暖实施方案》："三、重点任务……（二）尽快完成'确村确户'工作。……原则上一个村庄选择一种替代方式"和"四、保障措施（一）加大财政支持力度。……要加强对财政资金使用监管"。

基于上述规定，双替代补贴是一次性补贴，检查看是否有重复领取补贴现象，如果同一户居民领取了多次补贴，说明政策执行不到位，需要查明原因。

通过审计，将发改部门发放的气代煤补贴信息进行分析，查找同一户领取两次以上补贴记录，对分析的疑点信息进行核实，看是否属于重复领取补贴现象，如果属实要及时追回财政资金，并对相关经办人员和其他责任人员进行处理。

73.4 审计方法

以身份证号为主键，分析【发改_双替代气代煤】表中替代补助信息，筛选出身份证号重复出现2次以上记录和重复领取补贴金额。

73.5 SQL 语句

select 区县，乡镇街道办，社区村名称，户名，身份证号，设备名称，设备类型，sum（购置数量）as 购置数量，count（补助金额）as 补助次数，sum（补助金额）as 补助金额

from 发改_双替代气代煤

group by 区县，乡镇街道办，社区村名称，户名，身份证号，设备名称，设备类型

having count（补助金额） > 1

73.6 结果展示

区县	乡镇街道办	社区村名称	户名	身份证号	设备名称	设备类型	购置数量	补助次数	补助金额
＊＊县	＊＊办事处	＊＊社区	杨＊军	410522＊＊＊＊＊＊225837	万和 L1 PB40－Y36 B 壁挂炉	null	1	2	2000
＊＊县	＊＊办事处	＊＊社区	马＊杰	410522＊＊＊＊＊＊165813	万和 L1 PB40－Y37 B 壁挂炉	null	1	2	2000
＊＊县	＊＊办事处	＊＊社区	许＊林	410522＊＊＊＊＊＊225819	万和 L1 PB40－Y38 B 壁挂炉	null	1	2	2000
＊＊县	＊＊办事处	＊＊社区	许＊顺	410522＊＊＊＊＊＊055815	万和 L1 PB40－Y39 B 壁挂炉	null	1	2	2000
＊＊县	＊＊办事处	＊＊社区	高＊玲	211003＊＊＊＊＊＊165347	万和 L1 PB40－Y40 B 壁挂炉	null	1	3	3000
＊＊县	＊＊办事处	＊＊社区	胡＊林	410522＊＊＊＊＊＊205815	万和 L1 PB40－Y41 B 壁挂炉	null	1	2	2000

74. 同时享受电替代和气替代的用户

74.1 审计目标

检查同时享受电替代和气替代的用户的真实性。

74.2 所需数据

【发改_双替代电代煤】【发改_双替代气代煤】

74.3 审计思路

《河南省加快推进"双替代"供暖实施方案》："三、重点任务……（二）尽快完成'确村确户'工作。……原则上一个村庄选择一种替代方式"和"四、保障措施（一）加大财政支持力度。……要加强对财政资金使用监管。"

基于上述规定，双替代补贴可以选择一种补贴方式，如果同一户居民既领取了电代煤补贴，又领取了气代煤补贴，需进一步核实，是否违规。

通过审计，对发改部门电代煤补贴和气代煤补贴信息进行比对分析，查找既领取了电代煤补贴又领取了气代煤补贴的居民信息，作进一步核实检查，看是否属于重复领取补贴现象。查找原因，看是有关人员由于工作不认真、不细致导致政策有漏洞，给有些人可乘之机；还是有关人员与领取补贴人员相互串通，故意编造信息套取补贴。对此类问题要及时移交有关主管部门查明原因，作出整改，并根据实际情况追究相关人员责任。

74.4 审计方法

以身份证号为主键，关联【发改_双替代电代煤】表和【发改_双替代气代煤】表，查询已经在【发改_双替代电代煤】表中享受过补贴人员又出现在【发改_双替代气代煤】表中。

74.5 SQL 语句

select a. 区县，a. 乡镇街道办，a. 社区村名称，a. 户名，a. 身份证号，a. 电代煤补助金额，b. 气代煤补助金额，a. 电代煤补助金额 ＋ b. 气代煤补助金额 as 补助金额合计

from（select 区县，乡镇街道办，社区村名称，户名，身份证号，sum（补助金额）as 电代煤补助金额

from 发改_双替代电代煤

group by 区县，乡镇街道办，社区村名称，户名，身份证号）as a

join（select 区县，乡镇街道办，社区村名称，户名，身份证号，sum（补助金额）as 气代煤补助金额

from 发改_双替代气代煤

group by 区县，乡镇街道办，社区村名称，户名，身份证号）as b

on a. 身份证号 ＝ b. 身份证号

74.6 结果展示

区县	乡镇街道办	社区村名称	户名	身份证号	电代煤补助金额	气代煤补助金额	补助金额合计
＊＊县	＊＊办事处	＊＊店	张＊彬	410522＊＊＊＊＊＊255830	2000	1000	3000
＊＊县	＊＊办事处	＊＊店	张＊霞	410522＊＊＊＊＊＊265866	2000	1000	3000
＊＊县	＊＊办事处	＊＊店	张＊成	410522＊＊＊＊＊＊155812	2000	1000	3000
＊＊县	＊＊办事处	＊＊店	张＊平	410522＊＊＊＊＊＊305810	2000	1000	3000
＊＊县	＊＊办事处	＊＊店	陈＊茂	410522＊＊＊＊＊＊294413	2000	1000	3000
＊＊县	＊＊办事处	＊＊店	郭＊平	410522＊＊＊＊＊＊104411	2000	1000	3000

75. 超标准领取电代煤补助资金的人员

75.1 审计目标

检查超标准领取电代煤补助资金的人员。

75.2 所需数据

【发改_双替代电代煤】【发改_电代煤设备补助标准】

75.3 审计思路

地方政府在响应国家"双替代"政策时，都会根据地方实际情况制定"双替代"补助实施方案，就有关"双替代"补助政策范围、补助条件、补助标准、时间节点等有关事项进行说明，方便在实际操作过程中更好地贯彻国家政策，审计人员可以根据地方政策规定，找准政策执行中的标准性规定，看地方政府在实际执行过程中的执行效果。一般文件都规定有补助方法和补助标准，依据文件规定补助标准，每户在领取补助时，都会有一个补助上限规定。

基于政策规定，每户享受的补助标准是有上限规定的，检查看有无超标准享受补助资金问题。

通过审计，首先要明确地方政府在执行政策时规定的上限标准金额，再结合"双替代"实际执行的结果进行分析，看每户居民领取的补贴标准是否符合政策规定，查找多领取补贴资金信息，进一步作核实，看是工作人员疏忽造成的还是有关人员相互串通套取补贴资金，根据不同情况要及时移送相关主管部门进行处理，并追回相关财政资金。

75.4 审计方法

以身份证号为主键，关联【发改_双替代电代煤】表和【发改_电代煤设备补助标准】表，检查每户在领取补助时是否有超标准现象。

75.5 SQL 语句

select a. 区县，a. 乡镇街道办，a. 社区村名称，a. 户名，a. 身份证号，a. 设备名称，a. 设备类型，a. 类型，a. 补助金额，a. 购置数量，b. 补助标准

from 发改_双替代电代煤 as a

join 发改_电代煤设备补助标准 as b

on a. 设备名称 ＝ b. 设备名称

and a. 设备类型 ＝ b. 设备类型

where a. 补助金额/购置数量 ＜＞ b. 补助标准

75.6 结果展示

区县	乡镇街道办	社区村名称	户名	身份证号	设备名称	设备类型	类型	补助金额	购置数量	补助标准
＊＊区	＊＊镇	＊＊村	宋＊勇	410522＊＊＊＊＊＊260038	美的 KFR－32 G	美的 KFR－32 G	电代户	3000	2	1000
＊＊区	＊＊镇	＊＊村	宋＊福	410522＊＊＊＊＊＊040018	美的 KFR－32 G	美的 KFR－32 G	电代户	2000	1	1000
＊＊区	＊＊镇	＊＊村	苏＊英	410522＊＊＊＊＊＊130065	格力 KFR－51 G	格力 KFR－51 G	电代户	3000	1	1000
＊＊区	＊＊镇	＊＊村	苏＊芳	410522＊＊＊＊＊＊270027	美的 KFR－32 G	美的 KFR－32 G	电代户	3000	1	1000
＊＊区	＊＊镇	＊＊村	孙＊平	410522＊＊＊＊＊＊010072	美的 KFR－32 G	美的 KFR－32 G	电代户	2000	1	1000
＊＊区	＊＊镇	＊＊村	王＊国	410522＊＊＊＊＊＊200052	海尔 KFR－35 G	海尔 KFR－35 G	电代户	1000	1	1000

76. 超标准领取气代煤补助资金的人员

76.1 审计目标

检查超标准领取气代煤补助资金的人员。

76.2 所需数据

【发改_双替代气代煤】【发改_气代煤设备补助标准】

76.3 审计思路

地方政府在响应国家"双替代"政策时，都会根据地方实际情况制定"双替代"补助实施方案，就有关"双替代"补助政策范围、补助条件、补助标准、时间节点等有关事项进行说明，方便在实际操作过程中更好地贯彻国家政策，审计人员可以根据地方政策规定，找准政策执行中的标准性规定，看地方政府在实际执行过程中的执行效果。一般文件都规定有补助方法和补助标准，依据文件规定补助标准，每户在领取补助时，都会有一个补助上限规定。

基于政策规定，每户享受的补助标准是有上限规定的，检查看有无超标准享受补助资金问题。

通过审计，首先要明确地方政府在执行政策时规定的上限标准金额，再结合"双替代"实际执行的结果进行分析，看每户居民领取的补贴标准是否符合政策规定，查找多领取补贴资金信息，进一步作核实，看是工作人员疏忽造成的还是有关人员相互串通套取补贴资金，根据不同情况要及时移送相关主管部门进行处理，并追回相关财政资金。

76.4 审计方法

以身份证号为主键，关联【发改_双替代气代煤】表和【发改_气代煤设备补助标准】表，检查每户在领取补助时是否有超标准现象。

76.5 SQL 语句

select a. 区县，a. 乡镇街道办，a. 社区村名称，a. 户名，a. 身份证号，a. 设备名称，a. 设备类型，a. 类型，a. 补助金额，a. 购置数量，b. 补助标准

from 发改_双替代气代煤 as a

join 发改_气代煤设备补助标准 as b

on a. 设备名称 = b. 设备名称

and a. 设备类型 = b. 设备类型

where a. 补助金额/购置数量 < > b. 补助标准

76.6 结果展示

区县	乡镇街道办	社区村名称	户名	身份证号	设备名称	设备类型	类型	补助金额	购置数量	补助标准
＊＊区	＊＊庄	＊＊村	常＊德	410522＊＊＊＊＊＊154410	林内	RBS－26 UCA	气代户	4000	2	1000
＊＊区	＊＊庄	＊＊村	常＊怀	410522＊＊＊＊＊＊104459	林内	RBS－35 UCA	气代户	3000	1	1000
＊＊区	＊＊庄	＊＊村	常＊鹏	410522＊＊＊＊＊＊084410	老万格罗尼	LIPB30－B800	气代户	2000	1	1000
＊＊区	＊＊庄	＊＊村	常＊龙	410522＊＊＊＊＊＊274417	万和	LLIPBD30－T30 B	气代户	3000	1	1000
＊＊区	＊＊庄	＊＊村	常＊洋	410522＊＊＊＊＊＊314417	万和	LLIPBD30－T30 B	气代户	3000	1	1000
＊＊区	＊＊庄	＊＊村	王＊清	410522＊＊＊＊＊＊0064450	老万格罗尼	LIPB36－B800	气代户	2000	1	1000

77. 重污染企业未按规定纳入强制性清洁生产范围

77.1 审计目标

检查重污染企业未按规定纳入强制性清洁生产范围的情况。

77.2 所需数据

【环保_重点污染企业名单】【环保_强制清洁生产企业名单】

77.3 审计思路

《中华人民共和国清洁生产促进法》第十九条："企业在进行技术改造过程中，应当采取以下清洁生产措施：（一）采用无毒、无害或者低毒、低害的原料，替代毒性大、危害严重的原料；（二）采用资源利用率高、污染物产生量少的工艺和设备，替代资源利用率低、污染物产生量多的工艺和设备；（三）对生产过程中产生的废物、废水和余热等进行综合利用或者循环使用；（四）采用能够达到国家或者地方规定的污染物排放标准和污染物排放总量控制指标的污染防治技术。"和第二十七条："企业应当对生产和服务过程中的资源消耗以及废物的产生情况进行监测，并根据需要对生产和服务实施清洁生产审核。有下列情形之一的企业，应当实施强制性清洁生产审核：（一）污染物排放超过国家或者地方规定的排放标准，或者虽未超过国家或者地方规定的排放标准，但超过重点污染物排放总量控制指标的；（二）超过单位产品能源消耗限额标准构成高耗能的；（三）使用有毒、有害原料进行生产或者在生产中排放有毒、有害物质的。污染物排放超过国家或者地方规定的排放标准的企业，应当按照环境保护相关法律的规定治理。实施强制性清洁生产审核的企业，应当将审核结果向所在地县级以上地方人民政府负责清洁生产综合协调的部门、环境保护部门报告，并在本地区主要媒体上公布，接受公众监督，但涉及商业秘密的除外。县级以上地方人民政府有关部门应当对企业实施强制性清洁生产审核的情况进行监督，必要时可以组织对企业实施清洁生产的效果进行评估验收，所需费用纳入同级政府预算。承担评估验收工作的部门或者单位不得向被评估验收企业收取费用。实施清洁生产审核的具体办法，由国务院清洁生产综合协调部门、环境保护部门会同国务院有关部门制定。"以及《清洁生产审核办法》（国家发展和改革委员会、环境保护部令第 38 号）第八条："有下列情形之一的企业，应当实施强制性清洁生产审核：（一）污染物排放超过国家或者地方规定的排放标准，或者虽未超过国家或者地方规定的排放标准，但超过重点污染物排放总量控制指标的；（二）超过单位产品能源消耗限额标准构成高耗能的；（三）使用有毒有害原料进行生产或者在生产中排放有毒有害物质的。"

基于上述规定，重污染企业应积极响应国家号召，采取措施进行清洁生产，特别是产生的污染物对大气造成危害较大的更应该纳入强制性清洁生产范围，以减少对大气、水和土壤的污染，保护好生态环境。

通过审计，分析环保部门建立的重污染企业清单中的企业是否响应了国家政策，及时纳入了强制清洁生产范围，开展强制性清洁生产，如果没有及时纳入强制清洁生产台账，要向有关主管部门反映情况，需要查明原因，确保国家政策执行到位。

77.4 审计方法

以企业名称为主键，关联【环保_重点污染企业名单】表和【环保_强制清洁生产企业名单】表，查询【环保_重点污染企业名单】表中出现的重污染企业名单没有出现在【环保_强制清洁生产企业名单】表中。

77.5 SQL 语句

select a. 县区，a. 企业名称，a. 年度，a. 类型，b. 企业名称 as 清洁生产登记_企业名称

from 环保_重点污染企业名单 as a

left join 环保_强制清洁生产企业名单 as b

on a. 企业名称 = b. 企业名称

where b. 企业名称 is null

77.6 结果展示

县区	企业名称	年度	类型	清洁生产登记_企业名称
＊＊区	＊＊股份有限公司	2018	废水	null
＊＊区	＊＊发电厂	2018	废气	null
＊＊区	＊＊钢集团	2018	废气	null
＊＊区	＊＊股份有限公司	2018	废气	null
＊＊区	＊＊钢铁有限公司	2018	废气	null
＊＊区	＊＊盛钢铁公司	2018	废气	null

78. 采用清洁生产企业是否配套建设除尘、脱硫、脱硝等装置

78.1 审计目标

检查采用清洁生产企业是否配套建设了除尘、脱硫、脱硝等装置。

78.2 所需数据

【环保_强制清洁生产企业名单】【基础表_财务_余额表】

78.3 审计思路

《清洁生产审核办法》（国家发展和改革委员会、环境保护部令第38号）第八条："有下列情形之一的企业，应当实施强制性清洁生产审核：（一）污染物排放超过国家或者地方规定的排放标准，或者虽未超过国家或者地方规定的排放标准，但超过重点污染物排放总量控制指标的；（二）超过单位产品能源消耗限额标准构成高耗能的；（三）使用有毒有害原料进行生产或者在生产中排放有毒有害物质的。"和第二十二条："对企业实施清洁生产审核的效果进行验收，应当包括以下主要内容：（一）企业实施完成清洁生产方案后，污染减排、能源资源利用效率、工艺装备控制、产品和服务等改进效果，环境、经济效益是否达到预期目标。"

基于上述规定，重污染企业应按规定纳入强制性清洁生产范围，其在开展强制清洁生产过程中就会增加企业成本，需要投入必要的设备设施或者相关耗材，这样才能保证清洁生产达到一定的效果和预期的目标。

通过审计，分析已经纳入了强制清洁生产的企业财务支出情况，看其成本支出中是否增加有与强制清洁生产有关支出，特别是新增设备设施等，以及设备设施运行过程中必要的配套支出，这些支出能否满足清洁生产的需要，如果支出明显与开展清洁生产需求不成正比，说明企业在开展清洁生产过程中可能存在弄虚作假现象，需要有关主管部门查明原因后及时作出处理。

78.4 审计方法

78.4.1 批量查询

以企业名称为主键，关联【环保_强制清洁生产企业名单】表和【基础表_财务_余额表】表，查询【环保_强制清洁生产企业名单】表中纳入强制性清洁生产企业的【基础表_财务_余额表】表中是否购买有与强制清洁生产有关的设备设施等相关支出。

78.4.2 个别查询

锁定一个企业，查询【基础表_财务_余额表】表中用于购买疑似"除尘""脱硫""脱硝"等支出金额大于0的记录。

78.5 SQL 语句

78.5.1 批量查询

select a. 企业名称，a. 验收情况，a. 年度，b. 科目名称 as 财务_单位名称，
b. 科目名称 as 财务_科目名称

from 环保_强制清洁生产企业名单 as a

left join（select ∗

from 基础表_财务_余额表

where（科目名称 like '%除尘%' or 科目名称 like '%脱硫%' or 科目名称 like '%脱硝%'）and 期末余额 > 0）as b

on a. 企业名称 = b. 单位名称

where b. 单位名称 is null

78.5.2　个别查询

select 年度，单位名称，电子数据名称，科目名称，期末余额

from 基础表_财务_余额表

where（科目名称 like '%除尘%' or 科目名称 like '%脱硫%' or 科目名称 like '%脱硝%'）

and 期末余额 > 0

78.6　结果展示

78.6.1　批量查询

企业名称	验收情况	年度	财务_ 单位名称	财务_ 会计科目
＊＊钢铁股份有限公司	2016 年 12 月 2 日验收会，二级水平	2016	null	null
＊＊钢铁有限公司	2016 年 12 月 2 日验收会，三级水平	2016	null	null
＊＊铸业有限公司	2016 年 12 月 1 日验收会，三级水平	2016	null	null
＊＊热电有限责任公司	2016 年 12 月 1 日验收会，	2016	null	null
＊＊冶金有限责任公司	2016 年 12 月 1 日验收会，三级水平	2016	null	null
＊＊铝业有限公司	2016 年 12 月 1 日验收会，三级水平	2016	null	null

78.6.2　个别查询

年度	单位名称	电子数据名称	科目名称	期末余额
2017	＊＊股份有限公司	＊＊股份有限公司 01 账	null	null
2017	＊＊股份有限公司	＊＊股份有限公司 02 账	null	null
2017	＊＊股份有限公司	＊＊股份有限公司 03 账	null	null

79. 清洁生产企业的审核间隔时间超过五年

79.1　审计目标

检查截至审计日清洁生产企业的审核间隔时间超过五年的情况。

79.2 所需数据

【环保_强制清洁生产企业名单】

79.3 审计思路

《清洁生产审核办法》（国家发展和改革委员会、环境保护部令第 38 号）第十二条："列入实施强制性清洁生产审核名单的企业应当在名单公布后两个月内开展清洁生产审核。本办法第八条第（三）款规定实施强制性清洁生产审核的企业，两次清洁生产审核的间隔时间不得超过五年。"

基于上述规定，强制清洁生产是有时间要求的，每次清洁生产的有效期为五年，企业应每隔五年进行一次强制性清洁生产审核，以改善随着时间变化老的清洁生产工艺与实际生产不匹配现象。

通过审计，查看已经进行强制清洁生产的企业台账信息，看其上一次做的强制清洁生产是否已经过了有效期，过了有效期后的企业是否根据新的标准和要求及时开展新的清洁生产，如果企业上次的清洁生产失去了时间效力又没有及时开展新的清洁生产，就需要向有关主管部门反映情况，主管部门查明原因后要及时作出处理。

79.4 审计方法

在【环保_强制清洁生产企业名单】表中，以目前系统时间减审核时间大于 5 年为条件，显示企业名称、验收情况、审核时间、审核间隔年度，查询企业进行强制性清洁生产验收时间超过五年以上而没有再次进行强制性清洁生产审核的记录。

79.5 SQL 语句

select 企业名称，验收情况，审核时间, year（getdate（））－ year（审核时间）as 审核间隔年度

from 环保_强制清洁生产企业名单

where year（getdate（））－ year（审核时间）> 5

79.6 结果展示

企业名称	验收情况	审核时间	审核间隔年度
＊＊钢铁股份有限公司	2013 年 12 月 2 日验收会，二级水平	2013－08－12	6
＊＊新普钢铁有限公司	2013 年 12 月 2 日验收会，三级水平	2013－08－12	6
＊＊铸业有限公司	2013 年 12 月 1 日验收会，三级水平	2013－08－12	6
＊＊热电有限公司	2013 年 12 月 3 日验收会，二级水平	2013－08－12	6

企业名称	验收情况	审核时间	审核间隔年度
＊＊铝电有限责任公司	2013 年 12 月 10 日验收会，三级水平	2013 – 08 – 12	6
＊＊有色金属有限责任公司	2013 年 12 月 11 日验收会，三级水平	2013 – 08 – 12	6

80. 2017 年以后审批新建燃煤发电项目

80.1 审计目标

检查 2017 年以后审批新建的燃煤发电项目。

80.2 所需数据

【环保_环评批复信息】

80.3 审计思路

《中华人民共和国环境保护法》第四条："保护环境是国家的基本国策。国家采取有利于节约和循环利用资源、保护和改善环境、促进人与自然和谐的经济、技术政策和措施，使经济社会发展与环境保护相协调。"第四十条："国家促进清洁生产和资源循环利用。国务院有关部门和地方各级人民政府应当采取措施，推广清洁能源的生产和使用。企业应当优先使用清洁能源，采用资源利用率高、污染物排放量少的工艺、设备以及废弃物综合利用技术和污染物无害化处理技术，减少污染物的产生。"和《大气污染防治行动计划》："四、加快调整能源结构增加清洁能源供应……到 2017 年，煤炭占能源消费总量比重降低到 65% 以下。……京津冀、长三角、珠三角等区域新建项目禁止配套建设自备燃煤电站。耗煤项目要实行煤炭减量替代。除热电联产外，禁止审批新建燃煤发电项目；现有多台燃煤机组装机容量合计达到 30 万千瓦以上的，可按照煤炭等量替代的原则建设为大容量燃煤机组。"

基于上述规定，国家为保护环境，要求采取有利于节约和循环利用资源、保护和改善环境、促进人与自然和谐经济、技术政策和措施，促进清洁生产和资源循环利用，要求采用资源利率高、污染物排放量少的工艺、设备以及废弃物综合利用技术和污染物无害化处理技术，减少污染物的产生。禁止审批新建燃煤发电项目，审计检查当地政府相关部门履职尽责不到位，造成违规批发新建燃煤发电厂的情况。

通过审计，查找环保部门批复的环评信息中疑似发电项目，看该项目是否属于国家已经禁止的燃煤发电项目，批复的时间是否在国家限定日期之后，将查询结果反馈相关主管部门进行核实并及时作出处理。

80.4 审计方法

以单位名称为主键，查询【环保_环评批复信息】表中建设项目名称疑似"发电"且建设性质属于"新建"的记录。

80.5 SQL 语句

select 审批序号，单位名称，建设项目名称，建设性质，建设地点，总投资，审批时间

from 环保_环评批复信息

where YEAR（审批时间） > 2017

and 建设项目名称 like '%发电%'

and 建设性质 like '%新建%'

80.6 结果展示

审批序号	单位名称	建设项目名称	建设性质	建设地点	总投资万	审批时间
＊环建书〔2018〕2 号	＊＊发电厂	燃煤发电项目	新建	＊＊市	200	2018－06－12
＊环建书〔2018〕7 号	＊＊第二发电厂	燃煤发电项目	新建	＊＊县	8600	2018－07－22
＊环建书〔2018〕9 号	＊＊市热电有限公司	燃煤发电项目	新建	＊＊县	7797	2018－09－23
＊环建书〔2018〕14 号	＊＊市电源有限公司	燃煤发电项目	新建	＊＊县	72438	2018－09－30
＊环建书〔2018〕16 号	＊＊市热源有限公司	燃煤发电项目	新建	＊＊区	3000	2018－10－12
＊环建书〔2018〕27 号	＊＊市煤电有限公司	燃煤发电项目	新建	＊＊区	33258	2018－11－11

81. 经营危险废物的单位没有取得经营许可证

81.1 审计目标

检查经营危险废物的单位没有取得经营许可证的情况。

81.2 所需数据

【工商_工商登记信息】【环保_危险废物经营许可证信息】

81.3　审计思路

《危险废物经营许可证管理办法》第三条："危险废物经营许可证按照经营方式，分为危险废物收集、贮存、处置综合经营许可证和危险废物收集经营许可证。领取危险废物综合经营许可证的单位，可以从事各类别危险废物的收集、贮存、处置经营活动；领取危险废物收集经营许可证的单位，只能从事机动车维修活动中产生的废矿物油和居民日常生活中产生的废镉镍电池的危险废物收集经营活动。"

基于上述规定，经营危险废物的单位必须取得经营许可证，检查没有取得危险废物经营许可证的单位，查明具体原因。

通过审计，检查经营危险废物的单位没有取得经营许可证的情况，揭示有关主管部门管理不严格，制度流于形式，或谋取私人利益，执法不严格，包容放纵违规现象的发生，导致经营危险废物的单位没有取得经营许可证的情况。

81.4　审计方法

以单位名称为主键，关联【工商_工商登记信息】表和【环保_危险废物经营许可证信息】表，查询【工商_工商登记信息】表中经营范围包含"危险废物"的单位名称没有出现在【环保_危险废物经营许可证信息】表中的记录。

81.5　SQL 语句

select a. 企业名称，a. 注册号，a. 企业状态，a. 企业属性，a. 企业类型，a. 行业类型，a. 行业小类，a. 法定代表人，a. 经营地址，a. 经营范围，a. 登记机关，b. 企业名称 as 经营许可_企业名称

from（select ＊ from 工商_工商登记信息

where 经营范围 like '％危险废物％'

and（经营范围 like '％不％含％危险废物％'

and 经营范围 like '％危险废物％除％'

and 经营范围 like '％除％危险废物％'）

and 企业状态 like '在业'）as a

left join 环保_危险废物经营许可证信息 as b

on a. 企业名称 ＝ b. 企业名称

where b. 企业名称 is null

81.6　结果展示

企业名称	注册号	企业状态	企业属性	企业类型	行业类型	行业小类	法定代表人	经营地址	经营范围	登记机关	经营许可_企业名称
**环保科技有限公司	411***27071183	在业	私营	有限责任公司	水利、环境和公共设施管理业	环境治理业	李*子	**市北外环路北侧	危险废物处理、环境污染处理及环境保护；环保设备及废物综合利用的研究、新型建筑材料的研制。	**市工商局分局	NULL
**废旧收购公司	411***0397O919	在业	私营	有限责任公司	批发和零售业	再生物资回收与批发	吴*安	**大道西段	报废汽车和危险废物收购。	**市工商局分局	NULL
**矿业资源有限公司	411***00000548	在业	私营	有限责任公司	批发和零售业	煤炭及制品批发	李*晖	**市东城区经济服务区	危险废旧物资购销、对建筑渣土行业的技术服务。	**市工商局分局	NULL
**晶硅质材料有限公司	411***27090017	在业	私营	有限责任公司	批发和零售业	其他未列明零售业	吴*章	**市延安路北段	精制石英砂、特细硅微粉、硅质耐火材料、天然彩石、水晶石、人造石及硅制品销售，危险废物的研究利用。	**市工商局分局	NULL
**金属回收有限公司	411***0001280O	在业	私营	有限责任公司	批发和零售业	再生物资回收与批发	孙*杰	**组庄	废旧金属、危险废物、塑料及其他废旧物品的收购、销售。	**市工商局分局	NULL
**再生资源有限公司	411***00017210	在业	私营	有限责任公司	批发和零售业	再生物资回收与批发	秦*萍	**市议台路	废旧物资、危险废物购销、铁合金、焦碳、耐火材料及电子产品销售。	**市工商局分局	NULL

82. 危险化学品生产企业没有取得安全生产许可证

82.1 审计目标

检查危险化学品生产企业没有取得安全生产许可证的情况。

82.2 所需数据

【工商_工商登记信息】【安监_危险化学品生产企业安全生产许可证信息】

82.3 审计思路

《危险化学品生产企业安全生产许可证实施办法》第三条："企业应当依照本办法的规定取得危险化学品安全生产许可证（以下简称安全生产许可证）。未取得安全生产许可证的企业，不得从事危险化学品的生产活动。"

基于上述规定，从事危险化学品生产的企业必须按规定取得危险化学品安全生产许可证，检查从事危险化学品生产的企业没有按规定取得危险化学品安全生产许可证的情况。

通过审计，检查危险化学品生产企业没有取得安全生产许可证的情况，揭示有关主管部门管理不严格，制度流于形式，或谋取私人利益，执法不严格，包容放纵违规现象的发生，导致危险化学品生产企业没有取得安全生产许可证的情况。

82.4 审计方法

以单位名称为主键，关联【工商_工商登记信息】表和【安监_危险化学品生产企业安全生产许可证信息】表，查询【工商_工商登记信息】表中经营范围包含"危险化学品"的单位名称没有出现在【安监_危险化学品生产企业安全生产许可证信息】表中的记录。

82.5 SQL 语句

select a. 企业名称，a. 企业状态，a. 法定代表人，a. 经营范围，a. 注册资本，b. 单位名称 as 许可证单位名称，b. 许可证编号

from（select *

from 工商_工商登记信息

where 经营范围 like '% 危险化学品%'

and（经营范围 not like '% 不% 危险化学品%'

and 经营范围 not like'% 危险化学品% 除外%'）) as a

left join 安监_危险化学品生产企业安全生产许可证信息 as b

on a. 企业名称 = b. 单位名称

where b. 单位名称 is null

82.6 结果展示

企业名称	企业状态	法定代表人	经营范围	注册资本	许可证单位名称	许可证编号
＊＊科技有限公司	正常	孟＊州	单晶硅棒、单晶硅片、加工；焦炭、五金交电、钢材、电子产品、危险化学品销售。	5000	null	null
＊＊生物能源有限公司	正常	郑＊鹏	对生物柴油行业进行投资及生物柴油技术研究、开发；生物柴油、燃料油的销售（列入《危险化学品名录》的物品）；工业清洗油的生产、销售。	1500	null	null
＊＊化工有限公司	正常	张＊宁	化工原料（其中危险化学品经营按照《危险化学品经营许可证》核定的经营范围和经营期限从事经营）、印刷物资的批发、零售。	50.8	null	null
＊＊工贸有限公司	正常	王＊乐	呋喃树脂、固体火锅燃料的生产，销售；甲醇（凭有效危险化学品经营许可证经营）的批发、零售；厨房设备、电器设备的机械加工、销售。	100	null	null
＊＊盛华化工有限公司	正常	潘＊峰	无仓储经营：硫酸、盐酸、氨水、甲苯销售（危险化学品经营许可证到期日期2020年6月19日）。	60	null	null
＊＊销售有限公司	正常	赵＊伟	活性炭、石墨制品销售（按危险化学品经营许可证核定的期限和范围经营）。	50	null	null

83. 危险废物收集处理合规性审计

83.1 审计目标

检查危险废物收集处理的合规性。

83.2 所需数据

【环保_危险废物收集台账】【环保_危险废物处理台账】

83.3 审计思路

《中华人民共和国固体废物污染环境防治法》第五十三条："产生危险废物的单位，必须按照国家有关规定制定危险废物管理计划，并向所在地县级以上地方人民政府环境保护行政主管部门申报危险废物的种类、产生量、流向、贮存、处置等有关资料。前款所称危险废物管理计划应当包括减少危险废物产生量和危害性的措施以及危险废物贮存、利用、处置措施。危险废物管理计划应当报产生危险废物的单位所在地县级以上地方人民政府环境保护行政主管部门备案。本条规定的申报事项或者危险废物管理计划内容有重大改变的，应当及时申报。"

基于上述规定，管理部门如果发现相关单位出现危险废物的收集和处置台账登记情况不一致的行为，应当依法进行处理处罚，责令及时将收集台账中有但是处置台账中没有的危险废弃物进行处置。有的单位，疏于管理，发生了收集台账中有但是处置台账中没有的危险废弃物的情况。

通过审计，检查收集台账中有但是处置台账中没有的危险废弃物的情况，揭示有关主管部门管理不严格，制度流于形式，或谋取私人利益，执法不严格，包容放纵违规现象的发生，导致危险废弃物处置不到位的情况。

83.4 审计方法

以单位名称为主键，关联【环保_危险废物收集台账】表和【环保_危险废物处理台账】表，查询在一定时期内在【环保_危险废物收集台账】中各单位产生的危险废物数量是否等于【环保_危险废物处理台账】中的危险发物数量。

83.5 SQL 语句

select a. 危险废物产生单位，sum（a. 合计）as 产生废物重量合计，sum（b. 合计）as 接收废物重量合计，重量差异 = sum（a. 合计）- sum（b. 合计）

from 环保_危险废物来源表 as a

join 环保_危险废物接收表 as b

on a. 危险废物产生单位 = b. 危险废物产生单位

group by a. 危险废物产生单位

order by 重量差异 desc

83.6 结果展示

危险废物产生单位	产生废物重量合计	接收废物重量合计	重量差异
A 单位	13054530.00	13054330.00	200.00
B 单位	2070711.60	2070611.60	100.00
C 单位	5668335.00	5668300.00	35.00

续表

危险废物产生单位	产生废物重量合计	接收废物重量合计	重量差异
E 单位	2039757.00	2039757.00	0.00
F 单位	9376266.00	9376266.00	0.00
G 单位	8989689.00	8989689.00	0.00

84. 经营危险废物的单位没有办理工商登记

84.1 审计目标

检查经营危险废物的单位没有办理工商登记的情况。

84.2 所需数据

【环保_危险废物经营许可证信息】【工商_工商登记信息】

84.3 审计思路

《中华人民共和国公司登记管理条例》（根据 2016 年 2 月 6 日国务院令第 666 号《国务院关于修改部分行政法规的决定》修订）第三条："公司经公司登记机关依法登记，领取《企业法人营业执照》，方取得企业法人资格。自本条例施行之日起设立公司，未经公司登记机关登记的，不得以公司名义从事经营活动。"和《危险废物经营许可证管理办法》第十一条："危险废物经营单位变更法人名称、法定代表人和住所的，应当自工商变更登记之日起 15 个工作日内，向原发证机关申请办理危险废物经营许可证变更手续。"

基于上述法规，经营危险废物的企业需要进行公司登记，其变更法人名称、法定代表人和住所时，要及时办理工商变更登记手续，变更后需要重新申请办理危险废物经营许可证，审计检查有无未依法取得《企业法人营业执照》而违规经营的危险废物经营企业。

通过审计，将环保部门已经办理了危险废物经营许可证的企业和工商登记信息进行比对分析，查找已经办理了危险废物经营许可证的企业没有办理工商注册登记手续，及时将查处问题移送有关主管部门核实后作出处理。

84.4 审计方法

以企业名称为主键，关联【环保_危险废物经营许可证信息】表和【工商_工商登记信息】表，查询【环保_危险废物经营许可证信息】表中的企业名称没有出现在【工商_工商登记信息】表的记录。

84.5 SQL 语句

select a. 许可证编号，a. 企业名称，a. 法定代表人，b. 企业名称 as 工商登记
_企业名称

from 环保_危险废物经营许可证信息 as a

left join 工商_工商登记信息 as b

on a. 企业名称 = b. 企业名称

where b. 企业名称 is null

84.6 结果展示

许可证编号	企业名称	法定代表人	工商登记_ 企业名称
＊环许可危字 67 号	＊＊金属有限责任公司	何＊安	null
＊环许可危废字 02 号	＊＊石化有限责任公司	薛＊军	null
＊环许可危废字 201801 号	＊＊废旧物质回收站	宋＊臣	null
＊许可危废字 1 号	＊＊医疗废物处置有限公司	王＊勇	null
＊环许可危废字 201802 号	＊＊再生物质回收有限公司	冯＊民	null
＊环许可危废字 01 号	＊＊废弃物综合处理有限公司	郭＊成	null

85. 经营危险化学品的单位没有办理经营许可证

85.1 审计目标

检查经营危险化学品的单位没有办理经营许可证的情况。

85.2 所需数据

【工商_工商登记信息】【安监_危险化学品经营许可证信息】

85.3 审计思路

《危险化学品安全管理条例》（中华人民共和国国务院令第 645 号）第三十五条："从事剧毒化学品、易制爆危险化学品经营的企业，应当向所在地设区的市级人民政府安全生产监督管理部门提出申请，从事其他危险化学品经营的企业，应当向所在地县级人民政府安全生产监督管理部门提出申请（有储存设施的，应当向所在地设区的市级人民政府安全生产监督管理部门提出申请）。申请人应当提交其符合本条例第三十四条规定条件的证明材料。设区的市级人民政府安全生产监督管理部门或者县级人民政府安全生产监督管理部门应当依法进行审查，并对申请人的经

营场所、储存设施进行现场核查，自收到证明材料之日起 30 日内作出批准或者不予批准的决定。予以批准的，颁发危险化学品经营许可证；不予批准的，书面通知申请人并说明理由。"

基于上述规定，国家对从事剧毒化学品、易爆危险化学品经营的企业是有严格条件限制的，必须要向安全生产监督管理部门申请危险化学品经营许可，没有办理许可的企业严禁从事危险化学品经营，检查在工商部门登记的经营危险化学品的企业没有在安监部门取得危险化学品经营许可证的情况，揭示有关部门在危险化学品经营中的管理问题。

通过审计，对工商部门的工商登记信息和安监部门的危险化学品经营许可信息进行比对分析，查找工商登记信息中疑似经营危险化学品的行业没有办理危险化学品经营许可，将发现的问题移送相关主管部门查明原因后及时作出处理。

85.4 审计方法

以企业名称为主键，关联【工商_工商登记信息】表和【安监_危险化学品经营许可证信息】表，查询【工商_工商登记信息】表中正常经营的企业经营范围疑似"危险化学品"的企业没有出现在【安监_危险化学品经营许可证信息】表中的企业信息。

85.5 SQL 语句

select a. 企业名称，a. 企业状态，a. 经营范围，a. 法定代表人，b. 单位名称 as 安监_单位名称

from（select *

from 工商_工商登记信息

where（经营范围 like '% 危险化学品%'

and 经营范围 not like '% 不含% 危险化学品%'

and 经营范围 not like '% 危险化学品% 除外%'）

and（企业状态 like '% 正常%'

or 企业状态 like '% 在业%'））as a

left join 安监_危险化学品经营许可证信息 as b

on a. 企业名称 = b. 单位名称

where b. 单位名称 is null

85.6 结果展示

企业名称	企业状态	经营范围	法定代表人	安监_单位名称
＊＊商贸有限公司	正常	从事货物和技术进出口业务（国家法律法规规定应经审批方可经营或禁止进出口的货物和技术除外）；危险化学品经营。	张＊缘	null
＊＊能源科技有限公司	正常	单晶硅棒、单晶硅片、加工；焦炭、五金交电、钢材、电子产品、化工原料及产品（危险化学品许可经营）销售。	孟＊州	null
＊＊金利化学有限公司	正常	汽油、柴油、润滑油、机油、润滑脂，煤油。（凭有效《成品油零售批准证书》《危险化学品经营许可证》在公司经营期限内经营）	刘＊勤	null
＊＊铭扬商贸有限公司	正常	单晶硅片、加工；焦炭、五金交电、钢材、电子产品、化工原料及产品（危险化学品许可经营）销售。	黄＊林	null
＊＊生物能源有限公司	正常	对生物进行投资及生物技术研究、开发；生物柴油、危险化学品销售。	郑＊鹏	null
＊＊远化工有限公司	正常	化工原料（其中危险化学品经营按照《危险化学品经营许可证》核定的经营范围和经营期限从事经营）、印刷物资的批发、零售。	张＊宁	null

86. 经营危险化学品的单位没有将经营许可证作为工商登记的前置条件

86.1 审计目标

检查经营危险化学品的单位没有将经营许可证作为工商登记的前置条件的情况。

86.2 所需数据

【工商_工商登记信息】【安监_危险化学品经营许可证信息】

86.3 审计思路

《危险化学品安全管理条例》（中华人民共和国国务院令第645号）第三十五条："申请人持危险化学品经营许可证向工商行政管理部门办理登记手续后，方可从事危险化学品经营活动。法律、行政法规或者国务院规定经营危险化学品还需要经其他有关部门许可的，申请人向工商行政管理部门办理登记手续时还应当持相应的许可证件。"

基于上述规定，从事危险化学品经营的企业必须申请危险化学品经营许可证后方可在工商行政管理部门办理登记手续，手续完备后才能从事危险化学品经营活动。检查在工商部门登记的经营危险化学品的企业没有在安监部门取得危险化学品经营许可证的情况，揭示有关部门的危险化学品经营中的管理问题。

通过审计，对工商部门的工商登记信息和安监部门的危险化学品经营许可信息进行比对分析，查找没有办理危险化学品经营许可证的企业依然在工商部门进行了工商注册登记，将问题移送有关主管部门查明原因后及时作出处理。

86.4　审计方法

以企业名称为主键，关联【工商_工商登记信息】表和【安监_危险化学品经营许可证信息】表，查询工商登记信息中经营范围疑似"危险化学品"且"在业"或"正常"状态的企业没有在危险化学品经营许可证信息中的记录。

86.5　SQL 语句

select a. 企业名称，a. 企业状态，a. 经营范围，a. 法定代表人，a. 核准日期 as 工商登记核准日期，b. 发证日期 as 经营许可证_发证日期，b. 单位名称 as 安监_单位名称

from（select *

from 工商_工商登记信息

where（经营范围 like '%危险化学品%'

and 经营范围 not like '%不含%危险化学品%'

and 经营范围 not like '%危险化学品%除外%'）

and（企业状态 like '%正常%'

or 企业状态 like '%在业%'）） as a

left join 安监_危险化学品经营许可证信息 as b

on a. 企业名称 = b. 单位名称

where a. 核准日期 > b. 发证日期

or b. 发证日期 is null

86.6　结果展示

企业名称	企业状态	经营范围	法定代表人	工商登记核准日期	经营许可证_发证日期	安监_单位名称
＊＊黄澄商贸有限公司	正常	从事货物和技术进出口业务（国家法律法规规定应经审批方可经营或禁止进出口的货物和技术除外）；危险化学品经营。	刘＊勤	2018/4/11	null	null

企业名称	企业状态	经营范围	法定代表人	工商登记核准日期	经营许可证_发证日期	安监_单位名称
＊＊科技有限公司	正常	单晶硅棒、单晶硅片、加工；焦炭、五金交电、钢材、电子产品、化工原料及产品（危险化学品许可经营）销售。	黄＊林	2018/5/2	null	null
＊＊化学有限公司	正常	汽油、柴油、润滑油、机油、润滑脂，煤油。（以上项目凭有效《成品油零售批准证书》《危险化学品经营许可证》在公司经营期限内经营）。	郑＊鹏	2018/7/13	null	null
＊＊科工有限公司	正常	单晶硅片、加工；焦炭、五金交电、钢材、电子产品、化工原料及产品（危险化学品许可经营）销售。	张＊宁	2018/8/24	2019/4/11	＊＊科工有限公司
＊＊生物有限公司	正常	对生物进行投资及生物技术研究、开发；生物柴油、危险化学品销售。	王＊乐	2018/11/15	2019/5/2	＊＊生物有限公司
＊＊生化有限公司	正常	化工原料（其中危险化学品经营按照《危险化学品经营许可证》核定的经营范围和经营期限从事经营）、印刷物资的批发、零售。	余＊堂	2018/12/10	2019/7/13	＊＊生化有限公司

87. 生产危险化学品的单位没有办理危险化学品生产许可证

87.1 审计目标

检查生产危险化学品的单位没有办理危险化学品生产许可证的情况。

87.2 所需数据

【工商_工商登记信息】【质检_危险化学品生产许可证信息】

87.3 审计思路

《危险化学品安全管理条例》（中华人民共和国国务院令第645号）第六条："对危险化学品的生产、储存、使用、经营、运输实施安全监督管理的有关部门（以下统称负有危险化学品安全监督管理职责的部门），依照下列规定履行职责：……（三）质量监督检验检疫部门负责核发危险化学品及其包装物、容器（不包括储存危险化学品的固定式大型储罐，下同）生产企业的工业产品生产许可证，并依法对其产品质量实施监督，负责对进出口危险化学品及其包装实施检验。"第十四条："危险化学品生产企业进行生产前，应当依照《安全生产许可证条例》的规定，取得危险化学品安全生产许可证。生产列入国家实行生产许可证制度的工业产品目录的危险化学品的企业，应当依照《中华人民共和国工业产品生产许可证管理条例》的规定，取得工业产品生产许可证。"

基于上述规定，国家对危险化学品的生产、储存、使用、经营、运输等有严格的要求和限制，从事危险化学品生产的企业，在进行生产前必须取得危险化学品安全生产许可证。检查危险化学品生产的工业企业没有取得危险化学品生产许可证的情况，揭示监管部门是否严格履行《危险化学品安全管理条例》中规定的职责。

通过审计，对工商登记信息和危险化学品生产许可信息进行比对分析，查找从事危险化学品生产的工商登记企业没有办理危险化学品生产许可证的信息，及时移送相关主管部门查明原因后进行处理。

87.4 审计方法

以企业名称为主健，关联【工商_工商登记信息】表和【质检_危险化学品生产许可证信息】表，查询【工商_工商登记信息】表中正常经营企业经营范围疑似"生产危险化学品"的企业没有出现在【质检_危险化学品生产许可证信息】表的记录。

87.5 SQL 语句

select a. 企业名称，a. 企业状态，a. 经营范围，a. 法定代表人，b. 单位名称 as 质检__单位名称

from（select *

from 工商_工商登记信息

where（经营范围 like '%生产%危险化学品%'

and 经营范围 not like '%不含%危险化学品%'

and 经营范围 not like '%危险化学品%除外%'）

and（企业状态 like '%正常%'

or 企业状态 like '%在业%'））as a

left join 质检_危险化学品生产许可证信息 as b

on a. 企业名称 = b. 单位名称

where b. 发证日期 is null

87.6 结果展示

企业名称	企业状态	经营范围	法定代表人	质检_单位名称
＊＊工业有限公司	正常	生产危险化学品产品。	王＊乐	null
＊＊科技有限公司	正常	生产单晶硅棒、单晶硅片、化工原料及产品（危险化学品许可生产）。	余＊堂	null
＊＊化学工业有限公司	正常	产品提炼、生产（凭有效《危险化学品生产许可证》）。	宋＊辉	null
＊＊科工有限公司	正常	单晶硅片、电子产品、化工原料生产（危险化学品生产许可经营）。	吕＊珍	null
＊＊生物有限公司	正常	对生物进行投资及生物技术研究、开发、生产（凭有效《危险化学品生产许可证》）。	张＊勇	null
＊＊生化有限公司	正常	生产化工产品（凭《危险化学品生产许可证》）。	潘＊峰	null

88. 经营危险废物的单位没有办理环境影响评价手续

88.1 审计目标

检查经营危险废物的单位没有经过环境评价的情况。

88.2 所需数据

【环保_危险废物经营许可证信息】【环保_环评批复信】

88.3 审计思路

《建设项目环境影响评价分类管理名录》中关于"三十四、环境治理业"下的"100 危险废物（含医疗废物）利用及处置"和《建设项目环境保护管理条例》第九条"依法应当编制环境影响报告书、环境影响报告表的建设项目，建设单位应当在开工建设前将环境影响报告书、环境影响报告表报有审批权的环境保护行政主管部门审批；建设项目的环境影响评价文件未依法经审批部门审查或者审查后未予批准的，建设单位不得开工建设。"

基于上述规定，经营危险废物的单位应当在开工建设前办理环境影响报告书，未依法经审批部门审查或者审查后未予批准的，不得开工建设。

通过审计，对环保部门掌握的危险废物经营许可信息和环境影响评价批复信息进行比对分析，查找已办理危险废物经营许可证但未办理环境影响报价书的单位，移送相关主管部门核实后及时进行处理。

88.4 审计方法

以企业名称为主键，关联【环保_危险废物经营许可证信息】表和【环保_环评批复信息】表，查询出现在【环保_危险废物经营许可证信息】表中企业信息没有出现在【环保_环评批复信息】表中的记录。

88.5 SQL 语句

select a. 企业名称，a. 许可证编号，a. 核准经营废物类别，a. 许可证截止有效期，b. 单位名称 as 环保评价__单位名称

from 环保_危险废物经营许可证信息 as a

left join 环保_环评批复信息 as b

on a. 企业名称 = b. 单位名称

where b. 单位名称 is null

88.6 结果展示

企业名称	许可证编号	核准经营废物类别	许可证截止有效期	环保评价__单位名称
＊＊有限责任公司	＊环许可危字 67 号	HW49	2018－05－09	null
＊＊废弃物综合处理有限公司	＊环许可危废字 01 号	HW01	2018－06－11	null
＊＊化学有限责任公司	＊环许可危废字 02 号	HW08 和 HW09	2018－07－11	null
＊＊铅业有限公司	＊环许可危废字 03 号	HW49	2018－11－12	null
＊＊再生物质回收有限公司	＊环许可危废字 02 号	HW08	2018－11－23	null
＊废物处置有限公司	＊环许可危废字 01 号	HW01	2018－12－14	null

89. 取得危险化学品生产经营许可证的单位没有办理工商登记

89.1 审计目标

检查取得危险化学品生产经营许可证的单位没有办理工商登记手续的情况。

89.2 所需数据

【质检_危险化学品生产许可证信息】【工商_工商登记信息】

89.3 审计思路

《中华人民共和国公司登记管理条例》（根据 2016 年 2 月 6 日国务院令第 666 号《国务院关于修改部分行政法规的决定》修订）第三条："公司经公司登记机关依法登记，领取《企业法人营业执照》，方取得企业法人资格。自本条例施行之日

起设立公司，未经公司登记机关登记的，不得以公司名义从事经营活动。

基于上述规定，国家对公司合法经营作了专门规定，只有领取企业法人营业执照的，取得企业法人资格后才能以公司名义从事经营活动。经营危险化学品的企业也需要办理工商登记手续后才可从事危险化学品生产经营，取得危险化学品生产经营许可证的单位没有在工商登记机关登记，不得以公司名义从事经营活动。

通过审计，对工商部门的工商登记信息和危险化学品生产许可信息进行比对分析，查找已经办理了危险化学品生产经营许可证的单位没有及时办理工商登记信息，移送相关主管部门查明原因及时作出处理。

89.4　审计方法

以单位名称为主键，关联【质检_危险化学品生产许可证信息】表和【工商_工商登记信息】表，查询【质检_危险化学品生产许可证信息】表中的企业没有出现在【工商_工商登记信息】表中的记录。

89.5　SQL 语句

select a. 许可证编号，a. 单位名称，a. 发证日期，b. 企业名称 as 工商登记_企业名称

from 质检_危险化学品生产许可证信息 as a

left join 工商_工商登记信息 as b

on a. 单位名称 = b. 企业名称

where b. 企业名称 is null

89.6　结果展示

许可证编号	企业名称	发证日期	工商登记_企业名称
＊＊字 02 号	＊＊方鼎有限责任公司	2018－03－01	null
＊＊字 01 号	＊＊废旧物质回收站	2018－03－12	null
＊＊字 67 号	＊＊金属有限责任公司	2018－04－09	null
＊＊字 11 号	＊＊废物处置有限公司	2018－09－11	null
＊＊字 14 号	＊＊再生物质回收有限公司	2018－10－11	null
＊＊字 09 号	＊＊废弃物综合处理有限公司	2018－11－23	null

90. 危险化学品安全评价备案超过 3 年没有再进行评价备案

90.1　审计目标

检查危险化学品安全评价备案超过 3 年没有再进行评价备案的单位。

90.2 所需数据

【安监_危险化学品安全评价备案信息】

90.3 审计思路

《危险化学品安全管理条例》（中华人民共和国国务院令第645号）第二十二条："生产、储存危险化学品的企业，应当委托具备国家规定的资质条件的机构，对本企业的安全生产条件每3年进行一次安全评价，提出安全评价报告。安全评价报告的内容应当包括对安全生产条件存在的问题进行整改的方案。生产、储存危险化学品的企业，应当将安全评价报告以及整改方案的落实情况报所在地县级人民政府安全生产监督管理部门备案。在港区内储存危险化学品的企业，应当将安全评价报告以及整改方案的落实情况报港口行政管理部门备案。"

基于上述规定，从事危险化学品生产、储存的企业，要每隔3年进行一次安全评价，提出安全评价报告，只有符合条件的企业才能继续从事危险化学品的生产、储存业务，审计检查已办理危险化学品安全评价备案的企业超过3年后有没有再进行评价备案。

通过审计，对危险化学品安全评价备案信息进行分析，查找虽然进行了安全评价，提出有安全评价报告，但已经失去时间效力的危险化学品经营企业，及时移送有关主管部门查明原因后作出处理。

90.4 审计方法

以单位名称为主键，查询【安监_危险化学品安全评价备案信息】表已办理危险化学品安全评价备案的企业备案日期已超过规定的3年期限（1095天）的信息。

90.5 SQL语句

select 安全评价书编号，单位名称，备案日期
from 安监_危险化学品安全评价备案信息
where getdate（）－（备案日期）＞ 1095

90.6 结果展示

安全评价书编号	单位名称	备案日期	核准经营规模
＊＊字23号	＊＊化工有限责任公司	2016.3.31	15万吨/年废弃的铅蓄电池
＊＊字34号	＊＊利源有限公司	2016.3.31	5吨/天医疗废物
＊＊字54号	＊＊焦化有限公司	2016.7.7	3500吨/年废矿物油
＊＊字22号	＊＊煤焦有限公司	2016.7.7	15万吨/年废铅蓄电池
＊＊字47号	＊＊化工有限公司	2016.7.7	1000吨/年机动车维修产生的废矿物油
＊＊字58号	＊＊生物科技有限公司	2016.9.27	3000吨/年机动车维修产生的废矿物油

91. 使用危险化学品的单位没有办理危险化学品使用许可证

91.1 审计目标

检查使用危险化学品的单位没有办理危险化学品使用许可证的情况。

91.2 所需数据

【安监_危险化学品使用单位备案信息】【安监_危险化学品使用许可证信息】

91.3 审计思路

《危险化学品安全管理条例》（中华人民共和国国务院令第 645 号）第三十一条："申请危险化学品安全使用许可证的化工企业，应当向所在地设区的市级人民政府安全生产监督管理部门提出申请，并提交其符合本条例第三十条规定条件的证明材料。设区的市级人民政府安全生产监督管理部门应当依法进行审查，自收到证明材料之日起 45 日内作出批准或者不予批准的决定。予以批准的，颁发危险化学品安全使用许可证；不予批准的，书面通知申请人并说明理由。"

基于上述规定，使用危险化学品的单位在使用危险化学品前，要向安全生产监督管理部门申请危险化学品安全使用许可证，没有危险化学品安全使用许可证的单位不能使用危险化学品，检查已使用危险化学品的单位没有及时办理危险化学品使用许可证的情况。

通过审计，对安监部门已经备案的危险化学品使用单位和危险化学品使用许可证信息进行比对分析，查找已经备案使用危险化学品的单位没有办理危险化学品使用许可证的信息，及时移送相关主管部门查明原因后作出处理。

91.4 审计方法

以单位名称为主键，关联【安监_危险化学品使用单位备案信息】表和【安监_危险化学品使用许可证信息】表，查询出现在【安监_危险化学品使用单位备案信息】表中单位有没有出现在【安监_危险化学品使用许可证信息】表中记录。

91.5 SQL 语句

select a. 单位名称，a. 单位地址，a. 备案日期，a. 安全评价书编号，b. 单位名称 as 危险化学品使用许可_单位名称

from 安监_危险化学品使用单位备案信息 as a

left join 安监_危险化学品使用许可证信息 as b

on a. 单位名称 = b. 单位名称

where b. 单位名称 is null

91.6　结果展示

单位名称	单位地址	备案日期	安全评价书编号	危险化学品使用许可_单位名称
＊＊化工有限责任公司	＊＊县＊＊乡杨村	2016.3.31	＊＊＊＊＊字23号	null
＊＊溶解乙炔厂	＊＊镇＊＊自然村	2017.5.22	＊＊＊＊＊字26号	null
＊＊股份有限公司	＊＊县＊镇官司村	2018.1.22	＊＊＊＊＊字32号	null
＊＊化学有限责任公司	＊＊县产业园区	2018.1.8	＊＊＊＊＊字34号	null
＊＊汇源化工厂	＊＊乡＊＊村翟曲路	2018.2.8	＊＊＊＊＊字45号	null
＊＊化学工业集团有限责任公司	＊＊市＊＊区彰武街	2018.3.18	＊＊＊＊＊字56号	null

92. 购买剧毒化学品的单位没有办理剧毒化学品购买许可证

92.1　审计目标

检查购买剧毒化学品的单位没有办理剧毒化学品购买许可证的情况。

92.2　所需数据

【公安_销售购买剧毒化学品易制爆危险化学品备案信息】【公安_剧毒化学品购买许可证信息】

92.3　审计思路

《危险化学品安全管理条例》（中华人民共和国国务院令第645号）第三十九条："申请取得剧毒化学品购买许可证，申请人应当向所在地县级人民政府公安机关提交下列材料：（一）营业执照或者法人证书（登记证书）的复印件；（二）拟购买的剧毒化学品品种、数量的说明；（三）购买剧毒化学品用途的说明；（四）经办人的身份证明。县级人民政府公安机关应当自收到前款规定的材料之日起3日内，作出批准或者不予批准的决定。予以批准的，颁发剧毒化学品购买许可证；不予批准的，书面通知申请人并说明理由。"

基于上述规定，购买使用剧毒化学品的单位必须办理有剧毒化学品购买许可证，如果没有剧毒化学品购买许可证，是不允许购买使用剧毒化学品的，审计检查已在公安部门备案的剧毒化学品易爆危险化学品使用单位是否及时办理了剧毒化学品购买许可证。

通过审计，对销售购买剧毒化学品易制爆危险化学品备案信息和剧毒化学品购买许可信息进行比对分析，查找已经购买有剧毒化学品的单位但没有办理剧毒化学品购买许可证的信息，及时移送有关主管部门查明原因后作出处理。

92.4 审计方法

以单位名称为主键，关联【公安_销售购买剧毒化学品易制爆危险化学品备案信息】表和【公安_剧毒化学品购买许可证信息】表，查询【公安_销售购买剧毒化学品易制爆危险化学品备案信息】表中的单位有没有出现在【公安_剧毒化学品购买许可证信息】表中记录。

92.5 SQL 语句

select a. 单位名称，a. 单位地址，a. 备案日期，b. 单位名称 as 剧毒化学品购买许可_单位名称

from 公安_销售购买剧毒化学品易制爆危险化学品备案信息 as a

left join 公安_剧毒化学品购买许可证信息 as b

on a. 单位名称 = b. 单位名称

where b. 单位名称 is null

92.6 结果展示

单位名称	单位地址	备案日期	剧毒化学品购买许可证_单位名称
＊＊烟花爆竹厂	＊＊县＊＊村	2017. 6. 31	null
＊＊溶解乙炔厂	＊＊镇＊＊村	2017. 8. 21	null
＊＊有限公司	＊＊县＊＊村	2018. 2. 21	null
＊＊化学公司	＊＊县＊＊园区	2018. 6. 12	null
＊＊化工厂	＊＊乡＊＊村	2018. 7. 18	null
＊＊化学工业公司	＊＊市＊＊区	2018. 12. 11	null

93. 取得剧毒化学品购买许可证的单位没有将销售或购买的剧毒化学品易制爆危险化学品在公安部门备案

93.1 审计目标

检查取得剧毒化学品购买许可证的单位没有将销售或购买的剧毒化学品易制爆危险化学品在公安部门备案的情况。

93.2 所需数据

【公安_剧毒化学品购买许可证信息】【公安_销售购买剧毒化学品易制爆危险

化学品备案信息】

93.3 审计思路

《危险化学品安全管理条例》（中华人民共和国国务院令第 645 号）第四十一条："危险化学品生产企业、经营企业销售剧毒化学品、易制爆危险化学品，应当如实记录购买单位的名称、地址、经办人的姓名、身份证号码以及所购买的剧毒化学品、易制爆危险化学品的品种、数量、用途。销售记录以及经办人的身份证明复印件、相关许可证件复印件或者证明文件的保存期限不得少于 1 年。剧毒化学品、易制爆危险化学品的销售企业、购买单位应当在销售、购买后 5 日内，将所销售、购买的剧毒化学品、易制爆危险化学品的品种、数量以及流向信息报所在地县级人民政府公安机关备案，并输入计算机系统。"

基于上述规定，为加强剧毒化学品管理，要求购买使用剧毒化学品的单位必须办理剧毒化学品购买许可证并将其购买的剧毒化学品及时在公安部门备案，审计检查已办理剧毒化学品购买许可证的单位有没有及时在公安部门进行备案的情况。

通过审计，将剧毒化学品购买许可证信息与销售购买剧毒化学品易制爆危险化学品备案信息进行比对分析，查找已经办理了剧毒化学品购买许可证的单位购买剧毒化学品后却没有在公安部门进行备案，将发现的问题及时移送有关主管部门查明原因后进行处理。

93.4 审计方法

以单位名称为主键，关联【公安_剧毒化学品购买许可证信息】表和【公安_销售购买剧毒化学品易制爆危险化学品备案信息】表，查询【公安_剧毒化学品购买许可证信息】表中已办理许可证的单位没有出现在【公安_销售购买剧毒化学品易制爆危险化学品备案信息】表中的记录。

93.5 SQL 语句

select a. 单位名称，a. 单位地址，a. 发证日期，a. 许可证编号，b. 单位名称 as 销售购买剧毒化学品备案_单位名称

　　from 公安_剧毒化学品购买许可证信息 as a

　　left join 公安_销售购买剧毒化学品易制爆危险化学品备案信息 as b

　　on a. 单位名称 = b. 单位名称

　　where b. 单位名称 is null

93.6 结果展示

单位名称	单位地址	发证日期	许可证编号	销售购买剧毒化学品备案_单位名称
＊＊能源有限公司	＊＊县＊＊镇官司村	2018.4.20	＊＊字12号	null
＊＊燃气有限公司	＊＊县＊＊镇	2018.5.22	＊＊字22号	null
＊＊煤焦集团有限公司	＊＊县＊＊镇	2018.5.22	＊＊字34号	null
＊＊气体有限责任公司	＊＊市＊＊文明大道	2018.6.11	＊＊字36号	null
＊＊宇天化工有限公司	＊＊县＊＊南工业路	2018.6.19	＊＊字41号	null
＊＊科技有限责任公司	＊＊市＊＊镇杨家庄	2018.7.6	＊＊字43号	null

94. 向不符合条件的单位出售剧毒化学品、易制爆危险化学品

94.1 审计目标

检查向没有取得危险化学品使用许可证的单位出售剧毒化学品和易制爆危险化学品的情况。

94.2 所需数据

【公安_销售购买剧毒化学品易制爆危险化学品备案信息】【公安_剧毒化学品购买许可证信息】

94.3 审计思路

《危险化学品安全管理条例》（中华人民共和国国务院令第645号）第四十条："危险化学品生产企业、经营企业销售剧毒化学品、易制爆危险化学品，应当查验本条例第三十八条第一款、第二款规定的相关许可证件或者证明文件，不得向不具有相关许可证件或者证明文件的单位销售剧毒化学品、易制爆危险化学品。对持剧毒化学品购买许可证购买剧毒化学品的，应当按照许可证载明的品种、数量销售。禁止向个人销售剧毒化学品（属于剧毒化学品的农药除外）和易制爆危险化学品。"

基于上述规定，国家为了加强危险化学品的管理，要求购买使用危险化学品的单位必须办理剧毒化学品购买许可证，审计检查购买剧毒化学品和易制爆危险化学品的单位有没有及时办理化学品购买许可证的情况。

通过审计，对销售购买剧毒化学品易制爆危险化学品备案信息与剧毒化学品购买许可信息进行比对分析，查找已经购买剧毒化学品易制爆危险化学品的单位没有取得剧毒化学品购买许可证的信息，及时移送相关主管部门查明原因后作出处理。

94.4 审计方法

以物品流向单位名称为主键，关联【公安_销售购买剧毒化学品易制爆危险化学品备案信息】表和【公安_剧毒化学品购买许可证信息】表，查询【公安_销售购买剧毒化学品易制爆危险化学品备案信息】表中购买剧毒化学品的单位没有出现在【公安_剧毒化学品购买许可证信息】表中的记录。

94.5 SQL 语句

select a. 单位名称，a. 单位地址，a. 备案日期，a. 经办人姓名，a. 销售或购买品种，a. 销售或购买数量，a. 物品流向单位名称，b. 单位名称 as 危险化学品购买许可证_单位名称

from 公安_销售购买剧毒化学品易制爆危险化学品备案信息 as a

left join 公安_剧毒化学品购买许可证信息 as b

on a. 物品流向单位名称 = b. 单位名称

where b. 单位名称 is null

94.6 结果展示

单位名称	单位地址	备案日期	经办人姓名	销售或购买品种	销售或购买数量	物品流向单位名称	危险化学品购买许可证_单位名称
＊＊化工有限责任公司	＊＊县＊＊乡杨村	2016. 3. 31	王＊平	＊＊＊＊	100	＊＊化工公司	null
＊＊焦化有限公司	＊＊县＊＊乡李村	2016. 7. 7	赵＊紧	＊＊＊＊	150	＊＊有限公司	null
＊＊煤焦有限公司	＊＊县＊＊工业路	2016. 7. 7	李＊栓	＊＊＊＊	200	＊＊化学公司	null
＊＊化工有限公司	＊＊县＊＊镇＊村	2016. 7. 7	张＊学	＊＊＊＊	240	＊＊源化工厂	null
＊＊生物科技有限公司	＊＊县产业园区	2016. 9. 27	孙＊栋	＊＊＊＊	160	＊＊有限责任公司	null
＊＊溶解乙炔厂	＊＊县＊＊乡杨村	2017. 5. 22	关＊支	＊＊＊＊	200	＊＊能源	null

95. 医疗废物收集处理合规性审计

95.1 审计目标

检查医疗废物收集处理的合规性。

95.2 所需数据

【医疗_医疗废物来源表】和【医疗_医疗废物接收表】

95.3 审计思路

《医疗废物管理条例》第五条："县级以上各级人民政府卫生行政主管部门，对医疗废物收集、运送、贮存、处置活动中的疾病防治工作实施统一监督管理；环境保护行政主管部门，对医疗废物收集、运送、贮存、处置活动中的环境污染防治工作实施统一监督管理。县级以上各级人民政府其他有关部门在各自的职责范围内负责与医疗废物处置有关的监督管理工作。"和第十二条："医疗卫生机构和医疗废物集中处置单位，应当对医疗废物进行登记，登记内容应当包括医疗废物的来源、种类、重量或者数量、交接时间、处置方法、最终去向以及经办人签名等项目。登记资料至少保存3年。"

基于上述规定，管理部门如果发现相关单位出现【医疗_医疗废物来源表】和【医疗_医疗废物接收表】中废物不一致的情况，应当依法进行处理处罚。有的单位，疏于管理，发生了医疗废物来源表和医疗废物接收表数量不一致的情况而没有处理。

通过审计，检查医疗废物来源表和医疗废物接收表数量不一致的情况，揭示有关主管部门管理不严格，制度流于形式，或谋取私人利益，执法不严格，包容放纵违规现象的发生，导致出现医疗废物来源表和医疗废物接收表数量不一致的情况。

95.4 审计方法

以医疗单位和医疗废物名称为主键，关联【医疗_医疗废物来源表】和【医疗_医疗废物接收表】，查询一定时期内在【医疗_医疗废物来源表】中各医疗机构收集的医疗废物数量是否等于【医疗_医疗废物接收表】中的医疗废物数量。

95.5 SQL 语句

95.5.1 感染性废物重量差异分析

select a. 医废产生单位, sum（a. 感染性废物重量）as 产生感染性废物重量, sum（b. 感染性废物重量）as 接收感染性废物重量, 重量差异 = sum（a. 感染性废物重量）- sum（b. 感染性废物重量）

from 医疗_医疗废物来源表 as a

join 医疗_医疗废物接收表 as b

on a. 医废产生单位 = b. 医废产生单位

group by a. 医废产生单位

order by 重量差异 desc

95.5.2 损伤性废物重量差异分析

select a. 医废产生单位, sum（a. 损伤性废物重量）as 产生损伤性废物重量, sum（b. 损伤性废物重量）as 接收损伤性废物重量, 重量差异 = sum（a. 损伤性废物重量）- sum（b. 损伤性废物重量）

from 医疗_医疗废物来源表 as a

join 医疗_医疗废物接收表 as b

on a. 医废产生单位 = b. 医废产生单位

group by a. 医废产生单位

order by 重量差异 desc

95.5.3 病理性废物重量差异分析

select a. 医废产生单位, sum（a. 病理性废物重量）as 产生病理性废物重量, sum（b. 病理性废物重量）as 接收病理性废物重量, 重量差异 = sum（a. 病理性废物重量）- sum（b. 病理性废物重量）

from 医疗_医疗废物来源表 as a

join 医疗_医疗废物接收表 as b

on a. 医废产生单位 = b. 医废产生单位

group by a. 医废产生单位

order by 重量差异 desc

95.5.4 药物性废物重量差异分析

select a. 医废产生单位, sum（a. 药物性废物重量）as 产生药物性废物重量, sum（b. 药物性废物重量）as 接收药物性废物重量, 重量差异 = sum（a. 药物性废物重量）- sum（b. 药物性废物重量）

from 医疗_医疗废物来源表 as a

join 医疗_医疗废物接收表 as b

on a. 医废产生单位 = b. 医废产生单位

group by a. 医废产生单位

order by 重量差异 desc

95.5.5 化学性废物重量差异分析

select a. 医废产生单位, sum（a. 化学性废物重量）as 产生化学性废物重量, sum（b. 化学性废物重量）as 接收化学性废物重量, 重量差异 = sum（a. 化学性废物重量）- sum（b. 化学性废物重量）

from 医疗_医疗废物来源表 as a

join 医疗_医疗废物接收表 as b

on a. 医废产生单位 = b. 医废产生单位

group by a. 医废产生单位

order by 重量差异 desc

95.5.6 废物重量总体差异分析

select a. 医废产生单位，sum（a. 合计）as 产生废物重量合计，sum（b. 合计）as 接收废物重量合计，重量差异 = sum（a. 合计）- sum（b. 合计）

from dbo. 医疗_医疗废物来源表 as a

join dbo. 医疗_医疗废物接收表 as b

on a. 医废产生单位 = b. 医废产生单位

group by a. 医废产生单位

order by 重量差异 desc

95.6 结果展示

95.6.1 感染性废物重量差异分析

医废产生单位	产生感染性废物重量	接收感染性废物重量	重量差异
＊＊市第一医院	6711774.00	6711000.00	774.00
＊＊市第三人民医院	4402356.00	4402300.00	56.00
＊＊市中医院	1819953.00	1819900.00	53.00
＊＊市骨科医院	1005702.00	1005702.00	0.00
＊＊市肿瘤医院	8710907.00	8710907.00	0.00
＊＊市结核病防治所	386874.00	386874.00	0.00

95.6.2 损伤性废物重量差异分析

医废产生单位	产生损伤性废物重量	接收损伤性废物重量	重量差异
＊＊市骨科医院	234228.00	234200.00	28.00
＊＊市第六人民医院	503094.00	503074.00	20.00
＊＊市灯塔医院	249402.00	249392.00	10.00
＊＊市第二人民医院	368205.90	368201.90	4.00
＊＊市第三人民医院	153402.00	153402.00	0.00
＊＊市心脑血管医院	28914.00	28914.00	0.00

95.6.3 病理性废物重量差异分析

医废产生单位	产生病理性废物重量	接收病理性废物重量	重量差异
＊＊市人民医院	43674.00	43634.00	40.00
＊＊市第二人民医院	37993.50	37983.50	10.00
＊＊市中医院	26614.50	26610.50	4.00
＊＊市妇幼保健院	3666.00	3666.00	0.00
＊＊市第六人民医院	7116.00	7116.00	0.00
＊＊市中医皮肤病医院	6542.00	6542.00	0.00

95.6.4 药物性废物重量差异分析

医废产生单位	产生药物性废物重量	接收药物性废物重量	重量差异
＊＊市骨科医院	158106.00	158006.00	100
＊＊市第二人民医院	72663.00	72600.00	63
＊＊市善应卫生院	18657.00	18600.00	57
＊＊市中心血站	18618.00	18618.00	0
＊＊市＊＊卫生院	9648.00	9648.00	0
＊＊市妇幼保健院	4257.00	4257.00	0

95.6.5 化学性废物重量差异分析

医废产生单位	产生化学性废物重量	接收化学性废物重量	重量差异
＊＊市妇幼保健院	55044.00	55004.00	40.00
＊＊市第六人民医院	14133.00	14103.00	30.00
＊＊市人民医院	11628.00	11620.00	8.00
＊＊市人民医院（东区）	3619.50	3619.50	0.00
＊＊市第三人民医院	729.00	729.00	0.00
＊＊市第五人民医院	27.00	27.00	0.00

95.6.6 废物重量总体差异分析

医废产生单位	产生废物重量合计	接收废物重量合计	重量差异
＊＊市妇幼保健院	13054530.00	13054500.00	30.00
＊＊市中医院	2070711.60	2070701.60	10.00
＊＊市第六人民医院	5668335.00	5668330.00	5.00
＊＊市灯塔医院	2039757.00	2039757.00	0.00
＊＊市肿瘤医院	9376266.00	9376266.00	0.00
＊＊市地区医院	8989689.00	8989689.00	0.00

96. 医疗机构向非定点机构出售医疗废物

96.1 审计目标

检查医疗机构向非定点机构出售医疗废物的情况。

96.2 所需数据

【基础表_财务_凭证表】

96.3 审计思路

《中华人民共和国固体废物污染环境防治法》第十七条："收集、贮存、运输、利用、处置固体废物的单位和个人，必须采取防扬散、防流失、防渗漏或者其他防止污染环境的措施；不得擅自倾倒、堆放、丢弃、遗撒固体废物。禁止任何单位或者个人向江河、湖泊、运河、渠道、水库及其最高水位线以下的滩地和岸坡等法律、法规规定禁止倾倒、堆放废弃物的地点倾倒、堆放固体废物。"和《医疗废物管理条例》第十条："医疗卫生机构和医疗废物集中处置单位，应当采取有效的职业卫生防护措施，为从事医疗废物收集、运送、贮存、处置等工作的人员和管理人员，配备必要的防护用品，定期进行健康检查；必要时，对有关人员进行免疫接种，防止其受到健康损害。"和第十四条："禁止任何单位和个人转让、买卖医疗废物。禁止在运送过程中丢弃医疗废物；禁止在非贮存地点倾倒、堆放医疗废物或者将医疗废物混入其他废物和生活垃圾。"

基于上述规定，国家对医疗机构产生的医疗废物的处理专门作了规定，其产生的医疗废物应当由专门从事医疗废物收集、运送、贮存、处置的单位进行处理，禁止任何单位和个人转让、买卖医疗废物，禁止将医疗废物混入其他废物和生活垃圾。查询医疗机构的其他收入中疑似为出售医疗废物而取得的收入，核实医疗机构未正常对医疗废物进行处置而私自销售医疗废物情况。

通过审计，分析医疗机构收入中其他收入的明细记录，看有无处置医疗废物的收入，如果其他收入中有处置医疗废物的收入，看其处置的废物是否属于医疗废物的范畴，确属私自处置医疗废物的需要移送相关主管部门及时作出处理。

96.4 审计方法

96.4.1 查询其他收入科目发生额

以单位名称为主键，查询【基础表_财务_凭证表】中单位名称疑似医院、卫生、防疫、康复、诊所等医疗机构的电子数据中科目名称为"其他收入"且贷方金额大于0的记录。

96.4.2 查询摘要中含"废品"或"废料"或"废旧"的记录

以单位名称为主键，查询【审计中间表_医疗_财务其他收入大于 0 的记录】中对应"摘要"疑似废品、废料、废旧等的记录。

96.5 SQL 语句

96.5.1 查询其他收入科目发生额

select 单位名称，摘要，科目名称，贷方金额

into 审计中间表_医疗_财务其他收入大于 0 的记录

from 基础表_财务_凭证表

where 科目名称 like '% 其他收入%' and 贷方金额 > 0

and（单位名称 like '% 医院%'

or 单位名称 like '% 卫生%'

or 单位名称 like '% 防疫%'

or 单位名称 like '% 康复%'

or 单位名称 like '% 诊所%'）

96.5.2 查询摘要中含"废品"或"废料"或"废旧"的记录

select 单位名称，摘要，科目名称，贷方金额

from 审计中间表_医疗_财务其他收入大于 0 的记录

where（摘要 like '% 废品%'

or 摘要 like '% 废料%'

or 摘要 like '废旧'）

96.6 结果展示

96.6.1 查询其他收入科目发生额

单位名称	电子数据名称	凭证日期	凭证号	科目名称	摘要	贷方金额
A 医院	A 医院 01 账	2019 年 3 月 5 日	12	其他收入	出售废旧物品	601.4
B 医院	B 医院 01 账	2019 年 5 月 6 日	22	其他收入	卖废品	579
C 医院	C 医院 01 账	2019 年 7 月 3 日	32	其他收入	废品收入	432
D 医院	D 医院 01 账	2019 年 8 月 8 日	13	其他收入	出售废料	700
E 医院	E 医院 01 账	2019 年 3 月 9 日	15	其他收入	医疗废料	567
F 医院	F 医院 01 账	2019 年 2 月 3 日	11	其他收入	废品收入	760

96.6.2. 查询摘要中含"废品"或"废料"或"废旧"的记录

单位名称	电子数据名称	凭证日期	凭证号	科目名称	摘要	贷方金额
A 医院	A 医院 01 账	2019 年 3 月 5 日	12	其他收入	出售废旧物品	601.4
B 医院	B 医院 01 账	2019 年 5 月 6 日	22	其他收入	卖废品	579
C 医院	C 医院 01 账	2019 年 7 月 3 日	32	其他收入	废品收入	432
D 医院	D 医院 01 账	2019 年 8 月 8 日	13	其他收入	出售废料	700
E 医院	E 医院 01 账	2019 年 3 月 9 日	15	其他收入	医疗废料	567
F 医院	F 医院 01 账	2019 年 2 月 3 日	11	其他收入	废品收入	760

97. 河流地表水断面监测数据各指标值纵向分析

97.1 审计目标

将河流地表水断面监测数据各指标按年度纵向比对分析。

97.2 所需数据

【环保_河流地表水断面监测数据】

97.3 审计思路

《中华人民共和国水污染防治法》第二十六条："国家确定的重要江河、湖泊流域的水资源保护工作机构负责监测其所在流域的省界水体的水环境质量状况，并将监测结果及时报国务院环境保护主管部门和国务院水行政主管部门；有经国务院批准成立的流域水资源保护领导机构的，应当将监测结果及时报告流域水资源保护领导机构。"第二十九条："国务院环境保护主管部门和省、自治区、直辖市人民政府环境保护主管部门应当会同同级有关部门根据流域生态环境功能需要，明确流域生态环境保护要求，组织开展流域环境资源承载能力监测、评价，实施流域环境资源承载能力预警。县级以上地方人民政府应当根据流域生态环境功能需要，组织开展江河、湖泊、湿地保护与修复，因地制宜建设人工湿地、水源涵养林、沿河沿湖植被缓冲带和隔离带等生态环境治理与保护工程，整治黑臭水体，提高流域环境资源承载能力。从事开发建设活动，应当采取有效措施，维护流域生态环境功能，严守生态保护红线。"第三十条："环境保护主管部门和其他依照本法规定行使监督管理权的部门，有权对管辖范围内的排污单位进行现场检查，被检查的单位应当如实反映情况，提供必要的资料。检查机关有义务为被检查的单位保守在检查中获取的商业秘密。"

2002 年环保部公布的地表水环境质量标准（GB3838—2002）

表 1　地表水环境质量标准基本项目标准限值　　　　单位：mg/L

序号	标准值项目　分　　类	I 类	II 类	III 类	IV 类	V 类
1	水温(℃)	人为造成的环境水温变化应限制在：周平均最大温升≤1　周平均最大温降≤2				
2	pH 值(无量纲)	6 ~ 9				
3	溶解氧≥	泡和率90%（或7.5）	6	5	3	2
4	高锰酸盐指数≤	2	4	6	10	15
5	化学需氧量(COD)≤	15	15	20	30	40
6	五日生化需氧量(BOD_5)≤	3	3	4	6	10
7	氨氮($MH_3 - N$)≤	0.15	0.5	1.0	1.5	2.0
8	总磷(以 P 计)≤	0.02(湖、库0.01)	0.1(湖、库0.025)	0.2(湖、库0.05)	0.2(湖、库0.1)	0.4(湖、库0.2)
9	总氮(湖、库,以 N 计)≤	0.2	0.5	1.0	105	2.0
10	铜≤	0.01	1.0	1.0	1.0	1.0
11	锌≤	0.05	1.0	1.0	2.0	2.0
12	氟化物(以 F – 计)≤	1.0	1.0	1.0	1.5	1.5
13	硒≤	0.01	0.01	0.01	0.02	0.02
14	砷≤	0.05	0.05	0.05	0.1	0.1
15	汞≤	0.00005	0.00005	0.0001	0.001	0.001
16	镉≤	0.001	0.005	0.005	0.005	0.01
17	铬(六价)≤	0.01	0.05	0.05	0.05	0.1
18	铅≤	0.01	0.01	0.05	0.05	0.1
19	氰化物≤	0.005	0.05	0.2	0.2	0.2
20	挥发酚≤	0.002	0.002	0.005	0.01	0.1
21	石油类≤	0.05	0.05	0.05	0.5	1.0
22	阴离子表面活性剂≤	0.2	0.2	0.2	0.3	0.3
23	硫化物≤	0.05	0.1	0.2	0.5	1.0
24	粪大肠菌群(个/L)≤	200	2000	10000	20000	40000

由上表 V 类水质主要指标的标准值为：

锰酸盐指数：小于等于 15，

化学需氧量（COD）：小于等于 40，

氨氮：小于等于 2，

总磷：小于等于 0.4，

总氮：小于等于 2

PH 值：6 ~ 9，

溶解氧：大于等于 2，

水温：周最大升温小于等于 1，周最大降温小于等于 2。

基于上述规定，检查各年度各监测点地表水监测指标的纵向比对情况，进一步分析一定时期某一地区地表水质的变化情况，揭示地表水质在一定时期内的变化情况。

通过审计，检查地表水质在一定时期内的变化情况，揭示有关主管部门管理不严格，制度流于形式，或谋取私人利益，执法不严格，包容放纵违规现象的发生，导致出现水资源污染的情况。

97.4 审计方法

97.4.1 高锰酸盐指数超标平均值、极大值、超标次数纵向分析

在【环保_河流地表水断面监测数据】表中，以年度、监测站点为条件进行分组，查询监测指标为"高锰酸盐指数"并且监测值大于 15 的超标平均值、极大值、超标次数。

97.4.2 化学需氧量（COD）超标平均值、极大值、超标次数纵向分析

在【环保_河流地表水断面监测数据】表中，以年度、监测站点为条件进行分组，查询监测指标为"COD"并且监测值大于 40 的超标平均值、极大值、超标次数。

97.4.3 氨氮超标平均值、极大值、超标次数纵向分析

在【环保_河流地表水断面监测数据】表中，以年度、监测站点为条件进行分组，查询监测指标为"氨氮"并且监测值大于 2 的超标平均值、极大值、超标次数。

97.4.4 总磷超标平均值、极大值、超标次数纵向分析

在【环保_河流地表水断面监测数据】表中，以年度、监测站点为条件进行分组，查询监测指标为"总磷"并且监测值大于 0.4 的超标平均值、极大值、超标次数。

97.4.5 总氮超标平均值、极大值、超标次数纵向分析

在【环保_河流地表水断面监测数据】表中，以年度、监测站点为条件进行分组，查询监测指标为"总氮"并且监测值大于 2 的超标平均值、极大值、超标次数。

97.4.6 pH 值超标平均值、极大值、超标次数纵向分析

在【环保_河流地表水断面监测数据】表中，以年度、监测站点为条件进行分组，查询监测指标为"pH 值"并且监测值小于 6 大于 9 的超标平均值、极大值、超标次数。

97.4.7 溶解氧超标平均值、极大值、超标次数纵向分析

在【环保_河流地表水断面监测数据】表中，以年度、监测站点为条件进行分组，查询监测指标为"溶解氧"并且监测值小于 2 的超标平均值、极大值、超标次数。

97.4.8 水温变化情况平均值、极大值、超标次数纵向分析

在【环保_河流地表水断面监测数据】表中，以年度、监测站点为条件进行分组，查询监测指标为"水温"平均值、极大值、超标次数。

97.5 SQL 语句

97.5.1 高锰酸盐指数超标平均值、极大值、超标次数纵向分析

select year（监测时间）as 年度，监测站点，avg（高锰酸盐指数）as 超标平均数，max（高锰酸盐指数）as 超标极大值，count（高锰酸盐指数）as 超标次数

from 环保_河流地表水断面监测数据

where 高锰酸盐指数 > 15

group by year（监测时间），监测站点

order by year（监测时间），监测站点

97.5.2 化学需氧量（COD）超标平均值、极大值、超标次数纵向分析

select year（监测时间）as 年度，监测站点，avg（COD）as 超标平均数，max（COD）as 超标极大值，count（COD）as 超标次数

from 环保_河流地表水断面监测数据

where COD > 40

group by year（监测时间），监测站点

order by year（监测时间），监测站点

97.5.3 氨氮超标平均值、极大值、超标次数纵向分析

select year（监测时间）as 年度，监测站点，avg（氨氮）as 超标平均数，max

（氨氮）as 超标极大值，count（氨氮）as 超标次数

　　from 环保_河流地表水断面监测数据

　　where 氨氮 > 2

　　group by year（监测时间），监测站点

　　order by year（监测时间），监测站点

　　97.5.4　总磷超标平均值、极大值、超标次数纵向分析

　　select year（监测时间）as 年度，监测站点，avg（总磷）as 超标平均数，max（总磷）as 超标极大值，count（总磷）as 超标次数

　　from 环保_河流地表水断面监测数据

　　where 总磷 > 0.4

　　group by year（监测时间），监测站点

　　order by year（监测时间），监测站点

　　97.5.5　总氮超标平均值、极大值、超标次数纵向分析

　　select year（监测时间）as 年度，监测站点，avg（总氮）as 超标平均数，max（总氮）as 超标极大值，count（总氮）as 超标次数

　　from 环保_河流地表水断面监测数据

　　where 总氮 > 2

　　group by year（监测时间），监测站点

　　order by year（监测时间），监测站点

　　97.5.6　pH 值大于 9 的平均值、极大值、超标次数纵向分析

　　select year（监测时间）as 年度，监测站点，avg（pH 值）as 超标平均数，max（pH 值）as 超标极大值，count（pH 值）as 超标次数

　　from 环保_河流地表水断面监测数据

　　where pH 值 > 9

　　group by year（监测时间），监测站点

　　order by year（监测时间），监测站点

　　97.5.7　pH 值小于 6 的平均值、极大值、超标次数纵向分析

　　select year（监测时间）as 年度，监测站点，avg（pH 值）as 超标平均数，max（pH 值）as 超标极大值，count（pH 值）as 超标次数

　　from 环保_河流地表水断面监测数据

　　where pH 值 < 6

　　group by year（监测时间），监测站点

order by year（监测时间），监测站点

97.5.8　溶解氧超标平均值、极大值、超标次数纵向分析

select year（监测时间）as 年度，监测站点，avg（溶解氧）as 超标平均数，max（溶解氧）as 超标极大值，count（溶解氧）as 超标次数

from 环保_河流地表水断面监测数据

where 溶解氧 ＜ 2

group by year（监测时间），监测站点

order by year（监测时间），监测站点

97.5.9　水温变化情况平均值、极大值、超标次数纵向分析

select year（监测时间）as 年度，监测站点，avg（水温）as 超标平均数，max（水温）as 超标极大值，count（水温）as 超标次数

from 环保_河流地表水断面监测数据

group by year（监测时间），监测站点

order by year（监测时间），监测站点

97.6　结果展示

97.6.1　高锰酸盐指数超标平均值、极大值、超标次数纵向分析

年度	监测站名	超标平均数	超标极大值	超标次数
2014	站点 1	19.00	38.00	45.00
2015	站点 1	18.00	39.00	55.00
2016	站点 1	19.00	37.00	65.00
2017	站点 1	18.00	30.00	34.00
2018	站点 1	19.00	39.00	33.00

97.6.2　化学需氧量（COD）超标平均值、极大值、超标次数纵向分析

年度	监测站名	超标平均数	超标极大值	超标次数
2014	站点 1	50.00	88.00	55.00
2015	站点 1	54.00	79.00	45.00
2016	站点 1	45.00	87.00	35.00
2017	站点 1	51.00	80.00	54.00
2018	站点 1	56.00	99.00	63.00

97.6.3　氨氮超标平均值、极大值、超标次数纵向分析

年度	监测站名	超标平均数	超标极大值	超标次数
2014	站点1	9.00	18.00	25.00
2015	站点1	12.00	19.00	51.00
2016	站点1	15.00	17.00	61.00
2017	站点1	11.00	10.00	32.00
2018	站点1	16.00	19.00	34.00

97.6.4　总磷超标平均值、极大值、超标次数纵向分析

年度	监测站名	超标平均数	超标极大值	超标次数
2014	站点1	1.00	5.00	15.00
2015	站点1	2.00	6.00	25.00
2016	站点1	1.50	7.00	35.00
2017	站点1	1.20	4.00	34.00
2018	站点1	1.10	8.00	33.00

97.6.5　总氮超标平均值、极大值、超标次数纵向分析

年度	监测站名	超标平均数	超标极大值	超标次数
2014	站点1	11.00	28.00	41.00
2015	站点1	12.00	29.00	52.00
2016	站点1	14.00	27.00	61.00
2017	站点1	13.00	20.00	35.00
2018	站点1	15.00	29.00	35.00

97.6.6　pH值大于9的平均值、极大值、超标次数纵向分析

年度	监测站名	超标平均数	超标极大值	超标次数
2014	站点1	19.00	28.00	27.00
2015	站点1	11.00	29.00	25.00
2016	站点1	12.00	27.00	25.00
2017	站点1	13.00	20.00	24.00
2018	站点1	17.00	29.00	23.00

97.6.7 pH 值小于 6 的平均值、极大值、超标次数纵向分析

年度	监测站名	超标平均数	超标极小值	超标次数
2014	站点 1	3.00	2.00	15.00
2015	站点 1	4.00	2.00	11.00
2016	站点 1	3.00	3.00	12.00
2017	站点 1	2.00	2.00	13.00
2018	站点 1	5.00	3.00	12.00

97.6.8 溶解氧超标平均值、极大值、超标次数纵向分析

年度	监测站名	超标平均数	超标极大值	超标次数
2014	站点 1	6.00	18.00	35.00
2015	站点 1	6.00	19.00	51.00
2016	站点 1	5.00	17.00	25.00
2017	站点 1	7.00	10.00	31.00
2018	站点 1	6.00	19.00	34.00

97.6.9 水温变化情况平均值、极大值、超标次数纵向分析

年度	监测站名	平均数	极大值	
2014	站点 1	3.00	8.00	
2015	站点 1	3.00	9.00	
2016	站点 1	3.00	7.00	
2017	站点 1	3.00	10.00	
2018	站点 1	3.00	9.00	

98. 河流地表水断面监测数据各指标超标情况审计

98.1 审计目标

将河流地表水断面监测数据各指标超标情况进行排序。

98.2 所需数据

【环保_河流地表水断面监测数据】

98.3 审计思路

《中华人民共和国水污染防治法》第二十六条："国家确定的重要江河、湖泊

流域的水资源保护工作机构负责监测其所在流域的省界水体的水环境质量状况，并将监测结果及时报国务院环境保护主管部门和国务院水行政主管部门；有经国务院批准成立的流域水资源保护领导机构的，应当将监测结果及时报告流域水资源保护领导机构。"第二十九条："国务院环境保护主管部门和省、自治区、直辖市人民政府环境保护主管部门应当会同同级有关部门根据流域生态环境功能需要，明确流域生态环境保护要求，组织开展流域环境资源承载能力监测、评价，实施流域环境资源承载能力预警。县级以上地方人民政府应当根据流域生态环境功能需要，组织开展江河、湖泊、湿地保护与修复，因地制宜建设人工湿地、水源涵养林、沿河沿湖植被缓冲带和隔离带等生态环境治理与保护工程，整治黑臭水体，提高流域环境资源承载能力。从事开发建设活动，应当采取有效措施，维护流域生态环境功能，严守生态保护红线。"第三十条："环境保护主管部门和其他依照本法规定行使监督管理权的部门，有权对管辖范围内的排污单位进行现场检查，被检查的单位应当如实反映情况，提供必要的资料。检查机关有义务为被检查的单位保守在检查中获取的商业秘密。"

2002 年环保部公布的地表水环境质量标准（GB3838—2002）

表 1　地表水环境质量标准基本项目标准限值　　　　　单位：mg/L

序号	标准值项目　　　分　　类	I 类	II 类	III 类	IV 类	V 类
1	水温（℃）	人为造成的环境水温变化应限制在：周平均最大温升≤1　周平均最大温降≤2				
2	pH 值（无量纲）	6~9				
3	溶解氧≥	泡和率90%（或7.5）	6	5	3	2
4	高锰酸盐指数≤	2	4	6	10	15
5	化学需氧量（COD）≤	15	15	20	30	40
6	五日生化需氧量（BOD_5）≤	3	3	4	6	10
7	氨氮（MH_3-N）≤	0.15	0.5	1.0	1.5	2.0
8	总磷（以 P 计）≤	0.02（湖、库 0.01）	0.1（湖、库 0.025）	0.2（湖、库 0.05）	0.2（湖、库 0.1）	0.4（湖、库 0.2）
9	总氮（湖、库，以 N 计）≤	0.2	0.5	1.0	105	2.0
10	铜≤	0.01	1.0	1.0	1.0	1.0
11	锌≤	0.05	1.0	1.0	2.0	2.0

序号	标准值项目 分类	I类	II类	III类	IV类	V类
12	氟化物（以F-计）≤	1.0	1.0	1.0	1.5	1.5
13	硒≤	0.01	0.01	0.01	0.02	0.02
14	砷≤	0.05	0.05	0.05	0.1	0.1
15	汞≤	0.00005	0.00005	0.0001	0.001	0.001
16	镉≤	0.001	0.005	0.005	0.005	0.01
17	铬（六价）≤	0.01	0.05	0.05	0.05	0.1
18	铅≤	0.01	0.01	0.05	0.05	0.1
19	氰化物≤	0.005	0.05	0.2	0.2	0.2
20	挥发酚≤	0.002	0.002	0.005	0.01	0.1
21	石油类≤	0.05	0.05	0.05	0.5	1.0
22	阴离子表面活性剂≤	0.2	0.2	0.2	0.3	0.3
23	硫化物≤	0.05	0.1	0.2	0.5	1.0
24	粪大肠菌群（个/L）≤	200	2000	10000	20000	40000

由上表V类水质主要指标的标准值为：

锰酸盐指数：小于等于15，

化学需氧量（COD）：小于等于40，

氨氮：小于等于2，

总磷：小于等于0.4，

总氮：小于等于2，

PH值：6~9，

溶解氧：大于等于2，

水温：周最升温小于等于1，周最大降温小于等于2。

基于上述规定，管理部门如果发现地表水监测点地表水监测指标的超标情况，应当依法进行处理处罚并采取相应的应对措施。

通过审计，检查地表水监测点地表水监测指标的超标情况，揭示有关主管部门管理不严格，制度流于形式，或谋取私人利益，执法不严格，包容放纵违规现象的发生，导致出现水资源污染的情况。

98.4 审计方法

98.4.1 高锰酸盐指数超标排序

在【环保_河流地表水断面监测数据】表中，查询监测指标为"高锰酸盐指数"并且监测值大于 15 的记录，按监测值从大到小排列。

98.4.2 化学需氧量（COD）超标排序

在【环保_河流地表水断面监测数据】表中，查询监测指标为"COD"并且监测值大于 40 的记录，按监测值从大到小排列。

98.4.3 氨氮超标排序

在【环保_河流地表水断面监测数据】表中，查询监测指标为"氨氮"并且监测值大于 2 的记录，按监测值从大到小排列。

98.4.4 总磷超标排序

在【环保_河流地表水断面监测数据】表中，查询监测指标为"总磷"并且监测值大于 0.2 的记录，按监测值从大到小排列。

98.4.5 总氮监测排序

在【环保_河流地表水断面监测数据】表中，查询监测指标为"总磷"并且监测值大于 2 的记录，按监测值从大到小排列。

98.4.6 PH 值超标排序

在【环保_河流地表水断面监测数据】表中，查询监测指标为"PH 值"并且监测值小于 6 或大于 9 的记录，按监测值从大到小排列。

98.4.7 溶解氧超标排序

在【环保_河流地表水断面监测数据】表中，查询监测指标为"溶解氧"并且监测值小于 2 的记录，按监测值从大到小排列。

98.4.8 水温监测排序

在【环保_河流地表水断面监测数据】表中，查询监测指标为"水温"，按监测值从大到小排列。

98.5 SQL 语句

98.5.1 高锰酸盐指数超标排序

select 监测站点，河流，监测时间，监测城市，高锰酸盐指数

from 环保_河流地表水断面监测数据

where 高锰酸盐指数 > 15

order by 高锰酸盐指数 desc

98.5.2 化学需氧量（COD）超标排序

select 监测站点，河流，监测时间，监测城市，COD

from 环保_河流地表水断面监测数据

where COD > 40

order by COD desc

98.5.3 氨氮超标排序

select 监测站点，河流，监测时间，监测城市，氨氮

from 环保_河流地表水断面监测数据

where 氨氮 > 2

order by 氨氮 desc

98.5.4 总磷超标排序

select 监测站点，河流，监测时间，监测城市，总磷

from 环保_河流地表水断面监测数据

where 总磷 > 0.4

order by 总磷 desc

98.5.5 总氮监测排序

select 监测站点，河流，监测时间，监测城市，总氮

from 环保_河流地表水断面监测数据

where 总氮 > 2

order by 总氮 desc

98.5.6 PH 值超标排序

select 监测站点，河流，监测时间，监测城市，PH 值

from 环保_河流地表水断面监测数据

where PH 值 > 9 or PH 值 < 6

order by PH 值 desc

98.5.7 溶解氧超标排序

select 监测站点，河流，监测时间，监测城市，溶解氧

from 环保_河流地表水断面监测数据

where 溶解氧 < 2

order by 溶解氧 desc

98.5.8 水温监测排序

select 监测站点，河流，监测时间，监测城市，水温

from 环保_河流地表水断面监测数据

order by 水温 desc

98.6 结果展示

98.6.1 高锰酸盐指数超标排序

监测站名	河流	监测时间	监测城市	高锰酸盐指数
站点 1	A 河	2018 - 06 - 30 20：00：00.000	＊＊市	19
站点 2	B 河	2018 - 06 - 30 16：00：00.000	＊＊市	18
站点 3	C 河	2018 - 06 - 30 12：00：00.000	＊＊市	19
站点 4	D 河	2018 - 06 - 30 08：00：00.000	＊＊市	19
站点 5	E 河	2018 - 06 - 30 04：00：00.000	＊＊市	18
站点 6	F 河	2018 - 06 - 30 00：00：00.000	＊＊市	17

98.6.2 化学需氧量（COD）超标排序

监测站名	河流	监测时间	监测城市	COD
站点 1	A 河	2018 - 06 - 30 20：00：00.000	＊＊市	50
站点 2	B 河	2018 - 06 - 30 16：00：00.000	＊＊市	58
站点 3	C 河	2018 - 06 - 30 12：00：00.000	＊＊市	51
站点 4	D 河	2018 - 06 - 30 08：00：00.000	＊＊市	54
站点 5	E 河	2018 - 06 - 30 04：00：00.000	＊＊市	52
站点 6	F 河	2018 - 06 - 30 00：00：00.000	＊＊市	54

98.6.3 氨氮超标排序

监测站名	河流	监测时间	监测城市	氨氮
站点 1	A 河	2018 - 06 - 30 20：00：00.000	＊＊市	5
站点 2	B 河	2018 - 06 - 30 16：00：00.000	＊＊市	8
站点 3	C 河	2018 - 06 - 30 12：00：00.000	＊＊市	7
站点 4	D 河	2018 - 06 - 30 08：00：00.000	＊＊市	14
站点 5	E 河	2018 - 06 - 30 04：00：00.000	＊＊市	12
站点 6	F 河	2018 - 06 - 30 00：00：00.000	＊＊市	14

98.6.4 总磷超标排序

监测站名	河流	监测时间	监测城市	总磷
站点 1	A 河	2018－06－30 20：00：00.000	＊＊市	1
站点 2	B 河	2018－06－30 16：00：00.000	＊＊市	2
站点 3	C 河	2018－06－30 12：00：00.000	＊＊市	1.5
站点 4	D 河	2018－06－30 08：00：00.000	＊＊市	1.4
站点 5	E 河	2018－06－30 04：00：00.000	＊＊市	1.2
站点 6	F 河	2018－06－30 00：00：00.000	＊＊市	1.4

98.6.5 总氮监测排序

监测站名	河流	监测时间	监测城市	总氮
站点 1	A 河	2018－06－30 20：00：00.000	＊＊市	10
站点 2	B 河	2018－06－30 16：00：00.000	＊＊市	8
站点 3	C 河	2018－06－30 12：00：00.000	＊＊市	11
站点 4	D 河	2018－06－30 08：00：00.000	＊＊市	14
站点 5	E 河	2018－06－30 04：00：00.000	＊＊市	12
站点 6	F 河	2018－06－30 00：00：00.000	＊＊市	14

98.6.6 PH 值超标排序

监测站名	河流	监测时间	监测城市	PH 值
站点 1	A 河	2018－06－30 20：00：00.000	＊＊市	10
站点 2	B 河	2018－06－30 16：00：00.000	＊＊市	3
站点 3	C 河	2018－06－30 12：00：00.000	＊＊市	11
站点 4	D 河	2018－06－30 08：00：00.000	＊＊市	14
站点 5	E 河	2018－06－30 04：00：00.000	＊＊市	11
站点 6	F 河	2018－06－30 00：00：00.000	＊＊市	12

98.6.7 溶解氧超标排序

监测站名	河流	监测时间	监测城市	溶解氧
站点 1	A 河	2018－06－30 20：00：00.000	＊＊市	1
站点 2	B 河	2018－06－30 16：00：00.000	＊＊市	1
站点 3	C 河	2018－06－30 12：00：00.000	＊＊市	1.1
站点 4	D 河	2018－06－30 08：00：00.000	＊＊市	1.4
站点 5	E 河	2018－06－30 04：00：00.000	＊＊市	1.2
站点 6	F 河	2018－06－30 00：00：00.000	＊＊市	1.4

98.6.8　水温监测排序

监测站名	河流	监测时间	监测城市	水温
站点 1	A 河	2018 – 06 – 30 20：00：00.000	＊＊市	10
站点 2	B 河	2018 – 06 – 30 16：00：00.000	＊＊市	8
站点 3	C 河	2018 – 06 – 30 12：00：00.000	＊＊市	11
站点 4	D 河	2018 – 06 – 30 08：00：00.000	＊＊市	14
站点 5	E 河	2018 – 06 – 30 04：00：00.000	＊＊市	12
站点 6	F 河	2018 – 06 – 30 00：00：00.000	＊＊市	14

99. 河流地表水断面监测数据录入合规性审计

99.1　审计目标

检查河流地表水断面监测数据录入不合规性的情况。

99.2　所需数据

【环保_河流地表水断面监测数据】

99.3　审计思路

《国务院办公厅关于利用计算机信息系统开展审计工作有关问题的通知》中"审计机关发现被审计单位的计算机信息系统不符合法律、法规和政府有关主管部门的规定、标准的，可以责令限期改正或者更换。在规定期限内不予改正或者更换的，应当通报批评并建议有关主管部门予以处理。审计机关在审计过程中发现开发、故意使用有舞弊功能的计算机信息系统的，要依法追究有关单位和人员的责任。"《中华人民共和国环境保护法》第十七条："国家建立、健全环境监测制度。国务院环境保护主管部门制定监测规范，会同有关部门组织监测网络，统一规划国家环境质量监测站（点）的设置，建立监测数据共享机制，加强对环境监测的管理。有关行业、专业等各类环境质量监测站（点）的设置应当符合法律法规规定和监测规范的要求。监测机构应当使用符合国家标准的监测设备，遵守监测规范。监测机构及其负责人对监测数据的真实性和准确性负责。"《环境监测数据弄虚作假行为判定及处理办法》第四条："……（十二）对原始数据进行不合理修约、取舍，或者有选择性评价监测数据、出具监测报告或者发布结果，以至评价结论失真的。"和其他相关条款。

基于上述规定，审计组在开展审计时要关注被审计单位的信息系统，如果信息录入不规范，主管部门就失去了通过在线监测掌握准确信息的意义，反映的数据失真。

通过审计，对在线监测数据进行分析，查找出数据录入不规范信息，提醒主管部门及时纠正，促使在线监测数据信息规范。

99.4 审计方法

查询【环保_河流地表水断面监测数据】表中监测站点和监测时间信息中有非法字符存在导致信息不准确的记录。

99.5 SQL 语句

```
select *
from 环保_河流地表水断面监测数据
where (监测站点 like '% MYM%'
or 监测站点 like '% * %'
or 监测站点 like '% （%'
or 监测站点 like '% ）%'
or 监测站点 like '% !%'
or 监测站点 like '% @ %'
or 监测站点 like '% #%'
or 监测站点 like '% & %'
or 监测站点 like '% + %'
or 监测站点 like '% ｛%'
or 监测站点 like '% ｝%'
or 监测站点 like '% － %'
or 监测站点 like '% ［%'
or 监测站点 like '% ］%'
or 监测站点 like '% ｜ %'
or 监测站点 like '% \ %'
or 监测站点 like '% :%'
or 监测站点 like '% ”%'
or 监测站点 like '% < %'
or 监测站点 like '% > %'
or 监测站点 like '% ?%'
```

```
or 监测站点 like '%/%'
or 监测站点 like '%1%'
or 监测站点 like '%2%'
or 监测站点 like '%3%'
or 监测站点 like '%4%'
or 监测站点 like '%5%'
or 监测站点 like '%6%'
or 监测站点 like '%7%'
or 监测站点 like '%8%'
or 监测站点 like '%9%'
or 监测站点 like ''
or 监测站点 is null)
or (监测时间 like '%MYM%'
or 监测时间 like '% * %'
or 监测时间 like '%(%'
or 监测时间 like '%)%'
or 监测时间 like '%!%'
or 监测时间 like '%@%'
or 监测时间 like '%#%'
or 监测时间 like '%&%'
or 监测时间 like '% + %'
or 监测时间 like '%{%'
or 监测时间 like '%}%'
or 监测时间 like '%[%'
or 监测时间 like '%]%'
or 监测时间 like '% | %'
or 监测时间 like '% " %'
or 监测时间 like '% < %'
or 监测时间 like '% > %'
or 监测时间 like '%?%'
or 监测时间 like '%/%'
or 监测时间 like ''
```

or 监测时间 is null）

99.6　结果展示

监测站点	河流	监测时间	监测城市	TOC	COD	氨氮	总磷	总氮	高锰酸盐指数	pH 值	水温	溶解氧	浊度	电导率
站点 1	＊＊河	null	＊＊市	1.66	7.32	0.24	0.052	7.736	null	7.98	6.88	16.14	10.45	553.72
站点 2	＊＊河	null	＊＊市	1.62	7.24	0.24	0.031	7.538	null	7.97	6.9	16.13	10.41	552.17
站点 3	＊＊河	null	＊＊市	1.7	7.4	0.22	0.024	7.648	null	7.96	7.07	16.21	10.51	553.51
站点 4	＊＊河	null	＊＊市	1.62	7.24	0.24	0.024	7.695	null	8	7.31	16.22	11.15	555.68
站点 5	＊＊河	null	＊＊市	1.75	7.5	0.19	0.024	7.65	null	8.03	7.48	16.35	10.91	553.33
站点 6	＊＊河	null	＊＊市	1.57	7.14	0.21	0.022	7.801	null	8.03	7.44	16.43	11.54	553.3

100.　抽取地下水的单位没有缴纳水资源费

100.1　审计目标

检查抽取地下水的单位没有缴纳水资源费的情况。

100.2　所需数据

【水利_取水许可证发放信息】【水利_水资源费征收信息】

100.3　审计思路

《取水许可和水资源费征收管理条例》（中华人民共和国国务院令第 676 号）第二条："本条例所称取水，是指利用取水工程或者设施直接从江河、湖泊或者地下取用水资源。取用水资源的单位和个人，除本条例第四条规定的情形外，都应当申请领取取水许可证，并缴纳水资源费。本条例所称取水工程或者设施，是指闸、坝、渠道、人工河道、虹吸管、水泵、水井以及水电站等。"和《中华人民共和国水法》第四十八条："直接从江河、湖泊或者地下取用水资源的单位和个人，应当按照国家取水许可制度和水资源有偿使用制度的规定，向水行政主管部门或者流域管理机构申请领取取水许可证，并缴纳水资源费，取得取水权。但是，家庭生活和零星散养、圈养畜禽饮用等少量取水的除外。实施取水许可制度和征收管理水资源费的具体办法，由国务院规定。"

基于上述规定，管理部门如果发现相关单位缴纳水资源费但没有办理取水许可证的行为，应当依法进行处理处罚，责令及时办理取水许可证。有的地方，疏于管理，相关单位发生了取水行并缴纳水资源费，但未办理取水许可证。

通过审计，检查已缴纳水资源费但未办理取水许可证的情况，揭示有关主管部门管理不严格，制度流于形式，或谋取私人利益，执法不严格，包容放纵违规现象的发生，导致取水许可证办理不到位的情况。

100.4　审计方法

以单位名称为主键，关联【水利_取水许可证发放信息】表和【水利_水资源费征收信息】表，查询在【水利_水资源费征收信息】表中出现的有水单位没有出现在【水利_取水许可证发放信息】表中。

100.5　SQL 语句

select a. 单位名称 as 水资源费征收信息_单位名称，a. 标准 as 水资源费征收信息_标准，a. 用水量 as 水资源费征收信息_用水量，a. 实收金额 as 水资源费征收信息_实收金额，a. 用水类型 as 水资源费征收信息_用水类型，a. 收费年度 as 水资源费征收信息_收费年度，a. 征收单位 as 水资源费征收信息_征收单位，b. 单位名称 as 取水许可证发放信息_单位名称

from 水利_水资源费征收信息 as a

join 水利_取水许可证发放信息 as b

on a. 单位名称 = b. 单位名称

where b. 单位名称 is null

100.6　结果展示

水资源费征收信息_单位名称	水资源费征收信息_标准	水资源费征收信息_用水量	水资源费征收信息_实收金额	水资源费征收信息_用水类型	水资源费征收信息_收费年度	水资源费征收信息_征收单位	取水许可证发放信息_单位名称
＊＊钢铁公司	0.45	30379599	13670819.55	地表水	2016	水利局	null
＊＊车业有限责任公司	2.6	1283	3335.8	自备井	2016	水利局	null
＊＊锻压机械工业有限公司	0.15	49510	9654.46	地温用户	2017	水利局	null
＊＊机械工业有限公司	0.15	83120	16208.4	地温用户	2016	水利局	null

续表

水资源费征收信息_单位名称	水资源费征收信息_标准	水资源费征收信息_用水量	水资源费征收信息_实收金额	水资源费征收信息_用水类型	水资源费征收信息_收费年度	水资源费征收信息_征收单位	取水许可证发放信息_单位名称
＊＊食品有限责任公司	2.6	4712	12251.2	自备井	2016	水利局	null
＊＊水泥有限责任公司	2.6	8325	21645	自备井	2016	水利局	null

101. 超规定抽取地下水

101.1 审计目标

检查抽取地下水单位取水量超过取水许可证规定取水量的情况。

101.2 所需数据

【水利_水资源费征收信息】【水利_取水许可证发放信息】

101.3 审计思路

《取水许可和水资源费征收管理条例》（中华人民共和国国务院令第 676 号）第二条"本条例所称取水，是指利用取水工程或者设施直接从江河、湖泊或者地下取用水资源。取用水资源的单位和个人，除本条例第四条规定的情形外，都应当申请领取取水许可证，并缴纳水资源费。本条例所称取水工程或者设施，是指闸、坝、渠道、人工河道、虹吸管、水泵、水井以及水电站等。"和《中华人民共和国水法》第八条："国家厉行节约用水，大力推行节约用水措施，推广节约用水新技术、新工艺，发展节水型工业、农业和服务业，建立节水型社会。各级人民政府应当采取措施，加强对节约用水的管理，建立节约用水技术开发推广体系，培育和发展节约用水产业。单位和个人有节约用水的义务。"第四十九条："用水应当计量，并按照批准的用水计划用水。用水实行计量收费和超定额累进加价制度。"

基于上述规定，管理部门如果发现相关单位有超额用水的行为，应当依法进行处理处罚。抽取地下水的单位，按核定的用水类别和用水量开采地下水，不得超审批类别和标准开采地下水。

通过审计，检查使用地下水的单位超标准开采下地水的情况，揭示有关主管部门管理不严格，制度流于形式，或谋取私人利益，执法不严格，包容放纵违规现象的发生，导致出现超额用水的行为。

101.4 审计方法

以单位名称和取水用途为主键关联【水利_水资源费征收信息】表和【水利_取水许可证发放信息】表，查询实际用水量大于批准用水量的单位、年度及超标准用水量数额。

101.5 SQL 语句

select a. 单位名称，a. 用水类型，a. 征收单位，a. 收费年度，a. 用水量 as 实际用水量，b. 年许可量 as 批准用水量，a. 用水量 - b. 年许可量 as 超标准用水量

from 水利_水资源费征收信息 as a

join 水利_取水许可证发放信息 as b

on a. 单位名称 = b. 单位名称

where a. 用途 = b. 取水用途

and a. 用水量 > b. 年许可量

101.6 结果展示

单位名称	用水类型	征收单位	收费年度	实际用水量	批准用水量	超标准用水量
安钢	地表水	水利局	2016	30379599	10000000	20379599
＊＊市第六人民医院	地温用户	水利局	2017	137530	130000	7530
＊＊食品有限责任公司	自备井	水利局	2016	6070	6000	70
＊＊实业有限责任公司	自备井	水利局	2016	3720	3000	720
＊＊经贸有限责任公司	自备井	水利局	2016	3350	2500	850
＊＊温泉旅游有限公司	地热用户	水利局	2017	13522	10000	3522

102. 已查封自用井的单位仍然在抽取地下水

102.1 审计目标

检查已查封自用井的单位仍然在抽取地下水的情况。

102.2 所需数据

【水利_水政监察封井登记表】【水利_水资源费征收信息】

102.3 审计思路

《取水许可和水资源费征收管理条例》（中华人民共和国国务院令第 676 号）

第二条："本条例所称取水，是指利用取水工程或者设施直接从江河、湖泊或者地下取用水资源。取用水资源的单位和个人，除本条例第四条规定的情形外，都应当申请领取取水许可证，并缴纳水资源费。本条例所称取水工程或者设施，是指闸、坝、渠道、人工河道、虹吸管、水泵、水井以及水电站等。"和《中华人民共和国水法》第六条："国家鼓励单位和个人依法开发、利用水资源，并保护其合法权益。开发、利用水资源的单位和个人有依法保护水资源的义务。"第十二条："国家对水资源实行流域管理与行政区域管理相结合的管理体制。国务院水行政主管部门负责全国水资源的统一管理和监督工作。国务院水行政主管部门在国家确定的重要江河、湖泊设立的流域管理机构（以下简称流域管理机构），在所管辖的范围内行使法律、行政法规规定的和国务院水行政主管部门授予的水资源管理和监督职责。县级以上地方人民政府水行政主管部门按照规定的权限，负责本行政区域内水资源的统一管理和监督工作。"

基于上述规定，管理部门如果发现相关单位私自打井开采地下水的行为，应当依法进行处理处罚，停止违规抽取地下水的行为或责令封井。已经被责令封井的单位不可能再发生抽取地下水的行为。有的地方，疏于管理，明封暗不封，采取虚假封井的方法，相关单位依然违规抽取地下水。

通过审计，检查已经被责令封井的单位仍然开采地下水情况，揭示有关主管部门管理不严格，制度流于形式，或谋取私人利益，执法不严格，包容放纵违规现象的发生，导致出现环保政策执行不到位的情况。

102.4　审计方法

以单位名称为主键，关联【水利_水政监察封井登记表】表和【水利_水资源费征收信息】表，查询在【水利_水政监察封井登记表】表中出现的已查封自备井的单位仍然出现在【水利_水资源费征收信息】表中。

102.5　SQL 语句

select a. 单位名称，a. 范围，a. 用途，a. 标准，a. 用水量，a. 用水类型，a. 收费年度，a. 征收单位，b. 文书编号 as 封井处理文书编号，b. 封填方式，b. 封填时间

from 水利_水资源费征收信息 as a

join 水利_水政监察封井登记表 as b

on a. 单位名称 = b. 单位或个人名称

where YEAR（b. 封填时间） < a. 收费年度

102. 6   结果展示

单位名称	范围	用途	标准	用水量	用水类型	收费年度	征收单位	封井处理文书编号	封填方式	封填时间
＊＊钢铁股份有限公司	管内	生活	2.6	6465265	自备井	2018	水利局	压采封〔2017〕28	焊封	2017.08.10
＊＊铝业股份有限公司	管内	生活	2.6	6465265	自备井	2018	水利局	压采封〔2017〕29	填封	2017.08.10
＊＊铜股份有限公司	管内	生活	2.6	6465265	自备井	2018	水利局	压采封〔2017〕34	自行填封	2017.08.10
＊＊集团钢铁有限公司	null	null	0.45	3638675	地表水	2018	水利局	压采封〔2017〕01	填封	2017.06.19
＊＊集团有限公司	null	null	0.45	3638675	地表水	2018	水利局	压采封〔2017〕05	自行填封	2017.06.21
＊＊集团	建外	工商	1.56	2130000	自备井	2018	水利局	压采封〔2017〕05	自行填封	2017.06.21

103. 向排污管网排污的有自用井单位没有办理取水许可证

103. 1   审计目标

检查向排污管网排污的有自用井单位没有办理取水许可证的情况。

103. 2   所需数据

【住建_排水许可证信息】【住建_纳入排污管网单位登记台】【水务公司_非居民用水信息】

103. 3   审计思路

《中华人民共和国水法》第七条："国家对水资源依法实行取水许可制度和有偿使用制度。但是，农村集体经济组织及其成员使用本集体经济组织的水塘、水库中的水的除外。国务院水行政主管部门负责全国取水许可制度和水资源有偿使用制度的组织实施。"《河南省水资源税改革试点实施办法》（豫政〔2017〕44 号）第三条："除本办法第四条规定的情形外，其他利用取水工程或设施直接取用地表水、地下水的单位和个人为水资源税纳税人，应当按照本办法规定缴纳水资源税。水资源税纳税人应按照《中华人民共和国水法》、《取水许可和水资源费征收管理条例》、《河南省取水许可和水资源费征收管理办法》（省政府令第 126 号）等规定申领取水许可证。"《取水许可和水资源费征收管理条例》（中华人民共和国国务院令第 676 号）第二条："本条例所称取水，是指利用取水工程或者设施直接从江河、湖泊或者地下取用水资源。取用水资源的单位和个人，除本条例第四条规定的情形外，都应当申请领取取水许可证，并缴纳水资源费。"

基于上述规定，单位取水有两种形式，一种是用自来水，一种是抽取地下水，单位抽取地下水的，需要办理取水许可证，如果一个单位出现将污水排入城市污水管网，同时没有使用自来水，说明该单位使用了地下水，就需要办理取水许可证并缴纳水资源费。

通过审计，以住建部门排水许可信息和纳入排污口管网信息以及水务部门非居民用水信息进行比对分析，查看没有使用自来水，而是使用自备井抽取地下水的单位没有领取取水许可证的情况，检查当地政府水利部门在许水许可证办理监督检查的履职尽责情况，及时将审计发现问题移送有关主管部门查明原因后作出处理。

103.4　审计方法

以企业名称为主键，关联【住建_排水许可证信息】表、【住建_纳入排污管网单位登记台】表和【水务公司_非居民用水信息】表，查询没有出现在【水务公司_非居民用水信息】表中的排污单位没有出现在【住建_排水许可证信息】表中的记录。

103.5　SQL 语句

select c. 企业名称，c. 地址，c. 经营性质，c. 纳入管网时间，c. 单位名称 as 自来水用户_单位名称，d. 企业名称 as 取水许可_单位名称

from（select a. *，b. 单位名称

from 住建_纳入排污管网单位登记台账 as a

left join 水务公司_非居民用水信息 as b

on a. 企业名称 = b. 单位名称

where b. 单位名称 is null）as c

left join 住建_排水许可证信息 as d

on c. 企业名称 = d. 企业名称

where d. 企业名称 is null

103.6 结果展示

企业名称	地址	经营性质	纳入管网时间	自来水用户_单位名称	取水许可_单位名称
＊＊市眼科医院	＊＊文明大道	医疗	2016/4/12	null	null
＊＊餐饮有限公司	东工路南段	餐饮	2017/4/3	null	null
＊＊市肿瘤医院	北关区＊＊北路1号	医疗	2017/2/14	null	null
＊＊百货有限公司	文峰中路	其他	2017/12/5	null	null
＊＊机械工业有限公司	开发区＊＊大道西段路北	工业	2018/5/16	null	null
＊＊汽车运输有限公司	解放大道中段	其他	2018/11/11	null	null

104. 没有缴纳污水处理费的单位

104.1 审计目标

检查没有缴纳污水处理费的单位、年度和月份。

104.2 所需数据

【住建_污水处理费征收信息】

104.3 审计思路

《污水处理费征收使用管理办法》第二章第八条："向城镇排水与污水处理设施排放污水、废水的单位和个人（以下称缴纳义务人），应当缴纳污水处理费。向城镇排水与污水处理设施排放污水、废水并已缴纳污水处理费的，不再缴纳排污费。向城镇排水与污水处理设施排放的污水超过国家或者地方规定排放标准的，依法进行处罚。"

基于上述规定，管理部门如果发现污水处理费征收信息中用水数量为空值或0的情况，应当依法进行处理处罚，责令及时缴污水处理费。有的地方疏于管理或者依法缴纳污水处理费的意识淡薄，相关单位发生了污水行为，但未缴纳污水处理费的情况。

通过审计，检查已经相关单位发生了排污行为，但未缴纳污水处理费的情况，揭示有关主管部门管理不严格，制度流于形式，或谋取私人利益，执法不严格，包容放纵违规现象的发生，导致出现污水处理费征收不到位的情况。

104.4 审计方法

在【住建_污水处理费征收信息】表中，检查用水数量为空值或0的情况。

104.5 SQL 语句

select 单位名称，年度，月份，征收单位，吨数，金额

from 住建_污水处理费征收信息

where 吨数 is null

or 吨数 = 0

order by 单位名称，年度，月份

104.6 结果展示

单位名称	年度	月份	征收单位	吨数	金额
＊＊东部置业有限公司	2017	12	城北队（任）	null	null
＊＊金刚石工具有限责任公司	2018	2	城北队（任）	null	null
＊＊金刚石工具有限责任公司	2018	7	城北队（任）	null	null
＊＊公交集团	2018	2	城西队（李）	null	null
＊＊公交集团	2018	3	城西队（李）	null	null
＊＊温泉洗浴有限责任公司	2018	2	城南队（吴）	null	null

105. 多收或少收污水处理费

105.1 审计目标

检查多收或少收污水处理费的情况。

105.2 所需数据

【住建_污水处理费征收信息】

105.3 审计思路

《污水处理费征收使用管理办法》第二章第八条："向城镇排水与污水处理设施排放污水、废水的单位和个人（以下称缴纳义务人），应当缴纳污水处理费。向城镇排水与污水处理设施排放污水、废水并已缴纳污水处理费的，不再缴纳排污费。向城镇排水与污水处理设施排放的污水超过国家或者地方规定排放标准的，依法进行处罚。"

基于上述规定，管理部门如果发现相关单位有污水处理费征收不到位的行为，应当依法进行处理处罚，责令及时缴纳污水处理费。有的地方，疏于管理或者依法缴纳污水处理费的意识淡薄，相关单位发生了污水处理行为，但没有足额缴纳污水处理费。

通过审计，检查住建部门污水处理费征收信息，并计算分析是否足额征收污水处理费，揭示有关主管部门管理不严格，制度流于形式，或谋取私人利益，执法不严格，包容放纵违规现象的发生，导致污水处理费征收不到位的情况。

105.4 审计方法

105.4.1 多收污水处理费情况

在【住建_污水处理费征收信息】表中，用收费金额减数量乘以单价，如果结果大于0，则为多收污水处理费。

105.4.2 少收污水处理费情况

在【住建_污水处理费征收信息】表中，用收费金额减数量乘以单价，如果结果小于0，则为少收污水处理费。

105.4.3 多收或少收污水处理费明细

在【住建_污水处理费征收信息】表中，统计各单位应当缴纳污水处理费的明细情况。

105.5 SQL 语句

105.5.1 多收污水处理费情况（假设污水处理费单价为2）

select 年度，sum（isnull（金额，0）－ isnull（吨数 * 2，0））as 多收金额

from 住建_污水处理费征收信息

where isnull（金额，0）－ isnull（吨数 * 2，0）> 0

group by 年度

105.5.2 少收污水处理费情况

select 年度，sum（isnull（吨数 * 2，0）－isnull（金额，0））as 少收金额

from 住建_污水处理费征收信息

where isnull（金额，0）－ isnull（吨数 * 2，0）< 0

group by 年度

105.5.3 多收或少收污水处理费明细

select 单位名称，年度，月份，征收单位，吨数，金额，多收或少收金额 = isnull（金额，0）－ isnull（吨数 * 2，0）

from 住建_污水处理费征收信息

order by 单位名称，年度，月份

105.6 结果展示

105.6.1 多收污水处理费情况

年度	多收金额
2018	8582
2017	236
2016	7689

105.6.2 少收污水处理费情况

年度	少收金额
2018	1570671.6
2017	715936.9429
2016	1457278

105.6.3 多收或少收污水处理费明细

单位名称	年度	月份	征收单位	吨数	金额	多收或少收金额
＊＊金刚石工具有限责任公司	2016	5	城北队（任）	400	400	−400
＊＊金刚石工具有限责任公司	2016	6	城北队（任）	300	300	−300
＊＊公交集团	2018	5	城西队（李）	390	546	−234
＊＊温泉洗浴有限责任公司	2018	1	城南队（吴）	12600	1680	−23520
＊＊电机有限公司	2017	6	城南队（吴）	500	700	−300
＊＊房地产开发有限公司	2018	5	城北队（任）	1100	1540	−660

106. 应收未收污水处理费

106.1 审计目标

检查应收未收污水处理费的情况。

106.2 所需数据

【住建_污水处理费征收信息】【水务公司_非居民用水信息】

106.3 审计思路

《污水处理费征收使用管理办法》第二章第八条："向城镇排水与污水处理设

施排放污水、废水的单位和个人（以下称缴纳义务人），应当缴纳污水处理费。向城镇排水与污水处理设施排放污水、废水并已缴纳污水处理费的，不再缴纳排污费。向城镇排水与污水处理设施排放的污水超过国家或者地方规定排放标准的，依法进行处罚。

基于上述规定，管理部门如果发现相关单位有污水处理费征收不到位的行为，应当依法进行处理处罚，责令及时缴纳污水处理费。有的地方，疏于管理、依法缴纳污水处理费的意识淡薄，相关单位发生了污水处理行为，但没有足额缴纳污水处理费。

通过审计，检查住建部门污水征收信息和水务公司的非居民用水信息，并计算住建的污水处理费征收信息表中用水吨数为0，而水务公司的非居民用水信息表中的用水量大于0的情况，分析是否足额征收污水处理费，揭示有关主管部门管理不严格，制度流于形式，或谋取私人利益，执法不严格，包容放纵违规现象的发生，导致污水处理费征收不到位的情况。

106.4　审计方法

以单位名称、年度、月份为主键，关联【住建_污水处理费征收信息】表和【水务公司_非居民用水信息】表，查询【住建_污水处理费征收信息】表中用水吨数为0，而【水务公司_非居民用水信息】表中的用水量大于0的情况（此处按每吨2元计算）。

106.5　SQL 语句

select a. 单位名称，a. 年度，a. 月份，a. 征收单位，a. 吨数，a. 金额，b. 水量 as 水务公司统计用水量，应收未收污水处理费 =（b. 水量 - a. 吨数）* 2

from（select *

from 住建_污水处理费征收信息

where isnull（吨数，0）= 0）as a

join（select 单位名称，水量，用水时间，year（用水时间）as 年度，month（用水时间）as 月份

from 水务公司_非居民用水信息

where 水量 > 0）as b

on a. 单位名称 = b. 单位名称

and a. 年度 = b. 年度

and a. 月份 = b. 月份

106.6 结果展示

单位名称	年度	月份	征收单位	吨数	金额	水务公司统计用水量	应收未收污水处理费
＊＊塑业有限公司	2018	12	城西队（李）	100	200	150	100
＊＊建工集团房地产开发有限责任公司	2017	1	城南队（吴）	150	300	160	20
＊＊酒店管理有限责任公司	2018	12	城西队（李）	80	160	100	40
＊＊汽车销售服务有限公司	2018	1	城南队（吴）	60	120	100	80
＊＊汽车客运西站	2018	12	城北队（任）	100	200	160	120
＊＊铁路器材有限责任公司	2016	1	城南队（吴）	200	400	260	120

107. 污水处理费上缴财政情况分析

107.1 审计目标

检查污水处理费上缴财政情况。

107.2 所需数据

【住建_污水处理费征收信息】【非税收入明细信息】

107.3 审计思路

《污水处理费征收使用管理办法》第二章第十五条："污水处理费一般应当按月征收，并全额上缴地方国库。公共供水企业应当按规定时限如实向城镇排水主管部门申报售水量和代征的污水处理费数额。使用自备水源的单位和个人应当按规定时限如实向城镇排水主管部门或其委托的单位申报用水量（排水量）和应缴纳的污水处理费数额。城镇排水主管部门或其委托的单位应当对申报情况进行审核，确定污水处理费征收数额。收取污水处理费时，使用省级财政部门统一印制的票据。具体缴库办法按照省级财政部门的规定执行。"

基于上述规定，管理部门如果发现相关单位有污水处理费上缴不到位的行为，应当依法进行处理处罚，责令及时上缴污水处理费。有的地方，疏于管理或者依法上缴污水处理费的意识淡薄，相关单位发生了征收了污水处理费，但没有足额上缴财政。

通过审计，检查【住建_污水处理费征收信息】和【财政_非税收入明细信息】，分析是否足额征收污水处理费，揭示有关主管部门管理不严格，制度流于形式，或谋取私人利益，执法不严格，包容放纵违规现象的发生，导致污水处理费未足额上缴的情况。

107.4　审计方法

107.4.1　污水处理费征收台账信息

以征收单位、年度为条件进行分组，合计每年住建部门污水征收信息表中反映的金额，并存入【审计中间表_住建_污水处理费征收分年度合计信息】表中。

107.4.2　污水处理费上缴财政部门信息

以征收单位、年度为条件进行分组，合计每年财政部门非税收入信息表中污水征收金额，并存入【审计中间表_财政_污水处理费征收分年度合计信息】表中。

107.4.3　污水处理费财政部门收入数与住建部门征收台账数差异

以征收单位、年度为主键，关联【审计中间表_住建_污水处理费征收分年度合计信息】表和【审计中间表_财政_污水处理费征收分年度合计信息】表，计算住建部门和财政部门污水处理费征收的差额。

107.5　SQL 语句

107.5.1　住建_污水处理费征收信息

select 征收单位，年度，sum（金额）as 住建部门征收数

into 审计中间表_住建_污水处理费征收分年度合计信息

from 住建_污水处理费征收信息

group by 征收单位，年度

order by 征收单位，年度

107.5.2　财政_非税收入明细信息

select 征收单位，year（收入时间）as 年度，sum（征收金额）as 财政部门收入数

into 审计中间表_财政_污水处理费征收分年度合计信息

from 财政_非税收入明细信息

where 征收单位 like '%住%建%' or 征收单位 like '%污水管理%'

group by 征收单位，year（收入时间）

107.5.3　污水处理费财政部门收入数与住建部门征收台账数差异

select a. 征收单位，a. 住建部门征收数，b. 财政部门收入数，isnull（a. 住建部门征收数，0）- isnull（b. 财政部门收入数，0）as 差异数

from 审计中间表_住建_污水处理费征收分年度合计信息 as a

join 审计中间表_财政_污水处理费征收分年度合计信息 as b

on a. 年度 = b. 年度

107. 6　结果展示

107. 6. 1　污水处理费征收台账信息

征收单位	年度	住建部门征收数
＊＊住房和城乡建设局	2016	1457278
＊＊住房和城乡建设局	2017	1311498. 2
＊＊住房和城乡建设局	2018	406798. 4

107. 6. 2　污水处理费上缴财政部门信息

征收单位	年度	财政部门收入数
＊＊住房和城乡建设局	2016	1257278
＊＊住房和城乡建设局	2017	1111498. 2
＊＊住房和城乡建设局	2018	386798. 4

107. 6. 3　污水处理费财政部门收入数与住建部门征收台账数差异

征收单位	年度	住建部门征收数	财政部门收入数	差异数
＊＊住房和城乡建设局	2017	1457278	1257278	200000
＊＊住房和城乡建设局	2017	1311498. 2	1111498. 2	200000
＊＊住房和城乡建设局	2018	406798. 4	386798. 4	20000

108. 缴纳污水处理费但未办理取水许可证

108. 1　审计目标

检查缴纳污水处理费但未办理取水许可证的情况。

108. 2　所需数据

【住建_污水处理费征收信息】【水利_取水许可证发放信息】

108. 3　审计思路

《河南省城市污水处理费征收使用管理办法》（省政府令第 94 号）第三条："凡在本省行政区域内向城市污水集中处理设施及排水管网排放污、废水的单位和个人，应当按照本办法的规定缴纳城市污水处理费。"和《取水许可和水资源费征收管理条例》（中华人民共和国国务院令第 676 号）第二条："本条例所称取水，是指利用取水工程或者设施直接从江河、湖泊或者地下取用水资源。取用水资源的单位和个人，除本条例第四条规定的情形外，都应当申请领取取水许可证，并缴纳水资源费。本条例所称取水工程或者设施，是指闸、坝、渠道、人工河道、虹吸管、水泵、水井以及水电站等。"

基于上述规定，凡是向城市污水集中处理设施及排水管网排放污、废水的单位和个人，应当缴纳城市污水处理费。管理部门如果发现相关单位缴纳了排污费但未办理取水许可证的行为，应当查明，是否抽取了地下水，如果抽取了地下水而没有办理取水许可证，应予依法进行处理处罚，责令及时办理取水许可证。

通过审计，检查已经缴纳污水处理费抽取了地下水但未办理取水许可证的情况，揭示有关主管部门管理不严格，制度流于形式，或谋取私人利益，执法不严格，包容放纵违规现象的发生，导致取水许可证办理不到位的情况。

108.4 审计方法

以单位名称为主键，关联【住建_污水处理费征收信息】表和【水利_取水许可证发放信息】表，检查出现在【住建_污水处理费征收信息】表中的单位没有出现在【水利_取水许可让发放信息】表中。

108.5 SQL 语句

select a. 单位名称，a. 年度，a. 月份，a. 征收单位，a. 吨数，a. 金额，b. 单位名称 as 取得取水许可证单位名称，b. 取水许可证号

from 住建_污水处理费征收信息 as a

left join 水利_取水许可证发放信息 as b

on a. 单位名称 = b. 单位名称

where b. 单位名称 is null

108.6 结果展示

单位名称	年度	月份	征收单位	吨数	金额	取得取水许可证单位名称	取水许可证号
＊＊汽车客运西站	2017	1	污水管理处	200	200	null	null
＊＊置业有限公司	2017	1	污水管理处	700	700	null	null
＊＊饮料有限公司	2017	1	污水管理处	800	800	null	null
＊＊车业有限公司	2017	1	污水管理处	60	60	null	null
＊＊金刚石工具有限责任公司	2017	1	污水管理处	480	480	null	null
＊＊房地产开发有限公司	2017	1	污水管理处	60	60	null	null

109. 缴纳了水资源费的单位没有缴纳污水处理费

109.1 审计目标

检查缴纳了水资源费的单位没有缴纳污水处理费的情况。

109.2 所需数据

【住建_污水处理费征收信息】【水利_水资源费征收信息】

109.3 审计思路

《河南省城市污水处理费征收使用管理办法》（省政府令第 94 号）第三条："凡在本省行政区域内向城市污水集中处理设施及排水管网排放污、废水的单位和个人，应当按照本办法的规定缴纳城市污水处理费。"和《取水许可和水资源费征收管理条例》（中华人民共和国国务院令第 676 号）第二十八条："取水单位或者个人应当缴纳水资源费。取水单位或者个人应当按照经批准的年度取水计划取水。超计划或者超定额取水的，对超计划或者超定额部分累进收取水资源费。水资源费征收标准由省、自治区、直辖市人民政府价格主管部门会同同级财政部门、水行政主管部门制定，报本级人民政府批准，并报国务院价格主管部门、财政部门和水行政主管部门备案。其中，由流域管理机构审批取水的中央直属和跨省、自治区、直辖市水利工程的水资源费征收标准，由国务院价格主管部门会同国务院财政部门、水行政主管部门制定。"

基于上述规定，凡是向城市污水集中处理设施及排水管网排放污水的单位和个人，应当缴纳城市污水处理费。管理部门如果发现相关单位使用地下水缴纳了水资源费，但未缴纳污水处理费的单位，应当进一步核实这些单位是否向城市管网排放污水，如果向城市管网排放了污水，应当依法责令其缴纳污水处理费。有的地方，疏于管理，相关单位发生了取水行为但未缴纳污水处理费而没有制止其违法行为。

通过审计，检查已经缴纳水资源费但未缴纳污水处理费的情况，揭示有关主管部门管理不严格，制度流于形式，或谋取私人利益，执法不严格，包容放纵违规现象的发生，导致污水处理费征收不到位的情况。

109.4 审计方法

以单位名称为主键，关联【住建_污水处理费征收信息】表和【水利_水资源费征收信息】表，检查出现在【水利_水资源费征收信息】表中的单位没有出现在【住建_污水处理费征收信息】表中。

109.5 SQL 语句

select a. 单位名称, a. 收费年度, a. 标准, a. 用水量, a. 实收金额, b. 单位名称

from 水利_水资源费征收信息 as a

left join 住建_污水处理费征收信息 as b

on a. 单位名称 = b. 单位名称

where b. 单位名称 is null

109.6 结果展示

单位名称	收费年度	标准	用水量	实收金额	单位名称
＊＊能源利用开发有限公司	2016	0.15	144000	26010	null
＊＊能源有限公司	2017	0.15	87560	17074.2	null
＊＊置业有限公司	2016	8	7560	75600	null
＊＊糖尿病医院	2017	0.15	22410	4369.95	null
＊＊物业服务有限公司	2016	0.15	46120	8993.4	null
＊＊锻压机械工业有限公司	2017	0.15	49510	9654.46	null

110. 排水许可证发放占建成区内相关工商登记户比率

110.1 审计目标

检查排水许可证发放占建成区内相关工商登记户比率的情况。

110.2 所需数据

【住建_排水许可证信息】【工商_工商登记信息】

110.3 审计思路

《城镇污水排入排水管网许可管理办法》第三条："国务院住房城乡建设主管部门负责全国排水许可工作的指导监督。省、自治区人民政府住房城乡建设主管部门负责本行政区域内排水许可工作的指导监督。直辖市、市、县人民政府城镇排水与污水处理主管部门（以下简称城镇排水主管部门）负责本行政区域内排水许可证书的颁发和监督管理。城镇排水主管部门可以委托专门机构承担排水许可审核管理的具体工作。"和第四条："城镇排水设施覆盖范围内的排水户应当按照国家有关规定，将污水排入城镇排水设施。排水户向城镇排水设施排放污水，应当按照本办法的规定，申请领取排水许可证。未取得排水许可证，排水户不得向城镇排水设施排放污水。城镇居民排放生活污水不需要申请领取排水许可证。在雨水、污水分流排

放的地区，不得将污水排入雨水管网。"和《中华人民共和国公司法》第六条："设立公司，应当依法向公司登记机关申请设立登记。符合本法规定的设立条件的，由公司登记机关分别登记为有限责任公司或者股份有限公司；不符合本法规定的设立条件的，不得登记为有限责任公司或者股份有限公司。法律、行政法规规定设立公司必须报经批准的，应当在公司登记前依法办理批准手续。公众可以向公司登记机关申请查询公司登记事项，公司登记机关应当提供查询服务。"第七条："依法设立的公司，由公司登记机关发给公司营业执照。公司营业执照签发日期为公司成立日期。公司营业执照应当载明公司的名称、住所、注册资本、经营范围、法定代表人姓名等事项。公司营业执照记载的事项发生变更的，公司应当依法办理变更登记，由公司登记机关换发营业执照。"第八条："依照本法设立的有限责任公司，必须在公司名称中标明有限责任公司或者有限公司字样。依照本法设立的股份有限公司，必须在公司名称中标明股份有限公司或者股份公司字样。"第九条："有限责任公司变更为股份有限公司，应当符合本法规定的股份有限公司的条件。股份有限公司变更为有限责任公司，应当符合本法规定的有限责任公司的条件。有限责任公司变更为股份有限公司的，或者股份有限公司变更为有限责任公司的，公司变更前的债权、债务由变更后的公司承继。"

基于上述规定，对建成区工商登记企业信息与排水许可证发放信息进行比对分析，通过审计发现建成区内排水许可证发放的总体情况、需要排水的工商企业总体情况和占比情况。

110.4 审计方法

110.4.1 建成区内排水许可证发放总体情况

在【住建_排水许可证信息】表中，将发证机关或单位处所地址中包含"区"的记录筛选出来并存为【审计中间表_住建_建成区内排水许可证发放信息】表。

110.4.2 建成区内需要排水的工商企业总体情况

在【工商_工商登记信息】表中，将发行业类型或企业名称中包含发证机关或单位处所地址中包含"服务、建筑、电力、燃气、科研、卫生、住宿、酒店、宾馆、旅馆、旅社、餐馆、餐饮、娱乐"的记录筛选出来并保存为【审计中间表_工商_建成区内相关工商登记信息】表。

110.4.3 建成区内需要排水的工商企业占比

将【审计中间表_住建_建成区内排水许可证发放信息】表中的单位数除以【审计中间表_工商_建成区内相关工商登记信息】表中的单位数，即为排水许可证发放占建成区内相关工商登记户的比率。

110.5 SQL 语句

110.5.1 建成区内排水许可证发放总体情况

select count（∗）as 排水许可证数量

into 审计中间表_住建_建成区内排水许可证发放信息

from 住建_排水许可证信息

where 发证机关 like'%区%' or 地址 like '%区%'

110.5.2 建成区内需要排水的工商企业总体情况

select count（∗）as 企业单位数

into 审计中间表_工商_建成区内相关工商登记信息

from 工商_工商登记信息

where（行业类型 like '%服务%'

or 行业类型 like '%建筑%'

or 行业类型 like '%电力%'

or 行业类型 like '%燃气%'

or 行业类型 like '%科研%'

or 行业类型 like '%卫生%'

or 行业类型 like '%住宿%'

or 行业类型 like '%酒店%'

or 行业类型 like '%宾馆%'

or 行业类型 like '%旅馆%'

or 行业类型 like '%旅社%'

or 行业类型 like '%餐馆%'

or 行业类型 like '%餐饮%'

or 行业类型 like '%娱乐%'）

or（企业名称 like '%服务%'

or 企业名称 like '%建筑%'

or 企业名称 like '%电力%'

or 企业名称 like '%燃气%'

or 企业名称 like '%科研%'

or 企业名称 like '%卫生%'

or 企业名称 like '%住宿%'

or 企业名称 like '%酒店%'

or 企业名称 like '%宾馆%'

or 企业名称 like '%旅馆%'

or 企业名称 like '%旅社%'

or 企业名称 like '%餐馆%'

or 企业名称 like '%餐饮%'

or 企业名称 like '%娱乐%')

and（登记机关 like '%区'

or 经营地址 like '%区%'）

and 企业状态 like '在业'

or 企业状态 like '正常'

110.5.3　建成区内需要排水的工商企业占比

select a. 排水许可证数量 ，b. 企业单位数，

isnull（a. 排水许可证数量，0）* 1.0/b. 企业单位数 as 占比

from 审计中间表_住建_建成区内排水许可证发放信息 as a，

审计中间表_工商_建成区内相关工商登记信息 as b

110.6　结果展示

排水许可证数量	企业单位数	占比
91	56273	0.001617117

111. 没有缴纳污水处理费的单位、年度和月份

111.1　审计目标

检查没有抄表和缴纳污水处理费的单位、年度和月份。

111.2　所需数据

【住建_污水处理费征收信息】

111.3　审计思路

《污水处理费征收使用管理办法》第八条："向城镇排水与污水处理设施排放污水、废水的单位和个人（以下称缴纳义务人），应当缴纳污水处理费。向城镇排水与污水处理设施排放污水、废水并已缴纳污水处理费的，不再缴纳排污费。向城镇排水与污水处理设施排放的污水超过国家或者地方规定排放标准的，依法进行处罚。"

基于上述规定，管理部门如果发现相关单位有未缴纳污水处理费的行为，应当

依法进行处理处罚，责令及时缴纳污水处理费。有的地方，疏于管理、依法缴纳污水处理费的意识淡薄，相关单位发生了缴纳污水处理费的行为。

通过审计，检查未缴纳污水处理费的情况，揭示有关主管部门管理不严格，制度流于形式，或谋取私人利益，执法不严格，包容放纵违规现象的发生，导致污水处理费征收不到位的情况。

111. 4　审计方法

在【住建_污水处理费征收信息】中，查询数量为 0 或空值的情况。

111. 5　SQL 语句

select 单位名称，年度，月份，征收单位，吨数，金额

from 住建_污水处理费征收信息

where 吨数 = 0

or 吨数 is null

order by 单位名称，年度，月份

111. 6　结果展示

单位名称	年度	月份	征收单位	吨数	金额
＊＊通用气体有限责任公司	2018	1	污水管理处	null	null
＊＊工业园有限责任公司	2018	1	污水管理处	null	null
＊＊燃气有限公司	2018	1	污水管理处	null	null
＊＊商贸有限公司	2018	1	污水管理处	null	null
＊＊汽车客运西站	2018	1	污水管理处	null	null
＊＊予制构件有限公司	2018	1	污水管理处	null	null

112. 缴纳了水资源费的单位没有取得取水许可证

112. 1　审计目标

检查缴纳了水资源费的单位没有取得取水许可证的情况。

112. 2　所需数据

【水利_取水许可证发放信息】【水利_水资源费征收信息】

112. 3　审计思路

《取水许可和水资源费征收管理条例》第二条："取用水资源的单位和个人，都应

当申请领取取水许可证，并缴纳水资源费。"和第二十条："有下列情形之一的，审批机关不予批准……：（一）在地下水禁采区取用地下水的；（二）在取水许可总量已经达到取水许可控制总量的地区增加取水量的；（三）可能对水功能区水域使用功能造成重大损害的；（四）取水、退水布局不合理的；（五）城市公共供水管网能够满足用水需要时，建设项目自备取水设施取用地下水的；（六）可能对第三者或者社会公共利益造成重大损害的……"

基于上述规定，管理部门如果发现缴纳了水资源费的单位没有取得取水许可证的行为，应当依法进行处理处罚。有的地方，疏于管理，相关单位存在缴纳了水资源费的单位没有取得取水许可证的情况。

通过审计，检查缴纳了水资源费的单位没有取得取水许可证的情况，揭示有关主管部门管理不严格，制度流于形式，或谋取私人利益，执法不严格，包容放纵违规现象的发生，导致缴纳了水资源费的单位没有取得取水许可证的情况。

112.4　审计方法

以单位名称为主键，关联【水利_水资源费征收信息】表和【水利_取水许可证发放信息】表，查询出现在【水利_水资源费征收信息】表中的单位名称没有出现在【水利_取水许可证发放信息】表中。

112.5　SQL 语句

select a. 单位名称，a. 标准，a. 用水量，a. 实收金额，a. 用水类型，a. 收费年度，a. 征收单位，b. 单位名称 as 取水许可单位名称，b. 取水许可证号

from 水利_水资源费征收信息 as a

left join 水利_取水许可证发放信息 as b

on a. 单位名称 = b. 单位名称

where b. 单位名称 is null

112.6　结果展示

单位名称	标准	用水量	应收金额	实收金额	用水类型	收费年度	征收单位	取水许可单位名称	取水许可证号
＊＊钢铁股份有限公司建筑安装分公司	2.6	24150	62790	62790	自备井	2016	水利局	null	null
＊＊钢铁集团有限责任公司	2.6	7676799	19959677	19959677	自备井	2017	水利局	null	null
＊＊高新区碧水＊＊商务酒店	0.15	9440	1840.8	1840.8	地温用户	2016	水利局	null	null

单位名称	标准	用水量	应收金额	实收金额	用水类型	收费年度	征收单位	取水许可单位名称	取水许可证号
＊＊房地产有限责任公司	0.15	265660	51803.7	51803.7	地温用户	2017	水利局	null	null
＊＊物业服务有限公司	0.15	946270	184522.7	184522.65	地温用户	2017	水利局	null	null
＊＊家具装潢材料购物广场有限公司	0.15	108735	21203.33	21203.33	地温用户	2017	水利局	null	null

113. 抽取地下水的单位没有办理取水许可证

113.1 审计目标

检查抽取地下水的单位没有办理取水许可证的情况。

113.2 所需数据

【工商_工商登记信息】【水务公司_非居民用水信息】【水利_取水许可证发放信息】

113.3 审计思路

《取水许可和水资源费征收管理条例》第二条："取用水资源的单位和个人，都应当申请领取取水许可证，并缴纳水资源费。"和第二十条："有下列情形之一的，审批机关不予批准……：（一）在地下水禁采区取用地下水的；（二）在取水许可总量已经达到取水许可控制总量的地区增加取水量的；（三）可能对水功能区水域使用功能造成重大损害的；（四）取水、退水布局不合理的；（五）城市公共供水管网能够满足用水需要时，建设项目自备取水设施取用地下水的；（六）可能对第三者或者社会公共利益造成重大损害的……"

基于上述规定，管理部门如果发现抽取地下水的单位没有办理取水许可证的行为，应当依法进行处理处罚。有的地方，疏于管理，相关单位存在抽取地下水的单位没有办理取水许可证的情况。

通过审计，检查抽取地下水的单位没有办理收费许可证的情况，揭示有关主管部门管理不严格，制度流于形式，或谋取私人利益，执法不严格，包容放纵违规现象的发生，导致发生抽取地下水的单位没有办理取水许可证的情况。

113.4 审计方法

以单位名称为主键，关联【工商_工商登记信息】表、【水务公司_非居民用水信息】表和【水利_取水许可证发放信息】，查询出现在【工商_工商登记信息】表中，且经营范围包括"洗浴、洗车、医院、酒店"，状态为"在业"或"正常"的单位名称没有出现在【水务公司_非居民用水信息】表和【水利_取水许可证发放信息】表中。

113.5 SQL 语句

select c. * , d. 单位名称

from（select a. *

from（select *

from 工商_工商登记信息

where（经营范围 like '% 洗浴 %'

or 经营范围 like '% 洗车 %'

or 经营范围 like '% 医院 %'

or 经营范围 like '% 酒店 %'）

and（企业状态 like '% 在业 %'

or 企业状态 like '% 正常 %'）） as a

left join 水务公司_非居民用水信息 as b

on a. 企业名称 = b. 单位名称

where b. 单位名称 is null） as c

left join 水利_取水许可证发放信息 as d

on c. 企业名称 = d. 单位名称

where d. 单位名称 is null

113.6 结果展示

企业名称	注册号	企业状态	行业小类	经营范围	成立日期	核准日期	取水许可证单位名称
＊＊洗浴部	411＊＊＊＊04146963	正常	洗浴服务	洗浴服务（凭有效许可证经营）＊＊	2014－10－30	2014－10－30	null
＊＊洗衣店	411＊＊＊＊00990552	正常	洗浴服务	衣物干洗、水洗服务	2015－03－09	2015－03－09	null

企业名称	注册号	企业状态	行业小类	经营范围	成立日期	核准日期	取水许可证单位名称
＊＊宝贝孕婴馆	411＊＊＊＊20225503	正常	洗浴服务	婴幼儿奶粉、辅食、幼儿洗澡、游泳	2015－07－08	2015－07－08	null
＊＊王氏足浴店	411＊＊＊＊28435446	正常	洗浴服务	足浴服务	null	null	null
＊＊洗浴中心	411＊＊＊＊28082665	正常	洗浴服务	洗浴服务	null	null	null
＊＊浴池	411＊＊＊＊00989964	正常	洗浴服务	洗浴服务	2015－02－11	2015－02－11	null

114. 污水处理用药情况分析

114.1 审计目标

检查涉及污水处理的单位购买使用相关药品量情况分析。

114.2 所需数据

【基础表_财务_余额表】【基础表_财务_凭证表】

114.3 审计思路

《城镇排水与污水处理条例》第二十九条："城镇污水处理设施维护运营单位应当保证出水水质符合国家和地方规定的排放标准，不得排放不达标污水。城镇污水处理设施维护运营单位应当按照国家有关规定检测进出水水质，向城镇排水主管部门、环境保护主管部门报送污水处理水质和水量、主要污染物削减量等信息，并按照有关规定和维护运营合同，向城镇排水主管部门报送生产运营成本等信息。城镇污水处理设施维护运营单位应当按照国家有关规定向价格主管部门提交相关成本信息。城镇排水主管部门核定城镇污水处理运营成本，应当考虑主要污染物削减情况。"和《河南省城镇污水处理厂运行监督管理办法》第十三条："运营单位要按照《城镇污水处理厂运行、维护及其安全技术规程（CJJ60—2011）》和我省有关污水处理行业安全生产管理的规定，制定保障城镇污水处理厂正常运行的生产管理制度、安全生产制度、水质检验制度，制定停电、进水水质突变、水量突变、洪涝冰冻灾害、重要设备故障等特殊情况的安全运营应急预案，报当地污水处理运行监督主管部门和环保部门备案。"

基于上述规定，污水处理厂在正常运行期间应有健全的生产管理制度、安全生产制度、水质检验制度等台账记录，对其业务活动过程中的正常消耗品建立台账，切实履行污水处理规定。

通过审计，对污水处理厂在污水处理过程的相关成本记录进行审查，检查污水处理厂相关污水处理环节中需要消耗的药品记录，是否与其正常业务活动过程的消耗相吻合，如果药品消耗较少，说明污水处理厂没有按照规定对污水进行处理，需要进一步查看其处理后的水质是否符合处理要求，查处弄虚作假现象。

114.4　审计方法

114.4.1　检查相关药品明细账记录

以污水处理厂名称为主键，查询【基础表_财务_余额表】中相关与污水处理有关的药品的明细账记录。

114.4.2　检查购买相关药品的摘要记录

以污水处理厂名称为主键，查询【基础表_财务_凭证表】中相关摘要中购买药品的相关记录，看所需药品是否是污水处理能力相一致。

114.5　SQL 语句

114.5.1　检查相关药品明细账记录

select 年度，单位名称，电子数据名称，会计月份 ="，凭证日期 ="，凭证号 ="，

科目编号，科目名称，摘要 ="，期初余额，借方金额 ="，贷方金额 ="

from 基础表_财务_余额表

where 科目名称 like '% 铝盐%'

union

select 年度，单位名称，电子数据名称，会计月份，凭证日期，凭证号，科目编号，科目名称，摘要，期初余额 ="，借方金额，贷方金额

from 基础表_财务_凭证表

where 科目名称 like '% 铝盐%'

order by 单位名称，电子数据名称，科目编号，年度，会计月份

114.5.2　检查购买相关药品的摘要记录

select 年度，单位名称，电子数据名称，凭证日期，凭证号，科目名称，摘要，借方金额，贷方金额

from 基础表_财务_凭证表

where 摘要 like '% 铝盐%' or 摘要 like '% 铁盐%'
or 摘要 like '% 混凝剂%' or 摘要 like '% 絮凝剂%'

114.6 结果展示

114.6.1 检查相关药品明细账记录

年度	单位名称	电子数据名称	会计月份	凭证日期	凭证号	科目编号	科目名称	摘要	期初余额	借方金额	贷方金额
2018	＊＊污水处理厂	＊＊污水处理厂01账	1	2019-01-01		＊＊＊＊	材料_铝盐		20000	0	0
2018	＊＊污水处理厂	＊＊污水处理厂01账	1	2019-01-02	02	＊＊＊＊	材料_铝盐	购铝盐	0	10000	0
2018	＊＊污水处理厂	＊＊污水处理厂01账	1	2019-01-05	05	＊＊＊＊	材料_铝盐	领铝盐	0	0	30000
2018	＊＊污水处理厂	＊＊污水处理厂01账	1	2019-01-09	10	＊＊＊＊	材料_铝盐	购铝盐		50000	0
2018	＊＊污水处理厂	＊＊污水处理厂01账	1	2019-01-18	23	＊＊＊＊	材料_铝盐	领铝盐	0	0	20000
2018	＊＊污水处理厂	＊＊污水处理厂01账	1	2019-01-22	28	＊＊＊＊	材料_铝盐	领铝盐	0	0	10000

114.6.2. 检查购买相关药品的摘要记录

年度	单位名称	电子数据名称	会计月份	凭证日期	凭证号	科目编号	科目名称	摘要	借方金额	贷方金额
2018	＊＊污水处理厂	＊＊污水处理厂01账	1	2019年1月2日	02	＊＊＊＊	材料_铝盐	购铝盐	10000	0
2018	＊＊污水处理厂	＊＊污水处理厂01账	1	2019年1月5日	05	＊＊＊＊	材料_铝盐	领铝盐	0	30000
2018	＊＊污水处理厂	＊＊污水处理厂01账	1	2019年1月9日	10	＊＊＊＊	材料_铝盐	购铝盐	50000	0
2018	＊＊污水处理厂	＊＊污水处理厂01账	1	2019年1月18日	23	＊＊＊＊	材料_铝盐	领铝盐	0	20000
2018	＊＊污水处理厂	＊＊污水处理厂01账	1	2019年1月22日	28	＊＊＊＊	材料_铝盐	领铝盐	0	10000

115. 在水源地保护区内设置污水排放口

115.1　审计目标

检查在水源地保护区内设置污水排放口的情况。

115.2　所需数据

【水利_水源地保护区】【水利_入河排污口核查信息】

115.3　审计思路

《中华人民共和国水法》第三十四条："禁止在饮用水水源保护区内设置排污口。在江河、湖泊新建、改建或者扩大排污口，应当经过有管辖权的水行政主管部门或者流域管理机构同意，由环境保护行政主管部门负责对该建设项目的环境影响报告书进行审批。"《排污许可管理办法（试行）》第六条："环境保护部负责指导全国排污许可制度实施和监督。各省级环境保护主管部门负责本行政区域排污许可制度的组织实施和监督。排污单位生产经营场所所在地设区的市级环境保护主管部门负责排污许可证核发。地方性法规对核发权限另有规定的，从其规定。"第七条："同一法人单位或者其他组织所属、位于不同生产经营场所的排污单位，应当以其所属的法人单位或者其他组织的名义，分别向生产经营场所所在地有核发权的环境保护主管部门（以下简称核发环保部门）申请排污许可证。生产经营场所和排放口分别位于不同行政区域时，生产经营场所所在地核发环保部门负责核发排污许可证，并应当在核发前，征求其排放口所在地同级环境保护主管部门意见。"以及《入河排污口监督管理办法》第十四条："有下列情形之一的，不予同意设置入河排污口：（一）在饮用水水源保护区内设置入河排污口的……"

基于上述规定，排污口的设置首先要有排污许可证，其次要符合要求，不能对水源造成危害。相关部门在核发排污许可证时要先对企业排污口所在位置进行核查，确保排污口处在安全范围之内，不会对水源造成污染。

通过审计，分析入河排污口的设置信息是否处在水源地保护区内，检查当地政府行政主管部门在入河排污口审批环节履职尽责情况，是否存在违规在水源地保护区内设置排污口的情况。

115.4　审计方法

以省辖市、区县、乡镇为主键，关联【水利_水源地保护区】表和【水利_入河排污口核查信息】表，查询【水利_入河排污口核查信息】表中企业注册地址和土地范围在【水利_水源地保护区】表中水源地范围内的记录。

115.5 SQL 语句

select a. 省辖市，a. 区县，a. 乡镇，a. 水源地范围，b. 入河排污口名称，b. 排入水体名称，b. 设置单位，b. 经度，b. 纬度

from 水利_水源地保护区 as a

join 水利_入河排污口核查信息 as b

on a. 省辖市 ＝ b. 省辖市

and a. 区县 ＝ b. 县区

and a. 乡镇 ＝ b. 乡镇

115.6 结果展示

省辖市	区县	乡镇	水源地范围	入河排污口名称	排入水体名称	设置单位	经度	纬度
＊＊市	＊＊县	＊＊镇	＊＊＊＊	＊＊市＊＊县＊＊乡入河排污口	＊＊沟	＊＊县＊＊水务有限公司	114.28535555	36.4321799
＊＊市	＊＊县	＊＊镇	＊＊＊＊	＊＊市＊＊区＊＊办事处入河排污口	＊＊河	＊＊区＊＊水务有限公司	114.28990871	36.4500000
＊＊市	＊＊县	＊＊镇	＊＊＊＊	＊＊市＊＊县＊＊镇入河排污口	＊＊河	＊＊县＊＊有限公司	114.28796555	36.4698701
＊＊市	＊＊县	＊＊镇	＊＊＊＊	＊＊市＊＊县＊＊乡＊＊入河排污口	＊＊河	＊＊县＊＊有限公司	114.29786008	36.4678902
＊＊市	＊＊县	＊＊镇	＊＊＊＊	＊＊市＊＊县＊＊乡＊＊入河排污口	＊＊河	＊＊县＊＊有限公司	114.30987652	36.4312903
＊＊市	＊＊县	＊＊镇	＊＊＊＊	＊＊市＊＊县＊＊乡＊＊入河排污口	＊＊河	＊＊县＊＊有限公司	114.29087651	36.4290876

116. 在饮用水源保护区内建加油站

116.1 审计目标

检查在饮用水源保护区内建加油站的情况。

116.2 所需数据

【水利_水源地保护区】【商务_加油站基本情况表】

116.3 审计思路

《中华人民共和国水污染防治法》第三条："水污染防治应当坚持预防为主、防治结合、综合治理的原则，优先保护饮用水水源，严格控制工业污染、城镇生活污染，防治农业面源污染，积极推进生态治理工程建设，预防、控制和减少水环境污染和生态破坏。"《饮用水水源保护区污染防治管理规定》第十九条："饮用水地下水源各级保护区及准保护区内必须遵守下列规定：一、一级保护区内禁止建设……油库……"

基于上述规定，国家出台制度减少水环境污染和生态破坏，特别是饮用水地下水源各级保护区及准保护区，更是保护的重点，规定明确不准在一级保护区内建立加油站油库，审计检查是否在饮用水水源保护区内设置加油站油库的情况。

通过审计，将商务部门掌握的加油站基本情况信息与水利部门掌握的水源地保护区信息进行比对分析，查看加油站及油库登记的地址是否在水源地保护区范围内，如果发现有加油站设在水源地保护区内，要及时移送有关部门查明原因后作出处理。

116.4 审计方法

以省辖市、区县、乡镇为主键，关联【水利_水源地保护区】表和【商务_加油站基本情况表】表，查询【商务_加油站基本情况表】表中查询站地址出现在【水利_水源地保护区】表中水源地范围内的记录。

116.5 SQL 语句

select a. 省辖市，a. 区县，a. 乡镇，a. 水源地范围，b. 加油站名称，b. 加油站地址

from 水利_水源地保护区 as a

join 商务_加油站基本情况表 as b

on a. 省辖市 ＝ b. 省辖市

and a. 区县 ＝ b. 县区

and a. 乡镇 ＝ b. 乡镇

116.6 结果展示

省	省辖市	区县	乡镇	水源地范围	加油站名称	加油站地址
＊＊省	＊＊市	＊＊区	＊＊镇	＊＊＊＊＊＊＊	＊＊寨前加油站	＊＊市＊＊区＊＊路寨前村段路东
＊＊省	＊＊市	＊＊区	＊＊镇	＊＊＊＊＊＊＊	＊＊鹤乡加油站	＊＊市＊＊区＊＊路
＊＊省	＊＊市	＊＊县	＊＊镇	＊＊＊＊＊＊＊	＊＊山城加油站	＊＊市＊＊县＊＊路
＊＊省	＊＊市	＊＊县	＊＊镇	＊＊＊＊＊＊＊	＊＊西路加油站	＊＊市＊＊县＊＊路
＊＊省	＊＊市	＊＊县	＊＊镇	＊＊＊＊＊＊＊	＊＊加油站	＊＊市＊＊县＊＊路
＊＊省	＊＊市	＊＊县	＊＊镇	＊＊＊＊＊＊＊	＊＊加油站	＊＊市＊＊县＊＊路

117. 在城市公共供水管网覆盖范围内取用地下水

117.1 审计目标

检查在城市公共供水管网覆盖范围内取用地下水的合理性。

117.2 所需数据

【水利_取水许可证发放信息】

117.3 审计思路

《取水许可证和水资源费征收管理条例》第二条："本条例所称取水，是指利用取水工程或者设施直接从江河、湖泊或者地下取用水资源。取用水资源的单位和个人，除本条例第四条规定的情形外，都应当申请领取取水许可证，并缴纳水资源费。"第二十条："有下列情形之一的，审批机关不予批准，并在作出不批准的决定时，书面告知申请人不批准的理由和依据：（不予批准许可证的情形）（一）在地下水禁采区取用地下水的；（二）在取水许可总量已经达到取水许可控制总量的地区增加取水量的；（三）可能对水功能区水域使用功能造成重大损害的；（四）取水、退水布局不合理的；（五）城市公共供水管网能够满足用水需要时，建设项目自备取水设施取用地下水的；（六）可能对第三者或者社会公共利益产生重大损害的；（七）属于备案项目，未报送备案的；（八）法律、行政法规规定的其他情形。审批的取水量不得超过取水工程或者设施设计的取水量。"

基于上述规定，为有效保护地下水资源，国家对取用水资源的单位和个人就领取取水许可证进行规范，凡城市公共供水管网能够满足用水需要的，一般不予批准相关单位和个人取用地下水，审计检查城市公共供水管网内，建设项目自备取水设施取用地下水的是否确为城市公共供水管不能够满足用水需要。

通过审计，对水利部门的取水许可证发放信息进行分析，查看其发放的取水许可证单位登记的地址是否在城市供水管网覆盖的范围内，如果有在城市供水管网覆盖范围内的企业，需要及时移送相关主管部门查明原因并作出处理。

117.4 审计方法

查询【水利_取水许可证发放信息】表中单位登记的地址在管网内的企业。

117.5 SQL 语句

select 单位名称，单位地址，取水许可证号，取水用途，井数，管网内外，年许可量，审核时间

from 水利_取水许可证发放信息

where 管网内外 like '% 内 %'

order by 年许可量 desc

117.6 结果展示

单位名称	单位地址	取水许可证号	取水用途	井数	管网内外	年许可量	审核时间
＊＊钢铁公司	＊＊大道西段路北	216＊＊＊＊	工商业及其他类	1	内	1188	2016－07－12
＊＊投资有限公司	＊＊大道东段路北	227＊＊＊＊	地温空调	2	内	198	2016－09－11
＊＊市第六人民医院	＊＊路与紫薇大道交汇口西南角	238＊＊＊＊	地温空调	2	内	150	2017－07－19
＊＊房地产开发有限责任公司	＊＊大道与钢一路路交汇口东北角	243＊＊＊＊	地温空调	2	内	138.24	2018－12－21
＊＊棉花研究所	＊＊大道西段路南38 号	226＊＊＊＊	地温空调	2	内	111.28	2018－11－14
＊＊市第五人民医院	＊＊大道与梅东路交汇口东北角	276＊＊＊＊	地温空调	2	内	76	2018－07－09

118. 在地下水禁采区取用地下水

118.1 审计目标

检查在地下水禁采区内取用地下水的情况。

118.2　所需数据

【水利_地下水禁采区】【水利_取水许可证发放信息】

118.3　审计思路

《中华人民共和国水法》第三十六条："在地下水超采地区，县级以上地方人民政府应当采取措施，严格控制开采地下水。在地下水严重超采地区，经省、自治区、直辖市人民政府批准，可以划定地下水禁止开采或者限制开采区。在沿海地区开采地下水，应当经过科学论证，并采取措施，防止地面沉降和海水入侵。"《取水许可证和水资源费征收管理条例》第二条："本条例所称取水，是指利用取水工程或者设施直接从江河、湖泊或者地下取用水资源。取用水资源的单位和个人，除本条例第四条规定的情形外，都应当申请领取取水许可证，并缴纳水资源费。"第二十条："有下列情形之一的，审批机关不予批准，并在作出不批准的决定时，书面告知申请人不批准的理由和依据：（一）在地下水禁采区取用地下水的；（二）在取水许可总量已经达到取水许可控制总量的地区增加取水量的；（三）可能对水功能区水域使用功能造成重大损害的；（四）取水、退水布局不合理的；（五）城市公共供水管网能够满足用水需要时，建设项目自备取水设施取用地下水的；（六）可能对第三者或者社会公共利益产生重大损害的；（七）属于备案项目，未报送备案的；（八）法律、行政法规规定的其他情形。审批的取水量不得超过取水工程或者设施设计的取水量。"

基于上述规定，为有效保护地下水资源，国家对取用水资源的单位和个人就领取取水许可证进行规范，禁止在地下水禁采区内取用地下水，一般不予批准相关单位和个人在禁采区内取用地下水，审计检查地下水禁采区内，是否为有关单位和个人办理取水许可证。

通过审计，对水利部门的取水许可证发放信息和水利部门地下水禁采区信息进行比对分析，查看其发放的取水许可证单位登记的地址是否在地下水禁采区内，如果有在禁采区范围内的企业，需要及时移送相关主管部门查明原因并作出处理。

118.4　审计方法

以省辖市、区县、乡镇为主键，关联【水利_地下水禁采区】表和【水利_取水许可证发放信息】表，查询【水利_取水许可证发放信息】表中单位地址出现在【水利_地下水禁采区】表中的禁采区范围内的记录。

118.5　SQL语句

select a. 省辖市，a. 区县，a. 乡镇，a. 禁采区范围，b. 单位名称，b. 单位地

址，b. 取水许可证号，b. 年许可量

    from 水利_地下水禁采区 as a

    join 水利_取水许可证发放信息 as b

    on a. 省辖市 = b. 省辖市

    and a. 区县 = b. 县区

    and a. 乡镇 = b. 乡镇办

118.6 结果展示

省辖市	区县	乡镇	禁采区范围	单位名称	单位地址	取水许可证号	年许可量
＊＊市	＊＊县	＊＊镇	＊＊＊＊＊＊＊＊＊＊＊＊	＊＊陶瓷有限责任公司	开发区＊＊大道东段	＊＊＊0001	0.5
＊＊市	＊＊县	＊＊镇	＊＊＊＊＊＊＊＊＊＊＊＊	＊＊能源有限责任公司	＊＊涧乡牛家窑村	＊＊＊0002	1
＊＊市	＊＊县	＊＊镇	＊＊＊＊＊＊＊＊＊＊＊＊	＊＊健身有限公司	＊＊交叉口西北角	＊＊＊0013	0.96
＊＊市	＊＊县	＊＊镇	＊＊＊＊＊＊＊＊＊＊＊＊	＊市诚远＊＊	＊＊路中段路南	＊＊＊0034	1.5
＊＊市	＊＊县	＊＊镇	＊＊＊＊＊＊＊＊＊＊＊＊	＊＊物资有限责任公司	＊＊路口向西100米	＊＊＊0093	0.8
＊＊市	＊＊县	＊＊镇	＊＊＊＊＊＊＊＊＊＊＊＊	＊＊有限公司汽车西站	＊＊西段大坡村路北	＊＊＊0065	0.6

119. 办理了取水许可证的单位没有缴纳水资源费

119.1 审计目标

检查办理了取水许可证的单位没有缴纳水资源费的情况。

119.2 所需数据

【水利_取水许可证发放信息】【水利_水资源费征收信息】

119.3 审计思路

《中华人民共和国水法》第七条："国家对水资源依法实行取水许可制度和有偿使用制度。但是，农村集体经济组织及其成员使用本集体经济组织的水塘、水库中的水的除外。国务院水行政主管部门负责全国取水许可制度和水资源有偿使用制度的组织实施。"《河南省水资源税改革试点实施办法》（豫政〔2017〕44号）第三条："除本办法第四条规定的情形外，其他利用取水工程或设施直接取用地表水、地下水的单位和个人为水资源税纳税人，应当按照本办法规定缴纳水资源税。水资源税纳税人应按照《中华人民共和国水法》、《取水许可和水资源费征收管理条例》、《河南省取水许可和水资源费征收管理办法》（河南省人民政府令第126号）等规定申领取水许可证。"

基于上述规定，为有效保护地下水资源，国家对取用水资源的单位和个人就领取取水许可证进行规范，对水资源依法实行取水许可证制度和有偿使用制度。直接取用地表水、地下水的单位和个人要按照规定缴纳水资源费。

通过审计，对水利部门的取水许可证发放信息和水利部门水资源费征收信息进行比对分析，查看其发放的取水许可证的单位在取用地表水、地下水后是否依法缴纳了水资源费，如果存在没有缴纳水资源费的单位和个人，需要及时移送相关主管部门查明原因并作出处理。

119.4　审计方法

单位名称为主键，关联【水利_取水许可证发放信息】表和【水利_水资源费征收信息】表，查询【水利_取水许可证发放信息】表中的单位没有出现在【水利_水资源费征收信息】表中的记录。

119.5　SQL 语句

select a. 单位名称，a. 取水许可证号，a. 取水用途，b. 单位名称 as 缴纳水资源费_单位名称，b. 实收金额 as 缴纳水资源费_实收金额

from 水利_取水许可证发放信息 as a

left join 水利_水资源费征收信息 as b

on a. 单位名称 = b. 单位名称

where b. 单位名称 is null

119.6　结果展示

单位名称	取水许可证号	取水用途	缴纳水资源费_单位名称	缴纳水资源费_实收金额
＊＊集团有限公司	＊＊＊＊472	工商业及其他类	null	null
＊＊居家宜有限公司	＊＊＊＊324	地温空调	null	null
＊＊开发有限公司	＊＊＊＊412	地温空调	null	null
＊＊纺织股份有限公司	＊＊＊＊456	工商业及其他类	null	null
＊＊内分泌糖尿病医院	＊＊＊＊476	地温空调	null	null
＊＊宾馆有限公司	＊＊＊＊876	洗浴	null	null

120. 缴纳了污水处理费的自用井单位没有缴纳水资源费

120.1 审计目标

检查缴纳了污水处理费的自用井单位没有缴纳水资源费的情况。

120.2 所需数据

【住建_污水处理费征收信息】【水务公司_非居民用水信息】【水利_水资源费征收信息】

120.3 审计思路

《中华人民共和国水法》第七条："国家对水资源依法实行取水许可制度和有偿使用制度。但是，农村集体经济组织及其成员使用本集体经济组织的水塘、水库中的水的除外。国务院水行政主管部门负责全国取水许可制度和水资源有偿使用制度的组织实施。"《河南省水资源税改革试点实施办法》（豫政〔2017〕44号）第三条："除本办法第四条规定的情形外，其他利用取水工程或设施直接取用地表水、地下水的单位和个人为水资源税纳税人，应当按照本办法规定缴纳水资源税。水资源税纳税人应按照《中华人民共和国水法》、《取水许可和水资源费征收管理条例》、《河南省取水许可和水资源费征收管理办法》（河南省人民政府令第126号）等规定申领取水许可证。"

基于上述规定，为有效保护地下水资源，国家对取用水资源的单位和个人就领取取水许可证进行规范，对水资源依法实行取水许可证制度和有偿使用制度。直接取用地表水、地下水的单位和个人要按照规定缴纳水资源费。如果有企业没有使用自来水，其生产生活用水就可能是采用的地下水，需要办理取水许可证，同时需要缴纳水资源费。

通过审计，对住建部门的污水处理费征收信息与水务公司非居民用水信息进行比对分析，去掉使用自来水的可能性，剩下的单位就可能是自备井，取用的是地下水；再将这部分信息和水利部门水资源费征收信息进行比对分析，查看其取用地下水后是否依法缴纳了水资源费，如果存在没有缴纳水资源费的单位和个人，需要及时移送相关主管部门查明原因并作出处理。

120.4 审计方法

以单位名称为主键，关联【住建_污水处理费征收信息】表、【水务公司_非居民用水信息】表和【水利_水资源费征收信息】表，查询非居民用水单位缴纳了污水处理费，但没有出现在【水利_水资源费征收信息】表中的信息。

120.5 SQL 语句

select c. 单位名称 as 缴纳污水处理费用_单位名称，c. 金额 as 缴纳污水处理费用_金额，d. 单位名称 as 缴纳水资源费_单位名称

from（select a. 单位名称，a. 金额

from（select 单位名称，SUM（金额）as 金额

from 住建_污水处理费征收信息

group by 单位名称）as a

left join 水务公司_非居民用水信息 as b

on a. 单位名称 = b. 单位名称

where b. 单位名称 is null）as c

left join 水利_水资源费征收信息 as d

on c. 单位名称 = d. 单位名称

where d. 单位名称 is null

120.6 结果展示

缴纳污水处理费用_单位名称	缴纳污水处理费用_金额	缴纳水资源费_单位名称
＊＊源首药业	3560	null
＊＊建设集团有限公司	27500	null
＊＊汽车实业责任公司	17320	null
＊＊博大纺织厂	1904	null
＊＊酒店管理有限责任公司	4300	null
＊＊汽车销售服务有限公司	3886.4	null

121. 征收水资源费与财政非税收入比对分析

121.1 审计目标

检查征收的水资源费是否与财政非税收入一致。

121.2 所需数据

【水利_水资源费征收信息】【财政_非税收入明细信息】

121.3 审计思路

《中华人民共和国水法》第七条："国家对水资源依法实行取水许可制度和有偿使用制度。但是，农村集体经济组织及其成员使用本集体经济组织的水塘、水库

中的水的除外。国务院水行政主管部门负责全国取水许可制度和水资源有偿使用制度的组织实施。"《河南省水资源税改革试点实施办法》（豫政〔2017〕44号）第三条："除本办法第四条规定的情形外，其他利用取水工程或设施直接取用地表水、地下水的单位和个人为水资源税纳税人，应当按照本办法规定缴纳水资源税。水资源税纳税人应按照《中华人民共和国水法》、《取水许可和水资源费征收管理条例》、《河南省取水许可和水资源费征收管理办法》（河南省人民政府令第126号）等规定申领取水许可证。"

《中华人民共和国预算法》第五十六条："政府的全部收入应当上缴国家金库（以下简称国库），任何部门、单位和个人不得截留、占用、挪用或者拖欠。"

基于上述规定，为有效保护地下水资源，国家对取用水资源的单位和个人就领取取水许可证进行规范，对水资源依法实行取水许可证制度和有偿使用制度。直接取用地表水、地下水的单位和个人要按照规定缴纳水资源费。有关主管部门征收的水资源费属于非税收入，需要在当期全额上缴国库，任何部门、单位和个人不得截留、占用、挪用或者拖欠。

通过审计，将水利部门水资源费征收信息和财政部门非税收入明细信息进行比对分析，查看水利部门是否全额把征收的水资源费上缴财政国库，是否有截留、占用、挪用或者拖欠现象，如果发现有类似问题要及时移送相关主管部门查明原因后作出处理。

121.4　审计方法

121.4.1　水资源费征收台账信息

以征收单位、征收年度为条件进行分组，合计每年水利部门【水利_水资源费征收信息】表中反映的金额，存入【审计中间表_水利_水资源费征收分年度合计信息】表中。

121.4.2　水资源费上缴财政部门信息

以征收单位、年度为条件进行分组，合计每年财政部门【财政_非税收入明细信息】表中水资源费征收金额，存入【审计中间表_财政_水资源费征收分年度合计信息】表中。

121.4.3　水资源费财政部门收入数与水利部门征收台账数差异

以征收单位、年度为主键，关联【审计中间表_水利_水资源费征收分年度合计信息】表和【审计中间表_财政_水资源费征收分年度合计信息】表，计算水资源费部门和财政部门水资源费征收的差额。

121.5 SQL 语句

121.5.1 水资源费征收台账汇总信息

select 征收单位，收费年度，sum（实收金额）as 水利部门征收数

into 审计中间表_水利_水资源费征收分年度合计信息

from 水利_水资源费征收信息

group by 征收单位，收费年度

order by 征收单位，收费年度

121.5.2 水资源费上缴财政部门汇总信息

select 征收单位，year（收入时间）as 年度，sum（征收金额）as 财政部门收入数

into 审计中间表_财政_水资源费征收分年度合计信息

from 财政_非税收入明细信息

where 征收单位 like '%水利%' or 征收单位 like '%水资源%'

group by 征收单位，year（收入时间）

121.5.3 水资源费财政部门收入数与住建部门征收台账数差异

select a. 征收单位，a. 水利部门征收数，b. 财政部门收入数，isnull（a. 水利部门征收数，0）– isnull（b. 财政部门收入数，0）as 差异数

from 审计中间表_水利_水资源费征收分年度合计信息 as a

join 审计中间表_财政_水资源费征收分年度合计信息 as b

on a. 收费年度 = b. 年度

121.6 结果展示

121.6.1 水资源费征收台账汇总信息

征收单位	年度	水利部门征收数
＊＊水利局	2016	2457278
＊＊水利局	2017	1541498. 3
＊＊水利局	2018	1406798. 5

121.6.2 水资源费上缴财政部门汇总信息

征收单位	年度	财政部门收入数
＊＊水利局	2016	2257278
＊＊水利局	2017	1311498. 2
＊＊水利局	2018	1386798. 4

121.6.3　水资源费财政部门收入数与住建部门征收台账数差异

征收单位	年度	住建部门征收数	财政部门收入数	差异数
＊＊住房和城乡建设局	2017	1457278	1257278	200000
＊＊住房和城乡建设局	2017	1311498.2	1111498.2	230000
＊＊住房和城乡建设局	2018	406798.4	386798.4	20000

122. 缴纳了水资源费没有缴纳环境保护税也没有缴纳污水处理费的单位

122.1　审计目标

检查缴纳了水资源费没有缴纳环境保护税也没有缴纳污水处理费的单位的情况。

122.2　所需数据

【水利_水资源费征收信息】【住建_污水处理费征收信息】【税务_环境税征收信息】

122.3　审计思路

《中华人民共和国水法》第七条："国家对水资源依法实行取水许可制度和有偿使用制度。但是，农村集体经济组织及其成员使用本集体经济组织的水塘、水库中的水的除外。国务院水行政主管部门负责全国取水许可制度和水资源有偿使用制度的组织实施。"《河南省水资源税改革试点实施办法》（豫政〔2017〕44 号）第三条："除本办法第四条规定的情形外，其他利用取水工程或设施直接取用地表水、地下水的单位和个人为水资源税纳税人，应当按照本办法规定缴纳水资源税。"《中华人民共和国环境保护税法》第二条："在中华人民共和国领域和中华人民共和国管辖的其他海域，直接向环境排放应税污染物的企业事业单位和其他生产经营者为环境保护税的纳税人，应当依照本法规定缴纳环境保护税。" 及《污水处理费征收使用管理办法》（财税〔2014〕151 号）第八条："向城镇排水与污水处理设施排放污水、废水的单位和个人（以下称缴纳义务人），应当缴纳污水处理费。"

基于上述规定，一个单位缴纳了水资源费，说明该单位使用了地下水或地表水，使用水资源应当会产生污水，而产生污水的单位，如果将污水排入城市污水管网，则需要缴纳污水处理费，如果单位自行处理污水后排入河道，则需要缴纳环境保护税。检查已经缴纳了水资源费的单位没有缴纳污水处理费，也没有缴纳环境保护税的情况，分析问题的原因，督促依法纳税或缴费。

通过审计，将水利部门水资源费征收信息、住建部门污水处理费征收信息、税务部门环境保护税征收信息进行比对分析，查找缴纳了水资源费的使用地下水或地表水的单位没有及时缴纳污水处理费或者环境保护税，将发现的问题疑点及时移送相关部门查明原因后作出处理。

122.4　审计方法

以单位名称为主键，关联【水利_水资源费征收信息】表、【住建_污水处理费征收信息】表和【税务_环境税征收信息】表，查询【水利_水资源费征收信息】表中已缴纳了水资源费的单位没有出现在【住建_污水处理费征收信息】表也没有出现在【税务_环境税征收信息】表中的记录。

122.5　SQL 语句

select c. 单位名称，c. 用途，c. 标准，c. 用水量，c. 实收金额，c. 收费年度，c. 纳税人名称 as 缴纳环境保护税_单位名称，d. 单位名称 as 缴纳污水处理费_单位名称

from（select a. ＊，b. 纳税人名称

from 水利_水资源费征收信息 as a

left join 税务_环境税征收信息 as b

on a. 单位名称 = b. 纳税人名称

where b. 纳税人名称 is null）as c

left join 住建_污水处理费征收信息 as d

on c. 单位名称 = d. 单位名称

where d. 单位名称 is null

122.6　结果展示

单位名称	用途	标准	用水量	实收金额	收费年度	缴纳环境保护税_单位名称	缴纳污水处理费_单位名称
＊钢集团	工业	0.45	30379599	13670819. 55	2018	null	null
＊化集团	工业	0.45	4990702	2245815.9	2018	null	null
＊＊医院	工商	2.6	246	639.6	2018	null	null
＊＊有限责任公司	工商	3. 25	99360	322920	2018	null	null
＊＊宾馆	工商	2.6	1283	3335. 8	2018	null	null
＊＊糖尿病医院	工商	8	4250	34000	2018	null	null

123. 饮用水源地存在养殖污染源

123.1 审计目标

检查饮用水源地存在养殖污染源的情况。

123.2 所需数据

【畜牧_养殖场备案清单】【水利_水源地保护区】

123.3 审计思路

《中华人民共和国畜牧法》第三十九条："畜禽养殖场、养殖小区应当具备下列条件：（一）有与其饲养规模相适应的生产场所和配套的生产设施；（二）有为其服务的畜牧兽医技术人员；（三）具备法律、行政法规和国务院畜牧兽医行政主管部门规定的防疫条件；（四）有对畜禽粪便、废水和其他固体废弃物进行综合利用的沼气池等设施或者其他无害化处理设施；（五）具备法律、行政法规规定的其他条件。"和《饮用水水源保护区污染防治管理规定》第十二条："饮用水地表水源各级保护区及准保护区内必须分别遵守下列规定：……一级保护区内禁止从事种植、放养畜禽，严格控制网箱养殖活动。"

基于上述规定，国家鼓励养殖业在遵守国家相关法律、法规的条件下合理发展，但在饮用水源地的一级保护区内是禁止从事畜禽养殖活动的。审计检查当地政府是否存在饮用水源地仍存在放养禽畜、未严格控制网箱养殖活动等情况。

通过审计，将畜牧部门的养殖场备案清单和水利部门的水源地保护区信息进行比对分析，查找养殖场设在水源地保护区内的规模化畜禽养殖场，移送有关主管部门查明原因后及时进行处理。

123.4 审计方法

以省辖市、区县、所在乡镇名称为主键，关联【畜牧_养殖场备案清单】表和【水利_水源地保护区】表，查询【畜牧_养殖场备案清单】表中养殖场地址出现在和【水利_水源地保护区】表中水源地保护区内的记录。

123.5 SQL 语句

select b. 省辖市，b. 区县，b. 乡镇，a. 规模化畜禽养殖场名称，a. 养殖种类，a. 养殖数量，a. 年度

from 畜牧_养殖场备案清单 as a

left join 水利_水源地保护区 as b

on a. 省辖市 ＝ b. 省辖市

and a. 区县 ＝ b. 区县

and a. 所在乡镇名称 ＝ b. 乡镇

123.6 结果展示

省辖市	区县	乡镇	规模化畜禽养殖场名称	养殖种类	养殖数量	年度
＊＊市	＊＊县	＊＊镇	＊＊众鑫牧业	奶牛	1300	2018
＊＊市	＊＊县	＊＊镇	＊＊合众养猪场	生猪	1400	2018
＊＊市	＊＊县	＊＊镇	＊＊永明猪场	生猪	1300	2018
＊＊市	＊＊县	＊＊镇	＊＊牧业专业合作社	奶牛	1175	2018
＊＊市	＊＊县	＊＊镇	＊＊建国猪场	生猪	1660	2018
＊＊市	＊＊县	＊＊镇	＊＊学光猪场	生猪	1160	2018

124. 在水源保护地附近生产危险化学品

124.1 审计目标

检查在水源保护地附近生产危险化学品的情况。

124.2 所需数据

【水利_水源地保护区】【公安_销售购买剧毒化学品易制爆危险化学品备案信息】

124.3 审计思路

《饮用水水源保护区污染防治管理规定》第十九条："饮用水地下水源各级保护区及准保护区内必须遵守下列规定：……二、二级保护区内（一）对于潜水含水层地下水水源地禁止建设化工、电镀、皮革、造纸、制浆、冶炼、放射性、印染、染料、炼焦、炼油及其他有严重污染的企业，已建成的要限期治理，转产或搬迁……"

基于上述规定，国家为了保护饮用水和地下水源，严禁在水源保护地附近建设化工、电镀、皮革、造纸、制浆、冶炼、放射性、印染、染料、炼焦、炼油及其他有严重污染的企业，审计检查水源保护地附近是否存在生产危险化学品的企业。

通过审计，将水源地保护区信息和公安部门掌握的销售购买剧毒化学品易制爆危险化学品备案中相关使用单位信息进行比对分析，查找购买使用剧毒化学品易制爆危险化学品的企业位于水源地保护区内的信息，及时移送相关主管部门查明原因后进行处理。

124.4 审计方法

以省辖市、区县、所在乡镇名称为主键，关联【水利_水源地保护区】表和【公安_销售购买剧毒化学品易制爆危险化学品备案信息】表，查询【公安_销售购买剧毒化学品易制爆危险化学品备案信息】表中的单位地址出现在【水利_水源地保护区】表中水源地范围内的记录。

124.5 SQL 语句

select a. 省辖市，a. 区县，a. 乡镇，a. 村，a. 水源地范围，b. 单位名称 as 生产危险化学品的企事业名称，b. 单位地址

from 水利_水源地保护区 as a

join 公安_销售购买剧毒化学品易制爆危险化学品备案信息 as b

on a. 省辖市 = b. 企业所在省辖市

and a. 区县 = b. 企业所在县区

and a. 乡镇 = b. 企业所在乡镇

and a. 村 = b. 企业所在村

124.6 结果展示

省辖市	区县	乡镇	村	水源地范围	生产危险化学品的企事业名称	单位地址
＊＊市	＊＊县	＊＊镇	＊＊村	东经＊＊＊＊北纬＊＊＊＊	＊＊能源有限公司	＊＊县＊＊镇＊＊村
＊＊市	＊＊县	＊＊镇	＊＊村	东经＊＊＊＊北纬＊＊＊＊	＊＊燃气有限公司	＊＊县＊＊镇
＊＊市	＊＊县	＊＊镇	＊＊村	东经＊＊＊＊北纬＊＊＊＊	＊＊煤焦集团有限公司	＊＊县＊＊镇
＊＊市	＊＊县	＊＊镇	＊＊村	东经＊＊＊＊北纬＊＊＊＊	＊＊气体有限责任公司	＊＊县＊＊镇
＊＊市	＊＊县	＊＊镇	＊＊村	东经＊＊＊＊北纬＊＊＊＊	＊＊宇天化工有限公司	＊＊县＊＊镇
＊＊市	＊＊县	＊＊镇	＊＊村	东经＊＊＊＊北纬＊＊＊＊	＊＊科技有限责任公司	＊＊县＊＊镇

125. 养殖场没有经过环评审批

125.1 审计目标

检查养殖场没有经过环评审批的情况。

125.2　所需数据

【畜牧_养殖场备案清单】【环保_环评批复信息】

125.3　审计思路

《中华人民共和国环境保护法》第十九条："编制有关开发利用规划，建设对环境有影响的项目，应当依法进行环境影响评价。"

基于上述规定，管理部门如果发现养殖场没有经过环评审批的行为，应当依法进行处理处罚。有的地方，疏于管理，相关单位发生了养殖场没有经过环评审批的情况。

通过审计，检查已开办的养殖场没有经过环评审批的情况，揭示有关主管部门管理不严格，制度流于形式，或谋取私人利益，执法不严格，包容放纵违规现象的发生，导致出现养殖场没有经过环评审批的情况。

125.4　审计方法

以规模化畜禽养殖场名称为主键，关联【畜牧_养殖场备案清单】表和【环保_环评批复信息】表，查询【畜牧_养殖场备案清单】表中的单位名称没有出现在【环保_环评批复信息】表中的记录。

125.5　SQL 语句

select a. 省，a. 省辖市，a. 区县，a. 所在乡镇名称，a. 规模化畜禽养殖场名称，a. 养殖种类，a. 养殖数量，a. 年度，b. 单位名称 as 环评单位名称，b. 审批时间 as 环评审批时间

from 畜牧_养殖场备案清单 as a

left join 环保_环评批复信息 as b

on a. 规模化畜禽养殖场名称 = b. 单位名称

where b. 单位名称 is null

125.6　结果展示

省	地市	区县	所在乡镇名称	规模化畜禽养殖场名称	养殖种类	养殖数量	年度	环评单位名称	环评审批时间
**省	**市	**区	**镇	张*喜	生猪	540	2017	null	null
**省	**市	**区	**镇	**养殖场	生猪	650	2018	null	null
**省	**市	**县	**镇	安*芳养猪场	生猪	600	2017	null	null
**省	**市	**县	**镇	**养猪场	生猪	600	2018	null	null
**省	**市	**县	**镇	**养殖场	生猪	3000	2017	null	null
**省	**市	**县	**镇	**养殖场	生猪	3000	2018	null	null

126. 规模化养殖场没有缴纳环境保护税

126.1 审计目标

检查规模化养殖场没有缴纳环境保护税的情况。

126.2 所需数据

【畜牧_养殖场备案清单】【税务_税款征收信息】

126.3 审计思路

《中华人民共和国环境保护税法实施条例》第四条："达到省级人民政府确定的规模标准并且有污染物排放口的畜禽养殖场，应当依法缴纳环境保护税；依法对畜禽养殖废物进行综合利用和无害化处理的，不属于直接向环境排放污染物，不缴纳环境保护税。"

基于上述规定，管理部门如果发现规模化养殖场没有缴纳环境保护税的行为，应当依法进行处理处罚。有的地方，疏于管理，规模化养殖场存在没有缴纳环境保护税的情况。

通过审计，检查规模化养殖场没有缴纳环境保护税的情况，揭示有关主管部门管理不严格，制度流于形式，或谋取私人利益，执法不严格，包容放纵违规现象的发生，导致出现规模化养殖场没有缴纳环境保护税的情况。

126.4 审计方法

以【畜牧_养殖场备案清单】表中的单位名称和【税务_税款征收信息】表中的纳税人名称为主键，关联【畜牧_养殖场备案清单】表和【税务_税款征收信息】表，查询【畜牧_养殖场备案清单】表中登记的单位没有缴纳环境保护税的情况。

126.5 SQL 语句

```
select a. 区县，a. 所在乡镇名称，a. 规模化畜禽养殖场名称，b. 纳税人名称
from 畜牧_养殖场备案清单 as a
left join 税务_税款征收信息 as b
on a. 规模化畜禽养殖场名称 = b. 纳税人名称
where b. 税种名称 not like '% 环境保护税 %'
```

126.6 结果展示

区县	所在乡镇名称	规模化畜禽养殖场名称	纳税人名称
＊＊省＊＊市＊＊县	＊庄镇	＊＊养殖场	null
＊＊省＊＊市＊＊县	＊庄镇	＊＊养猪场	null
＊＊省＊＊市＊＊县	＊顺镇	郭＊义	null
＊＊省＊＊市＊＊县	＊顺镇	王＊增	null
＊＊省＊＊市＊＊县	＊淇镇	＊＊拴猪场	null
＊＊省＊＊市＊＊县	＊屯乡	＊＊养猪场	null

127. 在禁养区内从事畜牧养殖

127.1 审计目标

检查在禁养区内从事畜牧养殖的情况。

127.2 所需数据

【防疫_畜禽类疫苗发放清单】【环保_禁养区范围统计表】

127.3 审计思路

《畜禽规模养殖污染防治条例》第十一条："禁止在下列区域内建设畜禽养殖场、养殖小区：（一）饮用水水源保护区，风景名胜区；（二）自然保护区的核心区和缓冲区；（三）城镇居民区、文化教育科学研究区等人口集中区域；（四）法律、法规规定的其他禁止养殖区域。"

基于上述规定，管理部门如果发现在禁养区内从事畜牧养殖的行为，应当依法进行处理处罚。有的地方，疏于管理，出现了在禁养区内从事畜牧养殖的情况。

通过审计，检查在禁养区内从事畜牧养殖的情况，揭示有关主管部门管理不严格，制度流于形式，或谋取私人利益，执法不严格，包容放纵违规现象的发生，导致在禁养区内从事畜牧养殖的情况。

127.4 审计方法

以行政区划、乡镇、行政村为主键，关联【防疫_畜禽类疫苗发放清单】表和【环保_禁养区范围统计表】，检查在禁养区内从事畜牧养殖的情况。

127.5 SQL 语句

select a. 区县，a. 乡镇，a. 行政村，a. 养殖场名称，a. 负责人，a. 疫苗品名，a. 发放数量，b. 禁养区范围

```
from 防疫_畜禽类疫苗发放清单 as a

join 环保_禁养区范围统计表 as b

on a. 区县 = b. 区县

and a. 乡镇 = b. 乡镇

and a. 行政村 = b. 行政村
```

127. 6   结果展示

区县	乡镇	行政村	养殖场名称	负责人	疫苗品名	发放数量	禁养区范围
＊＊省＊＊市＊＊县	＊＊乡	＊＊村	＊＊养殖场	赵＊磊	＊＊＊＊	1000	＊＊＊＊
＊＊省＊＊市＊＊县	＊＊乡	＊＊村	＊＊养殖场	王＊平	＊＊＊＊	500	＊＊＊＊
＊＊省＊＊市＊＊县	＊＊乡	＊＊村	＊＊养殖场	刘＊伟	＊＊＊＊	300	＊＊＊＊
＊＊省＊＊市＊＊县	＊＊乡	＊＊村	＊＊养殖场	张＊偉	＊＊＊＊	400	＊＊＊＊
＊＊省＊＊市＊＊县	＊＊乡	＊＊村	＊＊养殖场	李＊会	＊＊＊＊	200	＊＊＊＊
＊＊省＊＊市＊＊县	＊＊乡	＊＊村	＊＊养殖场	郑＊力	＊＊＊＊	900	＊＊＊＊

128. 办理环境评价的规模化养殖场没有缴纳环境保护税

128. 1   审计目标

检查办理了环境评价的规模化养殖场没有缴纳环境保护税的情况。

128. 2   所需数据

【环保_环评批复信息】【税务_税款征收信息】

128. 3   审计思路

《畜禽规模养殖污染防治条例》第十二条："新建、改建、扩建畜禽养殖场、养殖小区，应当符合畜牧业发展规划、畜禽养殖污染防治规划，满足动物防疫条件，并进行环境影响评价。对环境可能造成重大影响的大型畜禽养殖场、养殖小区，应当编制环境影响报告书；其他畜禽养殖场、养殖小区应当填报环境影响登记表。大型畜禽养殖场、养殖小区的管理目录，由国务院环境保护主管部门商国务院农牧主管部门确定。环境影响评价的重点应当包括：畜禽养殖产生的废弃物种类和数量，废弃物综合利用和无害化处理方案和措施，废弃物的消纳和处理情况以及向环境直接排放的情况，最终可能对水体、土壤等环境和人体健康产生的影响以及控制和减少影响的方案和措施等。"和《中华人民共和国环境保护税法》第五条："依法设立的城乡污水集中处理、生活垃圾集中处理场所超过国家和地方规定的排放标准向环境排放应税污染物的，应当缴纳环境保护税。"

基于上述规定，国家对畜牧养殖可能造成的环境重大影响要求其编制环境影响报告书或者填报环境影响登记表，采取控制和减少对环境影响的方案和措施。检查办理环境评价的规模化养殖场缴纳环境保护税的情况。

通过审计，查找已办理环评手续的规模化养殖企业是否及时缴纳了环境保护税，如果在纳税信息中找不到相关企业信息，要及时将问题移交有关部门及时处理。

128.4 审计方法

以【环保_环评批复信息】中的单位名称和【税务_税款征收信息】纳税人名称为主键，并联【环保_环评批复信息】【税务_税款征收信息】表，检查办理了环境评价的规模化养殖场没有缴纳环境保护税的情况，以进一步核实。

128.5 SQL 语句

select a. 单位名称，a. 建设项目名称，a. 建设性质，a. 建设地点，a. 总投资，a. 审批时间，b. 纳税人名称

　　from 环保_环评批复信息 as a

　　left join 税务_税款征收信息 as b

　　on a. 单位名称 = b. 纳税人名称

　　where b. 纳税人名称 is null

　　or b. 应纳税额 < 1

128.6 结果展示

单位名称	建设项目名称	建设性质	建设地点	总投资万元	审批时间	纳税人名称
＊＊养殖场	养殖场	新建	＊＊县＊＊乡	1000	2018/4/6	null
＊＊养殖基地	养殖场	新建	＊＊县＊＊乡	1200	2018/6/7	null
＊＊养猪场	养殖场	新建	＊＊县＊＊乡	500	2018/8/18	null
＊＊养鸡场	养殖场	新建	＊＊县＊＊乡	500	2018/10/9	null
＊＊禽蛋场	养殖场	新建	＊＊县＊＊乡	600	2018/10/3	null
＊＊养水牛场	养殖场	新建	＊＊县＊＊乡	700	2018/11/11	null

129. 在基本农田保护区内设立养殖场

129.1 审计目标

检查在基本农田保护区内设立养殖场的情况。

129.2 所需数据

【国土_基本农田保护区】【畜牧_养殖场备案清单】

129.3 审计思路

《基本农田保护条例》（中华人民共和国国务院令第588号）第十五条："基本农田保护区经依法划定后，任何单位和个人不得改变或者占用。"《农用地土壤环境管理办法（试行）》第十八条："优先保护类耕地集中区域现有可能造成土壤污染的相关行业企业应当按照有关规定采取措施，防止对耕地造成污染。"《畜禽规模养殖污染防治条例》第十一条："禁止在下列区域内建设畜禽养殖场、养殖小区：……（四）法律、法规规定的其他禁止养殖区域。"和第二十七条："县级以上地方人民政府在组织编制土地利用总体规划过程中，应当统筹安排，将规模化畜禽养殖用地纳入规划，落实养殖用地。国家鼓励利用废弃地和荒山、荒沟、荒丘、荒滩等未利用地开展规模化、标准化畜禽养殖。畜禽养殖用地按农用地管理，并按照国家有关规定确定生产设施用地和必要的污染防治等附属设施用地。"以及《土壤污染防治行动计划》："强化畜禽养殖污染防治。严格规范兽药、饲料添加剂的生产和使用，防止过量使用，促进源头减量。加强畜禽粪便综合利用，在部分生猪大县开展种养业有机结合、循环发展试点。鼓励支持畜禽粪便处理利用设施建设，到2020年，规模化养殖场、养殖小区配套建设废弃物处理设施比例达到75%以上。"

基于上述规定，养殖用地应专门有土地利用总体规划，基本农田保护区不得擅自改变用途或者占用，各地要根据实际情况合理控制规模化养殖，将规模化畜禽养殖用地纳入规划，落实养殖用地，确保土壤不被污染。

通过审计，将当地已经存在的畜禽养殖场所处的地理位置与基本农田保护区数据进行比对分析，检查有无养殖场设在基本农田保护区内情况，进一步分析基本农田保护区内的养殖场对基本农田的污染程度，将结果及时交由当地政府主管部门进行处理，切实落实好保护基本农田责任。

129.4 审计方法

以省辖市、区县、乡镇、村为主键，关联【国土_基本农田保护区】表和【畜牧_养殖场备案清单】表，查询【畜牧_养殖场备案清单】表中养殖场是否设在了基本农田保护区内。

129.5 SQL 语句

select a. 省辖市，a. 区县，a. 乡镇，a. 村，a. 土地范围，b. 规模化畜禽养殖场名称，b. 养殖种类，b. 养殖数量，b. 联系人

from 国土_基本农田保护区 as a

join 畜牧_养殖场备案清单 as b

on a. 省辖市 = b. 省辖市

and a. 区县 = b. 区县

and a. 乡镇 = b. 所在乡镇名称

and a. 村 = b. 所在村名称

129.6 结果展示

省辖市	区县	乡镇	村	土地范围	规模化畜禽养殖场名称	养殖种类	养殖数量	联系人
＊＊市	＊＊县	＊＊镇	＊＊村	＊＊＊	王＊元蛋鸡场	蛋鸡	25000	王＊元
＊＊市	＊＊县	＊＊镇	＊＊村	＊＊＊	宋＊国养猪场	生猪	400	朱＊国
＊＊市	＊＊县	＊＊镇	＊＊村	＊＊＊	朱＊希猪场	生猪	1200	朱＊希
＊＊市	＊＊县	＊＊镇	＊＊村	＊＊＊	张＊国猪场	生猪	3000	张＊国
＊＊市	＊＊县	＊＊镇	＊＊村	＊＊＊	王＊春蛋鸡场	蛋鸡	20000	王＊春
＊＊市	＊＊县	＊＊镇	＊＊村	＊＊＊	王＊红蛋鸡场	蛋鸡	7000	王＊红

130. 工商部门登记的养殖企业没有纳入养殖场备案清单管理

130.1 审计目标

检查工商部门登记的养殖企业没有纳入养殖场备案清单管理的情况。

130.2 所需数据

【工商_工商登记信息】【畜牧_养殖场备案清单】

130.3 审计思路

《中华人民共和国畜牧法》第三十九条："畜禽养殖场、养殖小区应当具备下列条件：（一）有与其饲养规模相适应的生产场所和配套的生产设施；（二）有为其服务的畜牧兽医技术人员；（三）具备法律、行政法规和国务院畜牧兽医行政主管部门规定的防疫条件；（四）有对畜禽粪便、废水和其他固体废弃物进行综合利用的沼气池等设施或者其他无害化处理设施；（五）具备法律、行政法规规定的其他条件。"和《畜禽规模养殖污染防治条例》第二十二条："畜禽养殖场、养殖小区应当定期将畜禽养殖品种、规模以及畜禽养殖废弃物的产生、排放和综合利用等情况，报县级人民政府环境保护主管部门备案。环境保护主管部门应当定期将备案情况抄送同级农牧主管部门。"

基于上述规定，国家鼓励规模化的畜禽养殖，但养殖企业同时也要符合规划，要组织进行环境影响评价，在不影响环境的前提条件下进行养殖作业，要将企业信息报环境保护部门畜牧部门进行备案，审计工商部门登记的养殖企业是否依法向环境保护部门和畜牧部门备案。

通过审计，对工商部门的工商登记信息和畜牧部门的养殖场备案清单信息进行比对分析，查找登记有工商信息的养殖企业是否全部在畜牧部门进行了备案，将没有备案的养殖场信息及时移送有关主管部门查明原因后进行处理。

130.4 审计方法

以【工商_工商登记信息】表中的企业名称和【畜牧_养殖场备案清单】表中的规模化畜禽养殖场名称为主键，关联【工商_工商登记信息】表和【畜牧_养殖场备案清单】表，查询【工商_工商登记信息】表疑似"畜牧"和"养殖"类企业没有出现在【畜牧_养殖场备案清单】表中的记录。

130.5 SQL 语句

select a. 企业名称，a. 企业状态，a. 行业小类，a. 法定代表人，b. 规模化畜禽养殖场名称 as 畜牧_规模化畜禽养殖场名称

from（select * from 工商_工商登记信息

where 行业小类 like '% 畜牧%'

or 行业小类 like '% 养殖%'

or 行业小类 like '% 畜禽%'）as a

left join 畜牧_养殖场备案清单 as b

on a. 企业名称 = b. 规模化畜禽养殖场名称

where b. 规模化畜禽养殖场名称 is null

130.6 结果展示

企业名称	企业状态	行业小类	法定代表人	畜牧_规模化畜禽养殖场名称
＊＊淑华养殖场	正常	内陆养殖	桑＊华	null
＊＊水产养殖场	正常	内陆养殖	王＊帅	null
＊＊孵化厂	正常	其他畜牧业	王＊针	null
＊＊源远养殖场	正常	其他畜牧业	桑＊娥	null
＊＊志军养殖场	正常	畜牧服务业	胥＊军	null
＊＊众望养殖场	正常	畜牧业	许＊伟	null

131. 工商部门登记的养殖企业没有缴纳环境保护税

131.1 审计目标

检查在工商部门登记的养殖企业没有缴纳环境保护税的情况。

131.2 所需数据

【工商_工商登记信息】【税务_环境税征收信息】

131.3 审计思路

《中华人民共和国畜牧法》第三十九条："畜禽养殖场、养殖小区应当具备下列条件：（一）有与其饲养规模相适应的生产场所和配套的生产设施；（二）有为其服务的畜牧兽医技术人员；（三）具备法律、行政法规和国务院畜牧兽医行政主管部门规定的防疫条件；（四）有对畜禽粪便、废水和其他固体废弃物进行综合利用的沼气池等设施或者其他无害化处理设施；（五）具备法律、行政法规规定的其他条件。"和《中华人民共和国环境保护税法》第二条：" 在中华人民共和国领域和中华人民共和国管辖的其他海域，直接向环境排放应税污染物的企业事业单位和其他生产经营者为环境保护税的纳税人，应当依照本法规定缴纳环境保护税。"

基于上述规定，国家鼓励养殖业发展，但在发展养殖业的同时要遵守国家相关法律、行政法规的规定，作为有排放污染物的养殖企业，也是环境保护税的应税人，要及时缴纳环境保护税，审查养殖企业是否按规定履行缴纳环境保护税的义务。

通过审计，将工商部门工商登记信息和税务部门的环境保护税征收信息进行比对分析，查找已经在工商部门注册登记的养殖企业没有及时缴纳环境保护税的情况，将相关信息及时移送有关主管部门查明原因后进行处理。

131.4 审计方法

以【工商_工商登记信息】中的企业名称和【税务_环境税征收信息】的纳税人名称为主键，关联【工商_工商登记信息】表和【税务_环境税征收信息】表，查询【工商_工商登记信息】表中企业名称疑似"畜牧"、"养殖"和"畜禽"类企业没有出现在【税务_环境税征收信息】表中的记录。

131.5 SQL 语句

select a. 企业名称，a. 企业状态，a. 行业小类，a. 法定代表人，b. 纳税人名称 as 税务_纳税人名称

from（select ＊ from 工商＿工商登记信息

where 行业小类 like '％畜牧％' or 行业小类 like '％养殖％' or 行业小类 like '％畜禽％'）as a

left join 税务＿环境税征收信息 as b

on a. 企业名称 = b. 纳税人名称

where b. 纳税人名称 is null

131.6　结果展示

企业名称	企业状态	行业小类	法定代表人	税务＿纳税人名称
＊＊龙腾养殖合作社	正常	内陆养殖	孔＊峰	null
＊＊养殖专业合作社	正常	内陆养殖	孙＊岗	null
＊＊开发总公司	正常	内陆养殖	张＊刚	null
＊＊养殖有限公司	正常	内陆养殖	薛＊良	null
＊＊康达种猪场	正常	内陆养殖	张＊喜	null
＊＊盛隆养蝎场	正常	内陆养殖	卢＊隆	null

132. 纳入台账管理的养殖企业没有办理工商登记

132.1　审计目标

检查纳入台账管理的养殖企业没有办理工商登记的情况。

132.2　所需数据

【畜牧＿养殖场备案清单】【工商＿工商登记信息】

132.3　审计思路

《中华人民共和国畜牧法》第三十九条："畜禽养殖场、养殖小区应当具备下列条件：（一）有与其饲养规模相适应的生产场所和配套的生产设施；（二）有为其服务的畜牧兽医技术人员；（三）具备法律、行政法规和国务院畜牧兽医行政主管部门规定的防疫条件；（四）有对畜禽粪便、废水和其他固体废弃物进行综合利用的沼气池等设施或者其他无害化处理设施；（五）具备法律、行政法规规定的其他条件。"和《中华人民共和国公司登记管理条例》（根据 2016 年 2 月 6 日国务院令第 666 号《国务院关于修改部分行政法规的决定》修订）第三条："公司经公司登记机关依法登记，领取《企业法人营业执照》，方取得企业法人资格。自本条例施行之日起设立公司，未经公司登记机关登记的，不得以公司名义从事经营活动。"

基于上述法规，国家鼓励养殖业发展，养殖业发展的同时要遵守国家相关法律、行政法规的规定，根据工商登记管理条例规定要及时办理工商登记，取得法人资格。审计查出未依法取得《企业法人营业执照》而违规经营的养殖企业。

通过审计，对畜牧部门掌握的养殖场备案清单和工商部门的工商登记信息进行比对分析，查找已经在畜牧部门备案的养殖企业却没有进行工商登记，将这部分信息及时移送相关主管部门查明原因后进行处理。

132.4 审计方法

以规模化畜禽养殖场名称为主键，关联【畜牧_养殖场备案清单】表和【工商_工商登记信息】表，查询【工商_工商登记信息】表中企业不在【畜牧_养殖场备案清单】表中的记录。

132.5 SQL 语句

select a. 规模化畜禽养殖场名称，a. 养殖种类，a. 养殖数量，a. 年度，b. 企业名称 as 工商登记_企业名称

from 畜牧_养殖场备案清单 as a

left join 工商_工商登记信息 as b

on a. 规模化畜禽养殖场名称 = b. 企业名称

where b. 企业名称 is null

132.6 结果展示

规模化畜禽养殖场名称	养殖种类	养殖数量	年度	工商登记_企业名称
＊＊天保养殖场	羊	1000	2018	null
＊＊国华养猪场	生猪	800	2018	null
＊＊合银养猪场	生猪	700	2018	null
＊＊红涛猪场	生猪	2000	2018	null
＊＊长征养猪场	生猪	600	2018	null
＊＊江东养鸡场	肉鸡	20000	2018	null

133. 缴纳了环境保护税的规模化养殖场没有纳入养殖场备案清单

133.1 审计目标

检查缴纳了环境保护税的规模化养殖场没有纳入养殖场备案清单进行管理的情况。

133.2　所需数据

【税务_环境税征收信息】【工商_工商登记信息】【畜牧_养殖场备案清单】

133.3　审计思路

《中华人民共和国畜牧法》第四十六条："畜禽养殖场、养殖小区应当保证畜禽粪便、废水及其他固体废弃物综合利用或者无害化处理设施的正常运转，保证污染物达标排放，防止污染环境。"和《河南省人民政府办公厅关于转发河南省畜禽养殖场养殖小区规模标准和备案程序规定的通知》（豫政办〔2009〕91 号）第四条："本省行政区域内的畜禽养殖场、养殖小区凡符合备案规模标准的，其兴办者应当将养殖场、养殖小区的名称、地址、畜禽品种和规模向所在地县级畜牧兽医行政主管部门申请备案，取得畜禽养殖代码。"《中华人民共和国环境保护税法》第二条："在中华人民共和国领域和中华人民共和国管辖的其他海域，直接向环境排放应税污染物的企业事业单位和其他生产经营者为环境保护税的纳税人，应当依照本法规定缴纳环境保护税。"

基于上述规定，区域内的畜禽养殖场、养殖小区凡符合备案规模标准的，其兴办者应当将养殖场、养殖小区的名称、地址、畜禽品种和规模向所在地县级畜牧兽医行政主管部门申请备案，取得畜禽养殖代码，便于有关部门进行管理，检查缴纳了环境保护税的规模化养殖场没有纳入养殖场备案清单的情况。

通过审计，查找工商登记信息中属于养殖场的企业，缴纳了环境保护税，但在养殖场备案清单中没有备案信息，说明这部分养殖企业没有纳入正常管理范围内，需要提醒相关部门及时将此类企业纳入养殖场备案清单中，以便于管理。

133.4　审计方法

以纳税人名称为主键，关联【税务_环境税征收信息】【工商_工商登记信息】【畜牧_养殖场备案清单】，查询出现在【工商_工商登记信息】表中，且经营范围包括"畜牧、养殖、畜禽"的企业名称和出现在【税务_环境税征收信息】表中且没有出现在【畜牧_养殖场备案清单】表中。

133.5　SQL 语句

select c. 纳税人名称，c. 征收项目，c. 税款所属期起，c. 应纳税额，c. 企业名称 as 工商登记_企业名称，c. 行业小类 as 工商登记_行业小类，d. 规模化畜禽养殖场名称 as 养殖场备案_规模化畜禽养殖场名称

from（select a. *，b. *

from（select * from 税务_环境税征收信息

where 应纳税额 > 0 ） as a

join （select * from 工商_工商登记信息

where （行业小类 like '% 畜牧%'

or 行业小类 like '% 养殖%'

or 行业小类 like '% 畜禽%'）） as b

on a. 纳税人名称 = b. 企业名称） as c

left join 畜牧_养殖场备案清单 as d

on c. 纳税人名称 = d. 规模化畜禽养殖场名称

where d. 规模化畜禽养殖场名称 is null

133.6 结果展示

纳税人名称	征收项目	税款所属期起	应纳税额	工商登记_企业名称	工商登记_行业小类	养殖场备案_规模化畜禽养殖场名称
＊＊养殖场	环境保护税	2018/4/1	0	建筑用石加工	养殖	null
＊＊养鸡场	环境保护税	2018/4/1	0	建筑用石加工	养殖	null
＊＊养殖公司	环境保护税	2018/4/1	0	其他日用杂品制造	养殖	null
＊＊动物繁殖场	环境保护税	2018/1/1	3600	乡镇卫生院	养殖	null
＊＊养牛场	环境保护税	2018/4/1	3600	乡镇卫生院	养殖	null
＊＊鸡蛋场	环境保护税	2018/1/1	3270	轮胎制造	养殖	null

134. 对污染地块进行再开发

134.1 审计目标

检查对污染地块进行再开发的情况。

134.2 所需数据

【环保_土地污染台账】【国土_土地供应登记表】

134.3 审计思路

《污染地块土壤环境管理办法（试行）》第十六条："对列入污染地块名录的地块，设区的市级环境保护主管部门应当书面通知土地使用权人。……土壤环境详细调查报告应当包括地块基本信息，土壤污染物的分布状况及其范围，以及对土壤、地表水、地下水、空气污染的影响情况等主要内容，并附具采样信息和检测报告。"《河南省清洁土壤行动计划》："合理规划污染地块用途。按照'以质量定用途'的原则，将土壤环境质量较差的地块尽量规划为对土壤环境质量要求不高的用地类型。经风险评估对人体健康、周边生态环境等有严重影响的污染地块，未经治理修复或治理修复不符合相关用地要求的，不得用于居民住宅、学校、幼儿园、医院、养老场所等开发利用。"

基于上述规定，管理部门如果发现对污染地块进行再开发的行为，应当检查已污染的地块在没有得到治理前又进行土地流转使用的情况。

通过审计，检查对污染地块进行再开发是否对列入污染地块名录的地块，设区的市级环境保护主管部门应当书面通知土地使用权人。土壤环境详细调查报告是否包括地块基本信息，土壤污染物的分布状况及其范围，以及对土壤、地表水、地下水、空气污染的影响情况等主要内容，并附具采样信息和检测报告。是否合理规划污染地块用途。是否按照"以质量定用途"的原则，将土壤环境质量较差的地块尽量规划为对土壤环境质量要求不高的用地类型。是否经风险评估对人体健康、周边生态环境等有严重影响的污染地块，未经治理修复或治理修复不符合相关用地要求的，不得用于居民住宅、学校、幼儿园、医院、养老场所等开发利用。

134.4 审计方法

以土地宗号为主键，关联【国土_土地供应登记表】表和【环保_土地污染台账】表，查询出现在【国土_土地供应登记表】表中的地块同时出现在【环保_土地污染台账】表中。

134.5 SQL 语句

select a. 宗地编号，a. 原用地单位，a. 土地座落，a. 原土地用途，a. 土地面积，a. 年度，

a. 宗地编号 as 出让_宗地编号，b. 出让面积 as 出让_面积，b. 出让价款 as 出让_价款，

b. 供地方式 as 出让_供地方式

from 环保_土地污染管理台账 as a

join 国土_土地供应登记表 as b

on a. 宗地编号 = b. 宗地编号

134.6 结果展示

宗地编号	原用地单位	土地座落	原土地用途	土地面积	年度	出让_宗地编号	出让_面积	出让_价款	出让_供地方式
2017－140	张＊民	前进大道一巷南侧	其他商服用地	0.04593	2018	2017－140	0.05	21.29	协议出让
2017－100	＊＊房地产开发有限公司	雪松大道与前进大道交叉口东北侧	其他普通商品住房用地	15.648	2018	2017－100	15.6	5798	挂牌出让
2017－104	＊＊新能源有限公司	前进大道东侧、规划淮河大道北侧	工业用地	13.3333	2018	2017－104	13.3	1920	挂牌出让
2017－104－2	＊＊太阳能科技发展有限公司	前进大道北段东侧、淮河大道北侧	工业用地	16.0133	2018	2017－104－2	16	2306	挂牌出让
2017－105	＊＊房地产开发有限公司	雪松大道与文明大道东北侧	其他普通商品住房用地	0.69399	2018	2017－105	0.69	2860	挂牌出让
2017－106	＊＊置业房地产开发有限公司	乐山大道北段东侧	其他普通商品住房用地	2.32235	2018	2017－106	2.32	3309	挂牌出让

135. 在基本农田保护区内设立涉及污染的工业企业

135.1 审计目标

检查在基本农田保护区内设立涉及污染的工业企业的情况。

135.2 所需数据

【国土_基本农田保护区】【环保_企业污染源清单】

135.3 审计思路

《土壤污染防治行动计划》："六、加强污染源监管，做好土壤污染预防工作（十八）严控工矿污染。加强日常环境监管。各地要根据工矿企业分布和污染排放情况，确定土壤环境重点监管企业名单，实行动态更新，并向社会公布。列入名单的企业每年要自行对其用地进行土壤环境监测，结果向社会公开。有关环境保护部门要定期对重点监管企业和工业园区周边开展监测，数据及时上传全国土壤环境信息化管理平台，结果作为环境执法和风险预警的重要依据。适时修订国家鼓励的有毒有害原料（产品）替代品目录。加强电器电子、汽车等工业产品中有害物质控制。有色金属冶炼、石油加工、化工、焦化、电镀、制革等行业企业拆除生产设施设备、构筑物和污染治理设施，要事先制定残留污染物清理和安全处置方案，并报所在地县级环境保护、工业和信息化部门备案；要严格按照有关规定实施安全处理处置，防范拆除活动污染土壤。2017 年底前，发布企业拆除活动污染防治技术规定。……加强涉重金属行业污染防控。严格执行重金属污染物排放标准并落实相关总量控制指标，加大监督检查力度，对整改后仍不达标的企业，依法责令其停业、关闭，并将企业名单向社会公开。继续淘汰涉重金属重点行业落后产能，完善重金属相关行业准入条件，禁止新建落后产能或产能严重过剩行业的建设项目。按计划逐步淘汰普通照明白炽灯。提高铅酸蓄电池等行业落后产能淘汰标准，逐步退出落后产能。制定涉重金属重点工业行业清洁生产技术推行方案，鼓励企业采用先进适用生产工艺和技术。2020 年重点行业的重点重金属排放量要比 2013 年下降 10%。"《农用地土壤环境管理办法（试行）》第十八条："严格控制在优先保护类耕地集中区域新建有色金属冶炼、石油加工、化工、焦化、电镀、制革等行业企业，有关环境保护主管部门依法不予审批可能造成耕地土壤污染的建设项目环境影响报告书或者报告表。优先保护类耕地集中区域现有可能造成土壤污染的相关行业企业应当按照有关规定采取措施，防止对耕地造成污染。"以及《基本农田保护条例》第十七条："禁止任何单位和个人在基本农田保护区内建窑、建房、建坟、挖砂、采石、采矿、取土、堆放固体废物或者进行其他破坏基本农田的活动。"

基于上述规定，为有效保护土壤不被污染，国家对重污染企业的生产地址是有严格限制的，重污染企业不允许建在基本农田保护区内，特别是涉及重金属排放的污染企业以及已经淘汰落后产能和产能严重过剩的行业，更是严禁在基本农田保护区内设立。

通过审计，查看企业污染源清单中涉及重污染排放特别是有重金属污染的企业的登记地址是否在国家已经划定的基本农田保护区内，检查有关环保部门在审批建设项目环境报告书或者报告表中履职尽责情况，将处在基本农田保护区内的重污染企业名单信息及时反馈相关部门，查明原因后及时作出处理。

135.4 审计方法

以省辖市、区县、乡镇为主键，关联【国土_基本农田保护区】表和【环保_企业污染源清单】表，查询【环保_企业污染源清单】表中企业注册地址和土地范围在【国土_基本农田保护区】表的记录。

135.5 SQL 语句

select a. 省辖市，a. 区县，a. 乡镇，a. 土地范围，b. 企业名称，b. 详细地址，b. 中心经度，b. 中心纬度

from 国土_基本农田保护区 as a

join 环保_企业污染源清单 as b

on a. 省辖市 = b. 市

and a. 区县 = b. 县区

and a. 乡镇 = b. 乡镇办

135.6 结果展示

省辖市	区县	乡镇	村	土地范围	企业名称	详细地址	中心经度	中心纬度
＊＊市	＊＊县	＊＊镇	＊＊村	＊＊＊＊＊	＊＊县三合花岗石厂	＊＊省＊＊市＊＊县＊＊村	114. 208888888889	35. 6441666666667
＊＊市	＊＊县	＊＊镇	＊＊村	＊＊＊＊＊	＊＊县＊＊乡＊＊村＊＊石碴厂	＊＊县＊＊镇＊＊村西南	114. 1492139321	35. 7170901717
＊＊市	＊＊县	＊＊镇	＊＊村	＊＊＊＊＊	＊＊县＊＊乡＊＊石料厂	＊＊县＊＊镇＊＊村西南	114. 163127296	35. 6817238193
＊＊市	＊＊县	＊＊镇	＊＊村	＊＊＊＊＊	＊＊县建业石料有限公司	＊＊县＊＊乡＊＊泉村	114. 1161258826	35. 7241191037
＊＊市	＊＊县	＊＊镇	＊＊村	＊＊＊＊＊	＊＊县＊＊石材有限公司	＊＊县＊＊镇＊＊沟村	114. 1668047647	35. 7110622675
＊＊市	＊＊县	＊＊镇	＊＊村	＊＊＊＊＊	＊＊县＊＊建材有限公司	＊＊市＊＊县＊＊镇＊＊村北地	114. 276944444444	35. 6091666666667

附录1：环境保护政策执行计算机审计方法数据表结构

1. 安监_危险化学品安全评价备案信息

序号	字段	数据类型	是否允许 null 值
1	序号	nvarchar	是
2	年度	nvarchar	是
3	单位名称	nvarchar	是
4	单位地址	nvarchar	是
5	备案日期	datetime	是
6	申报类型	nvarchar	是
7	安全评价书编号	nvarchar	是

2. 安监_危险化学品经营许可证信息

序号	字段	数据类型	是否允许 null 值
1	序号	nvarchar	是
2	年度	nvarchar	是
3	单位名称	nvarchar	是
4	单位地址	nvarchar	是
5	发证日期	datetime	是
6	申报类型	nvarchar	是
7	许可证编号	nvarchar	是

3. 安监_危险化学品使用单位备案信息

序号	字段	数据类型	是否允许 null 值
1	序号	nvarchar	是
2	年度	nvarchar	是
3	单位名称	nvarchar	是
4	单位地址	nvarchar	是
5	备案日期	datetime	是
6	申报类型	nvarchar	是
7	安全评价书编号	nvarchar	是

4. 安监_危险化学品使用许可证信息

序号	字段	数据类型	是否允许 null 值
1	序号	nvarchar	是
2	年度	nvarchar	是
3	单位名称	nvarchar	是
4	单位地址	nvarchar	是
5	发证日期	datetime	是
6	申报类型	nvarchar	是
7	许可证编号	nvarchar	是

5. 安监_危险化学品生产企业安全生产许可证信息

序号	字段	数据类型	是否允许 null 值
1	序号	nvarchar	是
2	年度	nvarchar	是
3	单位名称	nvarchar	是
4	单位地址	nvarchar	是
5	发证日期	datetime	是
6	申报类型	nvarchar	是
7	许可证编号	nvarchar	是

6. 财政_财政供养人员信息

序号	字段	数据类型	是否允许 null 值
1	序号	nvarchar	是
2	姓名	nvarchar	是
3	身份证号	nvarchar	是
4	民族	nvarchar	是
5	性别	nvarchar	是
6	出生日期	datetime	是
7	籍贯	nvarchar	是
8	参加工作时间	nvarchar	是
9	所在机构	nvarchar	是
10	编制类型	nvarchar	是
11	编制经费形式	nvarchar	是

7. 财政_非税收入明细信息

序号	字段	数据类型	是否允许 null 值
1	征收单位	nvarchar	是
2	项目代码	nvarchar	是
3	项目名称	nvarchar	是
4	收入时间	datetime	是
5	征收金额	float	是
6	项目类别	nvarchar	是

8. 财政_预算单位表

序号	字段	数据类型	是否允许 null 值
1	登记时间	datetime	是
2	预算单位代码	nvarchar	是
3	预算单位名称	nvarchar	是
4	单位人数	nvarchar	是
5	单位地址	nvarchar	是
6	单位负责人	nvarchar	是
7	财务负责人	nvarchar	是
8	联系人	nvarchar	是
9	联系电话	nvarchar	是

9. 财政_黄标车补助专项资金

序号	字段	数据类型	是否允许 null 值
1	序号	nvarchar	是
2	拨出资金项目	nvarchar	是
3	资金年度	nvarchar	是
4	资金额度	float	是
5	时间	datetime	是
6	区县	nvarchar	是

10. 城管_油烟治理台账

序号	字段	数据类型	是否允许 null 值
1	序号	nvarchar	是
2	地址	nvarchar	是
3	饭店名称	nvarchar	是
4	油烟治理情况	nvarchar	是
5	监管管理措施	nvarchar	是
6	区县	nvarchar	是
7	年度	nvarchar	是

11. 畜牧_养殖场备案清单

序号	字段	数据类型	是否允许 null 值
1	序号	nvarchar	是
2	省	nvarchar	是
3	省辖市	nvarchar	是
4	区县	nvarchar	是
5	所在乡镇名称	nvarchar	是
6	行政区划代码	nvarchar	是
7	规模化畜禽养殖场名称	nvarchar	是
8	养殖种类	nvarchar	是
9	养殖数量	float	是
10	年出栏量	nvarchar	是
11	年度	nvarchar	是
12	联系人	nvarchar	是
13	所在村名称	nvarchar	是

12. 电力_企业用电信息

序号	字段	数据类型	是否允许 null 值
1	序号	nvarchar	是
2	地市	nvarchar	是
3	区县	nvarchar	是
4	供电所	nvarchar	是
5	企业名称	nvarchar	是
6	用户编号	nvarchar	是
7	用电量	float	是
8	抄表年份	float	是
9	用电月份	float	是
10	年度	nvarchar	是

13. 发改_电代煤设备补助标准

序号	字段	数据类型	是否允许 null 值
1	设备名称	nvarchar	是
2	设备类型	nvarchar	是
3	补助标准	float	是

14. 发改_气代煤设备补助标准

序号	字段	数据类型	是否允许 null 值
1	设备名称	nvarchar	是
2	设备类型	nvarchar	是
3	补助标准	float	是

15. 发改_双替代电代煤

序号	字段	数据类型	是否允许 null 值
1	乡镇街道办	nvarchar	是
2	社区村名称	nvarchar	是
3	户名	nvarchar	是
4	身份证号	nvarchar	是
5	设备名称	nvarchar	是

序号	字段	数据类型	是否允许 null 值
6	设备类型	nvarchar	是
7	备注	nvarchar	是
8	区县	nvarchar	是
9	类型	nvarchar	是
10	补助金额	float	是
11	购置数量	float	是

16. 发改_双替代气代煤

序号	字段	数据类型	是否允许 null 值
1	乡镇街道办	nvarchar	是
2	社区村名称	nvarchar	是
3	户名	nvarchar	是
4	身份证号	nvarchar	是
5	设备名称	nvarchar	是
6	设备类型	nvarchar	是
7	备注	nvarchar	是
8	区县	nvarchar	是
9	类型	nvarchar	是
10	补助金额	float	是
11	购置数量	float	是

17. 防疫_畜禽类疫苗发放清单

序号	字段	数据类型	是否允许 null 值
1	区县	nvarchar	是
2	乡镇	nvarchar	是
3	行政村	nvarchar	是
4	养殖场名称	nvarchar	是
5	负责人	nvarchar	是
6	疫苗品名	nvarchar	是
7	发放数量	float	是

18. 工商_法人登记信息

序号	字段	数据类型	是否允许 null 值
1	ID	float	是
2	企业名称	nvarchar	是
3	主体 ID	nvarchar	是
4	法人	nvarchar	是
5	证件号码	nvarchar	是
6	证件类型	nvarchar	是
7	登记地址	nvarchar	是
8	登记状态	nvarchar	是
9	登记时间	datetime	是
10	行政区划	nvarchar	是
11	发证机关	nvarchar	是
12	注销日期	datetime	是
13	企业类型大类	nvarchar	是
14	企业类型中类	nvarchar	是

19. 工商_工商登记信息

序号	字段	数据类型	是否允许 null 值
1	序号	nvarchar	是
2	企业名称	nvarchar	是
3	注册号	nvarchar	是
4	企业状态	nvarchar	是
5	企业属性	nvarchar	是
6	企业类型	nvarchar	是
7	行业类型	nvarchar	是
8	行业小类	nvarchar	是
9	法定代表人	nvarchar	是
10	经营地址	nvarchar	是
11	经营范围	nvarchar	是

续表

序号	字段	数据类型	是否允许 null 值
12	注册资本	float	是
13	币种	nvarchar	是
14	管辖单位	nvarchar	是
15	登记机关	nvarchar	是
16	成立日期	datetime	是
17	核准日期	datetime	是

20. 工商_股东登记信息

序号	字段	数据类型	是否允许 null 值
1	ID	int	是
2	企业名称	nvarchar	是
3	法人	nvarchar	是
4	证件类型	nvarchar	是
5	证件号码	nvarchar	是
6	登记地址	nvarchar	是
7	登记状态	nvarchar	是
8	行政区划	nvarchar	是
9	登记时间	datetime	是
10	注销日期	datetime	是
11	发证机关	nvarchar	是
12	企业类型大类	nvarchar	是
13	企业类型中类	nvarchar	是
14	股东_ID	nvarchar	是
15	股东_主体 ID	nvarchar	是
16	股东姓名	nvarchar	是
17	证件照类型	nvarchar	是
18	证件照编号	nvarchar	是

21. 工信_企业错峰生产台账

序号	字段	数据类型	是否允许 null 值
1	序号	nvarchar	是
2	县区	nvarchar	是
3	企业名称	nvarchar	是
4	企业地址	nvarchar	是
5	所属行业	nvarchar	是
6	用电户号	float	是
7	停限产工序/生产线	nvarchar	是
8	停限措施	nvarchar	是
9	停限产时段	nvarchar	是
10	限产月份	nvarchar	是
11	限产年度	nvarchar	是
12	类别	nvarchar	是
13	备注	nvarchar	是

22. 公安_车辆登记信息

序号	字段	数据类型	是否允许 null 值
1	序号	nvarchar	是
2	机动车所有人	nvarchar	是
3	身份证号	nvarchar	是
4	住所详细地址	nvarchar	是
5	车辆类型	nvarchar	是
6	车牌号码	nvarchar	是
7	中文品牌	nvarchar	是
8	初次登记日期	datetime	是
9	强制报废期止	datetime	是
10	手机号码	nvarchar	是

23. 公安_车辆检测信息

序号	字段	数据类型	是否允许 null 值
1	序号	nvarchar	是
2	所有人	nvarchar	是
3	身份证号	nvarchar	是
4	号牌种类	nvarchar	是
5	车牌号码	nvarchar	是
6	车辆类型	nvarchar	是
7	车辆识别代号	nvarchar	是
8	初次登记日期	datetime	是
9	检测日期	datetime	是

24. 公安_车辆违章信息

序号	字段	数据类型	是否允许 null 值
1	车型	nvarchar	是
2	车牌号码	nvarchar	是
3	姓名	nvarchar	是
4	违章时间	datetime	是
5	违章类型	nvarchar	是
6	违章地点	nvarchar	是
7	交款否	nvarchar	是

25. 公安_车辆转移信息

序号	字段	数据类型	是否允许 null 值
1	序号	nvarchar	是
2	原所有人	nvarchar	是
3	原所有人身份证号	nvarchar	是
4	所有人	nvarchar	是
5	所有人身份证号	nvarchar	是
6	号牌种类	nvarchar	是
7	车牌号码	nvarchar	是
8	车辆型号	nvarchar	是
9	使用性质	nvarchar	是
10	车辆类型	nvarchar	是
11	车辆识别代号	nvarchar	是
12	变更日期	datetime	是

26. 公安_黄标车注销信息

序号	字段	数据类型	是否允许 null 值
1	系统中的序号	nvarchar	是
2	号牌种类	nvarchar	是
3	车牌号码	nvarchar	是
4	车辆型号	nvarchar	是
5	使用性质	nvarchar	是
6	车辆类型	nvarchar	是
7	车辆识别代号	nvarchar	是
8	初次登记日期	datetime	是
9	燃料种类	nvarchar	是
10	注销原因	nvarchar	是
11	强制报废期止	datetime	是
12	注销日期	datetime	是
13	发证机关	nvarchar	是
14	住所行政区划	nvarchar	是
15	所有人	nvarchar	是
16	住所详细地址	nvarchar	是
17	电话	nvarchar	是

27. 公安_剧毒化学品购买许可证信息

序号	字段	数据类型	是否允许 null 值
1	序号	nvarchar	是
2	年度	nvarchar	是
3	单位名称	nvarchar	是
4	单位地址	nvarchar	是
5	发证日期	datetime	是
6	申报类型	nvarchar	是
7	许可证编号	nvarchar	是

28. 公安_危险化学品购买许可证信息

序号	字段	数据类型	是否允许 null 值
1	序号	nvarchar	是
2	年度	nvarchar	是
3	单位名称	nvarchar	是
4	单位地址	nvarchar	是
5	发证日期	datetime	是
6	申报类型	nvarchar	是
7	许可证编号	nvarchar	是

29. 公安_销售购买剧毒化学品易制爆危险化学品备案信息

序号	字段	数据类型	是否允许 null 值
1	序号	nvarchar	是
2	年度	nvarchar	是
3	单位名称	nvarchar	是
4	单位地址	nvarchar	是
5	备案日期	datetime	是
6	经办人姓名	nvarchar	是
7	经办人身份证号码	nvarchar	是
8	销售或购买品种	nvarchar	是
9	销售或购买数量	nvarchar	是
10	销售或购买用途	nvarchar	是
11	物品流向单位名称	nvarchar	是
12	企业所在省辖市	nvarchar	是
13	企业所在县区	nvarchar	是
14	企业所在乡镇	nvarchar	是
15	企业所在村	nvarchar	是

30. 规划_城市用地规划表

序号	字段	数据类型	是否允许 null 值
1	序号	nvarchar	是
2	宗地编号	nvarchar	是
3	电子监管号	nvarchar	是

序号	字段	数据类型	是否允许 null 值
4	合同或划拨编号	nvarchar	是
5	用地单位	nvarchar	是
6	土地座落	nvarchar	是
7	土地用途	nvarchar	是
8	土地来源	nvarchar	是
9	出让面积	float	是
10	出让价款	float	是
11	签订日期	datetime	是
12	供地方式	nvarchar	是
13	土地证号	nvarchar	是
14	领证时间	datetime	是
15	基准地价	float	是
16	评估价格	float	是
17	备注	nvarchar	是

31. 规划_建设工程规划许可证登记信息

序号	字段	数据类型	是否允许 null 值
1	宗地编号	nvarchar	是
2	统一社会信用代码	nvarchar	是
3	注册或登记号	nvarchar	是
4	组织机构代码	nvarchar	是
5	地块编号	nvarchar	是
6	地块名称	nvarchar	是
7	所在行政区	nvarchar	是
8	土地坐落	nvarchar	是
9	交易面积	nvarchar	是
10	土地用途	nvarchar	是
11	约定交地时间	datetime	是
12	使用年限	float	是
13	交易类型	nvarchar	是
14	使用人	nvarchar	是

32. 规划_建设用地规划许可证登记信息

序号	字段	数据类型	是否允许 null 值
1	宗地编号	nvarchar	是
2	统一社会信用代码	nvarchar	是
3	注册或登记号	nvarchar	是
4	组织机构代码	nvarchar	是
5	地块编号	nvarchar	是
6	地块名称	nvarchar	是
7	所在行政区	nvarchar	是
8	土地座落	nvarchar	是
9	规划面积	floatr	是
10	土地用途	nvarchar	是
11	约定交地时间	datetime	是
12	使用年限	float	是
13	交易类型	nvarchar	是
14	使用人	nvarchar	是

33. 国土_不动产登记信息

序号	字段	数据类型	是否允许 null 值
1	编号	nvarchar	是
2	所有权人	nvarchar	是
3	身份证号	nvarchar	是
4	所有权号码	nvarchar	是
5	乡镇街道办	nvarchar	是
6	路街巷	nvarchar	是
7	门牌号	nvarchar	是
8	幢号	nvarchar	是
9	户号	nvarchar	是
10	建筑面积	float	是
11	总层数	nvarchar	是
12	所在层	nvarchar	是
13	座落1	nvarchar	是

34. 国土_国有土地使用证登记信息

序号	字段	数据类型	是否允许 null 值
1	宗地编号	nvarchar	是
2	统一社会信用代码	nvarchar	是
3	注册或登记号	nvarchar	是
4	组织机构代码	nvarchar	是
5	地块编号	nvarchar	是
6	地块名称	nvarchar	是
7	所在行政区	nvarchar	是
8	土地坐落	nvarchar	是
9	交易面积	float	是
10	土地用途	nvarchar	是
11	约定交地时间	datetime	是
12	使用年限	float	是
13	交易类型	nvarchar	是
14	竞价结束时间	datetime	是
15	使用人	nvarchar	是
16	成交价格	float	是
17	成交确认时间	datetime	是

35. 国土_基本农田保护区

序号	字段	数据类型	是否允许 null 值
1	序号	nvarchar	是
2	宗地编号	nvarchar	是
3	省辖市	nvarchar	是
4	区县	nvarchar	是
5	乡镇	nvarchar	是
6	土地范围	nvarchar	是
7	土地用途	nvarchar	是
8	土地面积	float	是
9	登记日期	datetime	是
10	村	nvarchar	是
11	土地证号	nvarchar	是
12	备注	nvarchar	是

36. 国土_ 土地储备登记表

序号	字段	数据类型	是否允许 null 值
1	序号	nvarchar	是
2	项目名称	nvarchar	是
3	宗地编号	nvarchar	是
4	电子监管号	nvarchar	是
5	合同编号	nvarchar	是
6	用地单位	nvarchar	是
7	土地座落	nvarchar	是
8	土地用途	nvarchar	是
9	出让面积	float	是
10	出让价款	float	是
11	签订日期	datetime	是
12	供地方式	nvarchar	是
13	基准地价	float	是
14	评估价格住宅亩	float	是
15	评估价格商业亩	float	是
16	年度	nvarchar	是
17	备注	nvarchar	是

37. 国土_ 土地储备计划表

序号	字段	数据类型	是否允许 null 值
1	宗地编号	nvarchar	是
2	项目名称	nvarchar	是
3	位置	nvarchar	是
4	辖区	nvarchar	是
5	土地面积	float	是
6	现状情况	nvarchar	是
7	报征情况	nvarchar	是
8	年度	nvarchar	是
9	文号	nvarchar	是
10	征地预算成本价	float	是
11	用途	nvarchar	是
12	出让面积	float	是
13	备注	nvarchar	是

38. 国土_土地供应登记表

序号	字段	数据类型	是否允许 null 值
1	原序号	nvarchar	是
2	新序号	nvarchar	是
3	宗地编号	nvarchar	是
4	电子监管号	nvarchar	是
5	合同或划拨编号	nvarchar	是
6	用地单位	nvarchar	是
7	土地座落	nvarchar	是
8	土地用途	nvarchar	是
9	土地来源	nvarchar	是
10	出让面积	float	是
11	出让价款	float	是
12	签订日期	datetime	是
13	年度	nvarchar	是
14	供地方式	nvarchar	是
15	土地证号	nvarchar	是
16	领证时间	datetime	是
17	基准地价	float	是
18	评估价格	float	是
19	备注	nvarchar	是

39. 环保_VOCs 无组织排放治理 2018 年治理信息

序号	字段	数据类型	是否允许 null 值
1	完成时间	datetime	是
2	县区	nvarchar	是
3	企业名称	nvarchar	是
4	行业	nvarchar	是
5	地址	nvarchar	是
6	完成情况	nvarchar	是

40. 环保_VOCs 无组织排放治理信息

序号	字段	数据类型	是否允许 null 值
1	序号	nvarchar	是
2	省辖市	nvarchar	是
3	县区	nvarchar	是
4	企业名称	nvarchar	是
5	地址	nvarchar	是
6	大行业类型	nvarchar	是
7	小行业类型	nvarchar	是
8	治理进展情况	nvarchar	是
9	完成时间	datetime	是
10	企业法人及联系方式	nvarchar	是
11	备注	nvarchar	是
12	任务等级	nvarchar	是

41. 环保_安装在线监测企业名单

序号	字段	数据类型	是否允许 null 值
1	序号	nvarchar	是
2	区县	nvarchar	是
3	企业名称	nvarchar	是
4	行业	nvarchar	是

42. 环保_大气在线监测数据

序号	字段	数据类型	是否允许 null 值
1	监测站点	nvarchar	是
2	监测时间	datetime	是
3	SO_2	float	是
4	NO	float	是
5	NO_2	float	是
6	NOx	float	是
7	O_3	float	是
8	CO	float	是
9	PM10	float	是
10	PM2 点 5	float	是

42. 环保_大气污染应急机动车限制预案

序号	字段	数据类型	是否允许 null 值
1	污染级别	nvarchar	是
2	机动车限制时间起	datetime	是
3	机动车限制时间止	datetime	是
4	机动车限制方式	nvarchar	是

44. 环保_各项治理项目合并表

序号	字段	数据类型	是否允许 null 值
1	序号	nvarchar	是
2	企业名称	nvarchar	是
3	治理类型	nvarchar	是
4	治理年度	nvarchar	是

45. 环保_工业炉窑专项治理

序号	字段	数据类型	是否允许 null 值
1	序号	nvarchar	是
2	省辖市	nvarchar	是
3	县区	nvarchar	是
4	炉窑使用单位名称	nvarchar	是
5	地址	nvarchar	是
6	炉窑使用单位所属行业	nvarchar	是
7	炉窑类别	nvarchar	是
8	炉窑编号	nvarchar	是
9	燃料类型	nvarchar	是
10	治理情况	nvarchar	是
11	完成年度	datetime	是

46. 环保_工业企业无组织排放治理

序号	字段	数据类型	是否允许 null 值
1	序号	nvarchar	是
2	省辖市	nvarchar	是
3	县区	nvarchar	是
4	企业名称	nvarchar	是
5	地址	nvarchar	是
6	行业类别	nvarchar	是
7	治理进展情况	nvarchar	是
8	完成时间	datetime	是

47. 环保_工业企业无组织排放治理 2018 年治理信息

序号	字段	数据类型	是否允许 null 值
1	完成时间	datetime	是
2	县区	nvarchar	是
3	企业名称	nvarchar	是
4	行业	nvarchar	是
5	地址	nvarchar	是
6	完成情况	nvarchar	是

48. 环保_规模以上建设工地在线监测数据

序号	字段	数据类型	是否允许 null 值
1	序号	nvarchar	是
2	场所名称	nvarchar	是
3	安装地址	nvarchar	是
4	设备 id	nvarchar	是
5	时间	datetime	是
6	PM10	float	是

49. 环保_锅炉提标改造信息

序号	字段	数据类型	是否允许 null 值
1	序号	nvarchar	是
2	辖区	nvarchar	是
3	单位名称	nvarchar	是
4	吨位蒸吨小时	float	是
5	锅炉台数	float	是
6	治理内容	nvarchar	是
7	治理进度除尘	nvarchar	是
8	治理进度脱硫	nvarchar	是
9	治理进度脱硝	nvarchar	是
10	在线安装和联网情况	nvarchar	是
11	完成验收监测时间	datetime	是
12	是否通过环保验收及验收时间	nvarchar	是
13	总投资万元	float	是
14	牵头督促单位	nvarchar	是

50. 环保_国控点大气监测值

序号	字段	数据类型	是否允许 null 值
1	城市名称	nvarchar	是
2	点位名称	nvarchar	是
3	年	nvarchar	是
4	月	nvarchar	是
5	日	nvarchar	是
6	PM10	float	是
7	AQI	float	是

51. 环保_河流地表水断面监测数据

序号	字段	数据类型	是否允许 null 值
1	序号	nvarchar	是
2	监测站点	nvarchar	是
3	河流	nvarchar	是
4	监测时间	datetime	是
5	监测城市	nvarchar	是
6	考核城市	nvarchar	是
7	TOC	float	是
8	COD	float	是
9	氨氮	float	是
10	总磷	float	是
11	总氮	float	是
12	高锰酸盐指数	float	是
13	pH 值	float	是
14	水温	float	是
15	溶解氧	float	是
16	浊度	float	是
17	电导率	float	是

52. 环保_环保监控联网企业名单

序号	字段	数据类型	是否允许 null 值
1	序号	nvarchar	是
2	县区	nvarchar	是
3	企业名称	nvarchar	是
4	监测点名称	nvarchar	是

53. 环保_环保举报热线 12319 办理台账

序号	字段	数据类型	是否允许 null 值
1	任务号	nvarchar	是
2	上报时间	datetime	是
3	问题来源	nvarchar	是
4	小类	nvarchar	是
5	问题描述	nvarchar	是
6	区域	nvarchar	是
7	专业部门	nvarchar	是
8	问题状态	nvarchar	是

54. 环保_环评批复信息

序号	字段	数据类型	是否允许 null 值
1	序号	nvarchar	是
2	审批序号	nvarchar	是
3	单位名称	nvarchar	是
4	建设项目名称	nvarchar	是
5	建设性质	nvarchar	是
6	建设地点	nvarchar	是
7	总投资	float	是
8	环保投资	float	是
9	审批时间	datetime	是
10	年度	nvarchar	是
11	说明	nvarchar	是
12	备注	nvarchar	是

55. 环保_建设项目环评报告书审批台账

序号	字段	数据类型	是否允许 null 值
1	序号	nvarchar	是
2	审批序号	nvarchar	是
3	建设单位	nvarchar	是
4	建设项目名称	nvarchar	是
5	建设性质	nvarchar	是
6	建设地点	nvarchar	是
7	总投资万	float	是
8	环保投资万	float	是
9	审批时间	datetime	是
10	年度	nvarchar	是
11	说明	nvarchar	是
12	备注	nvarchar	是

56. 环保_建筑工地在线监测日报表

序号	字段	数据类型	是否允许 null 值
1	序号	nvarchar	是
2	辖区	nvarchar	是
3	工程名称	nvarchar	是
4	PM10 数值	float	是
5	年	nvarchar	是
6	月	nvarchar	是
7	日	nvarchar	是

57. 环保_降尘月统计上报数据

序号	字段	数据类型	是否允许 null 值
1	序号	nvarchar	是
2	省辖市	nvarchar	是
3	县区	nvarchar	是
4	乡镇站点名称	nvarchar	是
5	采样起日	datetime	是
6	采样止日	datetime	是
7	采样天数	float	是
8	降尘总量	float	是
9	年度	nvarchar	是
10	月份	nvarchar	是

58. 环保_禁养区范围统计表

序号	字段	数据类型	是否允许 null 值
1	区县	nvarchar	是
2	乡镇	nvarchar	是
3	行政村	nvarchar	是
4	禁养区范围	nvarchar	是

59. 环保_排污费用征收 2017 年

序号	字段	数据类型	是否允许 null 值
1	单位名称	nvarchar	是
2	征收时段	datetime	是
3	送达时间	datetime	是
4	缴纳时间	datetime	是
5	天数	float	是
6	本金	float	是
7	滞纳金	float	是
8	缴款书编号	nvarchar	是
9	缴款书编号1	nvarchar	是

60. 环保_排污许可证发放信息

序号	字段	数据类型	是否允许 null 值
1	序号	nvarchar	是
2	时间	datetime	是
3	行政区划	nvarchar	是
4	单位名称	nvarchar	是
5	排污许可证号	nvarchar	是
6	排污许可证期限	nvarchar	是
7	排污主要污染物浓度限值及总量控制限制	nvarchar	是
8	联系人	nvarchar	是

61. 环保_企业污染源清单

序号	字段	数据类型	是否允许 null 值
1	企业类别	nvarchar	是
2	企业名称	nvarchar	是
3	组织机构代码	nvarchar	是
4	统一社会信用代码	nvarchar	是
5	行业类别	nvarchar	是
6	省	nvarchar	是
7	市	nvarchar	是

序号	字段	数据类型	是否允许 null 值
8	县区	nvarchar	是
9	详细地址	nvarchar	是
10	中心经度	float	是
11	中心纬度	float	是
12	生产工段/设备	nvarchar	是
13	产品类型	nvarchar	是
14	产品名称	nvarchar	是
15	产品产量	nvarchar	是
16	产品单位	nvarchar	是
17	SO_2 排放量	float	是
18	NOx 排放量	float	是
19	CO 排放量	float	是
20	VOC 排放量	float	是
21	NH3 排放量	float	是
22	TSP 排放量	float	是
23	PM10 排放量	float	是
24	PM2 点 5 排放量	float	是
25	BC 排放量	float	是
26	OC 排放量	float	是
27	CO2 排放量	float	是
28	单位	nvarchar	是
29	类别	nvarchar	是
30	脱硫工艺名称	nvarchar	是
31	脱硫效率	float	是
32	脱硫废气收集率	float	是
33	脱硫投运率	float	是
34	脱硝工艺名称	nvarchar	是
35	脱硝效率	float	是

续表

序号	字段	数据类型	是否允许 null 值
36	脱硝废气收集率	float	是
37	脱硝投运率	float	是
38	是否采用低氮燃烧技术	nvarchar	是
39	燃烧器出口浓度（mg/m3）	floatr	是
40	除尘工艺名称	nvarchar	是
41	除尘效率	float	是
42	除尘废气收集率	float	是
43	除尘投运率	float	是
44	VOCs 治理设施名称	nvarchar	是
45	排放口高度（米）	float	是
46	排放口直径（米）	float	是
47	排放出口废气流速（米/秒）	float	是
48	废气排放流量（标准立方米/小时）	float	是
49	废气温度（摄氏度）	float	是
50	废气含氧量（%）	float	是
51	在线 SO_2 浓度 mg/m3	float	是
52	在线 NOx 浓度 mg/m3	float	是
53	在线烟尘浓度 mg/m3	float	是
54	乡镇办	nvarchar	是

62. 环保_强制清洁生产企业名单

序号	字段	数据类型	是否允许 null 值
1	序号	nvarchar	是
2	年度	nvarchar	是
3	企业名称	nvarchar	是
4	说明	nvarchar	是
5	验收情况	nvarchar	是
6	审核时间	datetime	是

63. 环保_散乱污企业 2018 年清理整顿名单

序号	字段	数据类型	是否允许 null 值
1	序号	nvarchar	是
2	行政区	nvarchar	是
3	乡镇	nvarchar	是
4	企业名称	nvarchar	是
5	地址	nvarchar	是
6	法人代表	nvarchar	是
7	县区主管领导	nvarchar	是
8	环保部门责任领导责任人	nvarchar	是
9	乡镇责任领导责任人	nvarchar	是
10	年度	nvarchar	是
11	企业规模	nvarchar	是
12	主要原料	nvarchar	是
13	主要燃料	nvarchar	是
14	主要产品	nvarchar	是
15	综合整治方式	nvarchar	是
16	改造具体措施	nvarchar	是
17	清理整顿完成时间	datetime	是
18	备注	nvarchar	是
19	经度	nvarchar	是
20	纬度	nvarchar	是
21	行业类别	nvarchar	是

64. 环保_散乱污企业清理整顿名单

序号	字段	数据类型	是否允许 null 值
1	序号	nvarchar	是
2	行政区	nvarchar	是
3	乡镇	nvarchar	是
4	企业名称	nvarchar	是
5	地址	nvarchar	是
6	法人代表	nvarchar	是

序号	字段	数据类型	是否允许 null 值
7	县区主管领导	nvarchar	是
8	环保部门责任领导责任人	nvarchar	是
9	乡镇责任领导责任人	nvarchar	是
10	年度	nvarchar	是
11	企业规模	nvarchar	是
12	主要原料	nvarchar	是
13	主要燃料	nvarchar	是
14	主要产品	nvarchar	是
15	综合整治方式	nvarchar	是
16	改造具体措施	nvarchar	是
17	清理整顿完成时间	datetime	是
18	备注	nvarchar	是
19	经度	nvarchar	是
20	纬度	nvarchar	是
21	行业类别	nvarchar	是

65. 环保_散乱污企业整顿清单

序号	字段	数据类型	是否允许 null 值
1	序号	nvarchar	是
2	县区	nvarchar	是
3	乡镇	nvarchar	是
4	企业详细名称	nvarchar	是
5	企业地址	nvarchar	是
6	经度	float	是
7	纬度	float	是
8	行业类别	nvarchar	是
9	主要燃料	nvarchar	是
10	主要产品	nvarchar	是
11	综合整治方式	nvarchar	是
12	改造具体措施	nvarchar	是
13	整治取缔完成时间	datetime	是
14	治理年度	nvarchar	是

66. 环保_土地污染管理台账

序号	字段	数据类型	是否允许 null 值
1	宗地编号	nvarchar	是
2	电子监管号	nvarchar	是
3	原用地单位	nvarchar	是
4	土地座落	nvarchar	是
5	原土地用途	nvarchar	是
6	土地面积	float	是
7	年度	nvarchar	是
8	土地证号	nvarchar	是

67. 环保_危险废物接收表

序号	字段	数据类型	是否允许 null 值
1	序号	nvarchar	是
2	危险废物产生单位	nvarchar	是
3	合计	float	是
4	危险废物接收单位	nvarchar	是
5	区县	nvarchar	是
6	年月	datetime	是

68. 环保_危险废物经营许可证信息

序号	字段	数据类型	是否允许 null 值
1	序号	nvarchar	是
2	许可证编号	nvarchar	是
3	企业名称	nvarchar	是
4	发证机关	nvarchar	是
5	法定代表人	nvarchar	是
6	企业地址	nvarchar	是
7	经营设施地址	nvarchar	是
8	核准经营方式	nvarchar	是
9	核准经营废物类别	nvarchar	是
10	核准经营危险废物代码	nvarchar	是

序号	字段	数据类型	是否允许 null 值
11	核准经营规模	nvarchar	是
12	许可证起始有效期	datetime	是
13	许可证截止有效期	datetime	是
14	企业联系人及联系电话	nvarchar	是
15	备注	nvarchar	是

69. 环保_危险废物来源表

序号	字段	数据类型	是否允许 null 值
1	序号	nvarchar	是
2	危险废物产生单位	nvarchar	是
3	合计	float	是
4	危险废物接收单位	nvarchar	是
5	区县	nvarchar	是
6	年月	datetime	是

70. 环保_限产企业名单

序号	字段	数据类型	是否允许 null 值
1	单位名称	nvarchar	是
2	统一社会信用代码	nvarchar	是
3	企业状态	nvarchar	是
4	行业小类	nvarchar	是
5	经营范围	nvarchar	是
6	法定代表人	nvarchar	是
7	经营地址	nvarchar	是
8	注册资本万元	float	是
9	成立日期	datetime	是
10	核准日期	datetime	是
11	主管登记机关	nvarchar	是

71. 环保_重点监控企业限产标准

序号	字段	数据类型	是否允许 null 值
1	年份	nvarchar	是
2	企业名称	nvarchar	是
3	统一信用代码	nvarchar	是
4	企业用电号	nvarchar	是
5	所属省份名称	nvarchar	是
6	所属城市名称	nvarchar	是
7	所属区县名称	nvarchar	是
8	行政区代码	nvarchar	是
9	详细地址	nvarchar	是
10	一级行业	nvarchar	是
11	二级行业	nvarchar	是
12	是否纳入环统	nvarchar	是
13	法人代表	nvarchar	是
14	经度	float	是
15	纬度	float	是
16	生产线工序	nvarchar	是
17	是否为备用设备工序	nvarchar	是
18	主要产品	nvarchar	是
19	主要产品产量	float	是
20	产品单位	nvarchar	是
21	产能规模	float	是
22	产能规模单位	nvarchar	是
23	能源消费类型	nvarchar	是
24	能源消耗量	float	是
25	能源消耗量单位	nvarchar	是
26	主要污染物排放量千克天_烟粉尘	float	是
27	主要污染物排放量千克天_SO_2	float	是
28	主要污染物排放量千克天_Nox	float	是
29	主要污染物排放量千克天_VOCs	float	是
30	红色预警_停限产措施	nvarchar	是

序号	字段	数据类型	是否允许 null 值
31	红色预警_应急成本元天	float	是
32	红色预警_估算减排量千克天_烟粉尘	float	是
33	红色预警_估算减排量千克天_SO$_2$	float	是
34	红色预警_估算减排量千克天_Nox	float	是
35	红色预警_估算减排量千克天_VOCs	float	是
36	橙色预警_停限产措施	nvarchar	是
37	橙色预警_应急成本元天	float	是
38	橙色预警_估算减排量千克天_烟粉尘	float	是
39	橙色预警_估算减排量千克天_SO$_2$	float	是
40	橙色预警_估算减排量千克/天_Nox	float	是
41	橙色预警_估算减排量千克天_VOCs	float	是
42	黄色预警_停限产措施	nvarchar	是
43	黄色预警_应急成本元天	float	是
44	黄色预警_估算减排量千克天_烟粉尘	float	是
45	黄色预警_估算减排量千克天_SO$_2$	float	是
46	黄色预警_估算减排量千克天_Nox	float	是
47	黄色预警_估算减排量千克天_VOCs	float	是
48	备注	nvarchar	是
49	轮流停产批次	nvarchar	是

72. 环保_重点企业大气在线监测数据

序号	字段	数据类型	是否允许 null 值
1	日	float	是
2	烟尘浓度	float	是
3	烟尘折算浓度	float	是
4	烟尘排放量	float	是
5	二氧化硫浓度	float	是
6	二氧化硫折算浓度	float	是
7	二氧化硫排放量	float	是
8	氮氧化物实测浓度	float	是
9	氮氧化物折算浓度	float	是

序号	字段	数据类型	是否允许 null 值
10	氮氧化物排放量	float	是
11	流量	float	是
12	氧含量	float	是
13	温度	float	是
14	湿度	float	是
15	污染源名称	nvarchar	是
16	监控点名称	nvarchar	是
17	年	nvarchar	是
18	月	nvarchar	是

73. 环保_重点企业废气在线监测数据

序号	字段	数据类型	是否允许 null 值
1	月	nvarchar	是
2	日	nvarchar	是
3	烟尘浓度	float	是
4	烟尘折算浓度	float	是
5	烟尘排放量	float	是
6	二氧化硫浓度	float	是
7	二氧化硫折算浓度	float	是
8	二氧化硫排放量	float	是
9	氮氧化物实测浓度	float	是
10	氮氧化物折算浓度	float	是
11	氮氧化物排放量	float	是
12	流量	float	是
13	氧含量	float	是
14	温度	float	是
15	湿度	float	是
16	备注	nvarchar	是
17	年度	nvarchar	是
18	污染源名称	nvarchar	是
19	监控点名称	nvarchar	是
20	行政区域	nvarchar	是

74. 环保_重点企业废水在线监测数据

序号	字段	数据类型	是否允许 null 值
1	月份	nvarchar	是
2	日期	datetime	是
3	化学需氧量 COD 浓度	float	是
4	化学需氧量 COD 排放量	float	是
5	氨氮浓度	float	是
6	氨氮排放量	float	是
7	总磷浓度	float	是
8	总磷排放量	float	是
9	总氮浓度	float	是
10	总氮排放量	float	是
11	排口流量	float	是
12	年度	float	是
13	污染源名称	nvarchar	是
14	监控点名称	nvarchar	是
15	行政区域	nvarchar	是

75. 环保_重点污染企业名单

序号	字段	数据类型	是否允许 null 值
1	序号	nvarchar	是
2	行政区代码	nvarchar	是
3	县区	nvarchar	是
4	组织机构代码	float	是
5	企业名称	nvarchar	是
6	备注	nvarchar	是
7	年度	nvarchar	是
8	类型	nvarchar	是

76. 基础表_财务_凭证表

序号	字段	数据类型	是否允许 null 值
1	源凭证号	nvarchar	是
2	凭证日期	datetime	是
3	凭证号	nvarchar	是
4	科目编号	nvarchar	是
5	科目名称	nvarchar	是
6	摘要	nvarchar	是
7	借方金额	float	是
8	贷方金额	float	是
9	凭证类型编号	nvarchar	是
10	凭证类型名称	nvarchar	是
11	附件数	nvarchar	是
12	会计年份	float	是
13	会计月份	float	是
14	对方科目编号	nvarchar	是
15	对方科目名称	nvarchar	是
16	财务主管	nvarchar	是
17	记账人	nvarchar	是
18	出纳人	nvarchar	是
19	审核人	nvarchar	是
20	制单人	nvarchar	是
21	金额	float	是
22	备注	nvarchar	是
23	借方外币金额	float	是
24	贷方外币金额	float	是
25	币种代码	nvarchar	是
26	币种名称	nvarchar	是
27	汇率	float	是
28	是否外币凭证	nvarchar	是
29	支票号	nvarchar	是
30	银行单据号	nvarchar	是
31	分录序号	nvarchar	是
32	年度	nvarchar	是
33	单位名称	nvarchar	是
34	电子数据编号	nvarchar	是
35	电子数据名称	nvarchar	是

77. 基础表_财务_余额表

序号	字段	数据类型	是否允许 null 值
1	科目编号	nvarchar	是
2	科目名称	nvarchar	是
3	期初余额	float	是
4	借方发生额	float	是
5	贷方发生额	float	是
6	期末余额	float	是
7	分录数	float	是
8	余额方向	float	是
9	科目级别	float	是
10	上级科目编码	nvarchar	是
11	年度	nvarchar	是
12	单位名称	nvarchar	是
13	电子数据编号	nvarchar	是
14	电子数据名称	nvarchar	是

78. 基础表_财务_总账

序号	字段	数据类型	是否允许 null 值
1	年度	nvarchar	是
2	电子数据编号	nvarchar	是
3	电子数据名称	nvarchar	是
4	单位名称	nvarchar	是
5	会计月份	float	是
6	科目编号	nvarchar	是
7	上级科目编号	nvarchar	是
8	科目名称	nvarchar	是
9	期初余额	float	是
10	借方发生额	float	是
11	贷方发生额	float	是
12	期末余额	float	是
13	科目级别	float	是
14	分录数	float	是
15	余额方向	float	是

79. 商务_成品油零售企业经营许可证信息

序号	字段	数据类型	是否允许 null 值
1	序号	nvarchar	是
2	年度	nvarchar	是
3	单位名称	nvarchar	是
4	单位地址	nvarchar	是
5	发证日期	datetime	是
6	申报类型	nvarchar	是
7	许可证编号	nvarchar	是

80. 商务_黄标车拆解信息

序号	字段	数据类型	是否允许 null 值
1	序号	nvarchar	是
2	车主姓名	nvarchar	是
3	牌照号码	nvarchar	是
4	车辆类型	nvarchar	是
5	品牌名称	nvarchar	是
6	车辆型号	nvarchar	是
7	车辆唯一识别代码车架号码	nvarchar	是
8	报废车行驶证注册登记日期	datetime	是
9	回收证明单编号	nvarchar	是
10	回收日期	datetime	是
11	收回年度	nvarchar	是

81. 商务_黄标车淘汰补贴清单

序号	字段	数据类型	是否允许 null 值
1	序号	nvarchar	是
2	机动车所有人名称	nvarchar	是
3	机动车所有人地址	nvarchar	是
4	车主身份证号代码证号	nvarchar	是
5	联系电话	nvarchar	是
6	车辆类型	nvarchar	是

续表

序号	字段	数据类型	是否允许 null 值
7	车牌号码	nvarchar	是
8	车辆登记地区	nvarchar	是
9	机动车识别代码车架号	nvarchar	是
10	初次登记日期	datetime	是
11	注销日期	datetime	是
12	交车日期	datetime	是
13	回收证明号	nvarchar	是
14	是否营运	nvarchar	是
15	拆解回收日期	datetime	是
16	补助金额	float	是
17	奖励金额	float	是
18	奖补金额合计	float	是
19	经办人	nvarchar	是
20	开户行	nvarchar	是
21	车主或经办人银行账号	nvarchar	是
22	备注	nvarchar	是
23	现车主	nvarchar	是
24	身份证号	nvarchar	是

82. 商务_加油站基本情况表

序号	字段	数据类型	是否允许 null 值
1	序号	nvarchar	是
2	证书编号	nvarchar	是
3	在营状况	nvarchar	是
4	加油站名称	nvarchar	是
5	加油站地址	nvarchar	是
6	法人代表	nvarchar	是
7	发证时间	datetime	是
8	省	nvarchar	是
9	省辖市	nvarchar	是
10	县区	nvarchar	是
11	乡镇	nvarchar	是

83. 商务_招商引资台账

序号	字段	数据类型	是否允许 null 值
1	序号	nvarchar	是
2	县区	nvarchar	是
3	企业名称	nvarchar	是
4	企业地址	nvarchar	是
5	所属行业	nvarchar	是
6	登记时间	datetime	是
7	责任人	nvarchar	是
8	备注	nvarchar	是

84. 商务局_黄标车淘汰补贴清单

序号	字段	数据类型	是否允许 null 值
1	序号	nvarchar	是
2	机动车所有人名称	nvarchar	是
3	机动车所有人地址	nvarchar	是
4	车主身份证号代码证号	nvarchar	是
5	联系电话	nvarchar	是
6	车辆类型	nvarchar	是
7	车牌号码	nvarchar	是
8	车辆登记地区	nvarchar	是
9	机动车识别代码车架号	nvarchar	是
10	初次登记日期	datetime	是
11	注销日期	datetime	是
12	交车日期	datetime	是
13	回收证明号	nvarchar	是
14	是否营运	nvarchar	是
15	拆解回收日期	datetime	是
16	补助金额	float	是
17	奖励金额	float	是
18	奖补金额合计	float	是
19	经办人	nvarchar	是
20	开户行	nvarchar	是
21	车主或经办人银行账号	nvarchar	是
22	区县	nvarchar	是
23	现车主	nvarchar	是
24	身份证号	nvarchar	是
25	补助资金发放日期	datetime	是

85. 水利_地下水禁采区

序号	字段	数据类型	是否允许 null 值
1	序号	nvarchar	是
2	宗地编号	nvarchar	是
3	省辖市	nvarchar	是
4	区县	nvarchar	是
5	乡镇	nvarchar	是
6	禁采区范围	nvarchar	是
7	土地用途	nvarchar	是
8	土地面积	float	是
9	登记日期	datetime	是
10	村	nvarchar	是
11	备注	nvarchar	是

86. 水利_取水许可证发放信息

序号	字段	数据类型	是否允许 null 值
1	序号	nvarchar	是
2	单位名称	nvarchar	是
3	单位地址	nvarchar	是
4	法人代表	nvarchar	是
5	取水许可证号	float	是
6	取水用途	nvarchar	是
7	井数	float	是
8	管网内外	nvarchar	是
9	年许可量	float	是
10	备注	nvarchar	是
11	类型	nvarchar	是
12	省	nvarchar	是
13	省辖市	nvarchar	是
14	县区	nvarchar	是
15	乡镇办	nvarchar	是
16	审核时间	datetime	是

87. 水利_入河排污口核查信息

序号	字段	数据类型	是否允许 null 值
1	省辖市	nvarchar	是
2	县区	nvarchar	是
3	入河排污口名称	nvarchar	是
4	设置单位	nvarchar	是
5	排污口位置	nvarchar	是
6	排入水体名称	nvarchar	是
7	经度	float	是
8	经度分	float	是
9	经度秒	float	是
10	纬度	float	是
11	纬度分	float	是
12	纬度秒	float	是
13	整改措施	nvarchar	是
14	乡镇	nvarchar	是

88. 水利_水源地保护区

序号	字段	数据类型	是否允许 null 值
1	序号	float	是
2	宗地编号	nvarchar	是
3	省辖市	nvarchar	是
4	区县	nvarchar	是
5	乡镇	nvarchar	是
6	水源地范围	nvarchar	是
7	土地用途	nvarchar	是
8	土地面积	float	是
9	登记日期	datetime	是
10	村	nvarchar	是
11	土地证号	nvarchar	是
12	备注	nvarchar	是

89. 水利_水政监察封井登记表

序号	字段	数据类型	是否允许 null 值
1	序号	nvarchar	是
2	文书编号	nvarchar	是
3	单位或个人名称	nvarchar	是
4	地址	nvarchar	是
5	井数	float	是
6	封填方式	nvarchar	是
7	封填时间	datetime	是
8	归档时间	datetime	是

90. 水利_水资源费征收信息

序号	字段	数据类型	是否允许 null 值
1	序号	nvarchar	是
2	单位名称	nvarchar	是
3	范围	nvarchar	是
4	用途	nvarchar	是
5	标准	float	是
6	用水量	float	是
7	地温户回水	float	是
8	应收金额	float	是
9	实收金额	float	是
10	用水类型	nvarchar	是
11	收费年度	float	是
12	征收单位	nvarchar	是
13	说明	nvarchar	是

91. 水务公司_非居民用水信息

序号	字段	数据类型	是否允许 null 值
1	序号	nvarchar	是
2	单位名称	nvarchar	是
3	水量	float	是
4	用水时间	datetime	是

92. 税务_车辆购置税信息

序号	字段	数据类型	是否允许 null 值
1	社会信用代码	nvarchar	是
2	纳税人名称	nvarchar	是
3	征收项目	nvarchar	是
4	征收品目	nvarchar	是
5	征收方式	nvarchar	是
6	计税依据	nvarchar	是
7	课税数量	float	是
8	税率	float	是
9	实缴金额	float	是
10	收款国库	nvarchar	是
11	税款所属期起	datetime	是
12	税款所属期止	datetime	是
13	缴款期限	datetime	是
14	银行行别	nvarchar	是
15	银行营业网点	nvarchar	是
16	银行账号	nvarchar	是
17	电子税票号码	nvarchar	是
18	票证种类	nvarchar	是
19	票证字轨	nvarchar	是
20	票证号码	nvarchar	是
21	申报方式	nvarchar	是
22	税款缴纳方式	nvarchar	是
23	备注	nvarchar	是
24	操作类型	nvarchar	是
25	电子税票明细序号	nvarchar	是
26	关联电子税票明细序号	nvarchar	是
27	调账类型	nvarchar	是
28	汇总日期	datetime	是
29	汇总人	nvarchar	是
30	汇总票证种类	nvarchar	是

续表

序号	字段	数据类型	是否允许 null 值
31	汇总票证字轨	nvarchar	是
32	汇总票证号码	nvarchar	是
33	开票人	nvarchar	是
34	开具日期	datetime	是
35	税款种类	nvarchar	是
36	税款属性	nvarchar	是
37	登记注册类型	nvarchar	是
38	行业大类	nvarchar	是
39	行业中类	nvarchar	是
40	行业	nvarchar	是
41	征收税务机关	nvarchar	是
42	主管税务所（科、分局）	nvarchar	是
43	税款所属税务机关	nvarchar	是
44	预算科目	nvarchar	是
45	预算分配比例	float	是
46	中央级比例	float	是
47	省市级比例	float	是
48	地市级比例	float	是
49	区县级比例	float	是
50	乡镇级比例	float	是
51	上解日期	datetime	是
52	上解销号日期	datetime	是
53	上解销号人	nvarchar	是
54	入库日期	datetime	是
55	入库销号日期	datetime	是
56	入库销号人	nvarchar	是
57	税收管理员	nvarchar	是
58	税源编号	nvarchar	是
59	委托代征义务人纳税人识别号	nvarchar	是
60	税款状态	nvarchar	是
61	扣款返回信息	nvarchar	是

序号	字段	数据类型	是否允许 null 值
62	应征凭证种类	nvarchar	是
63	应征发生日期	datetime	是
64	查补属性	nvarchar	是
65	申报属性	nvarchar	是
66	街道乡镇	nvarchar	是
67	应征凭证序号	nvarchar	是
68	总分机构类型	nvarchar	是
69	跨地区税收转移企业类型	nvarchar	是
70	单位隶属关系	nvarchar	是
71	录入日期	datetime	是
72	转开完税凭证税票信息	nvarchar	是

93. 税务_环境税征收信息

序号	字段	数据类型	是否允许 null 值
1	社会信用代码（纳税人识别号）	nvarchar	是
2	纳税人名称	nvarchar	是
3	征收项目	nvarchar	是
4	征收品目	nvarchar	是
5	税款所属期起	datetime	是
6	税款所属期止	datetime	是
7	应税收入	float	是
8	计税依据	float	是
9	应纳税额	float	是
10	已缴税额	float	是
11	应补（退）税额	float	是
12	减免税额	float	是
13	减免收入	float	是
14	纳税申报日期	datetime	是
15	申报方式	nvarchar	是
16	征收方式	nvarchar	是
17	登记注册类型	nvarchar	是
18	行业	nvarchar	是
19	作废标志	nvarchar	是

94. 税务_税款征收信息

序号	字段	数据类型	是否允许 null 值
1	纳税申报编号	numeric	是
2	税务登记证号	varchar	是
3	纳税人名称	varchar	是
4	纳税人地址	varchar	是
5	税种代码	varchar	是
6	税种名称	varchar	是
7	申报期限	datetime	是
8	申报日期	datetime	是
9	税款所属期起	datetime	是
10	税款所属期止	datetime	是
11	税款缴纳期限	datetime	是
12	税款状态改变日期	datetime	是
13	税款状态代码	varchar	是
14	税款状态名称	varchar	是
15	计税依据	varchar	是
16	税率	float	是
17	应纳税额	float	是
18	已缴纳已扣除税额	float	是
19	减免税额	float	是
20	实纳税额	float	是
21	收款国库名称	varchar	是
22	申报方式名称	varchar	是

95. 医疗_医疗废物接收表

序号	字段	数据类型	是否允许 null 值
1	序号	nvarchar	是
2	医废产生单位	nvarchar	是
3	感染性废物重量	float	是
4	损伤性废物重量	float	是
5	病理性废物重量	float	是

序号	字段	数据类型	是否允许 null 值
6	药物性废物重量	float	是
7	化学性废物重量	float	是
8	合计	float	是
9	抗生素类废弃瓶重量	float	是
10	区县	nvarchar	是
11	年月	datetime	是

96. 医疗_医疗废物来源表

序号	字段	数据类型	是否允许 null 值
1	序号	nvarchar	是
2	医废产生单位	nvarchar	是
3	感染性废物重量	float	是
4	损伤性废物重量	float	是
5	病理性废物重量	float	是
6	药物性废物重量	float	是
7	化学性废物重量	float	是
8	合计	float	是
9	抗生素类废弃瓶重量	float	是
10	区县	nvarchar	是
11	年月	datetime	是

97. 医疗_医疗废物去向表

序号	字段	数据类型	是否允许 null 值
1	所属县区	nvarchar	是
2	医疗机构名称	nvarchar	是
3	地址	nvarchar	是
4	法定代表人	nvarchar	是
5	医疗废物去向	nvarchar	是

98. 质检_锅炉使用单位清单

序号	字段	数据类型	是否允许 null 值
1	序号	nvarchar	是
2	单位名称	nvarchar	是
3	台数	float	是
4	辖区	nvarchar	是
5	备注	nvarchar	是

99. 质检_危险化学品生产许可证信息

序号	字段	数据类型	是否允许 null 值
1	序号	nvarchar	是
2	年度	nvarchar	是
3	单位名称	nvarchar	是
4	单位地址	nvarchar	是
5	发证日期	datetime	是
6	申报类型	nvarchar	是
7	许可证编号	nvarchar	是

100. 质检_油烟治理管理台账

序号	字段	数据类型	是否允许 null 值
1	序号	nvarchar	是
2	省辖市	nvarchar	是
3	区县	nvarchar	是
4	所属街道办乡镇居委会	nvarchar	是
5	餐饮场所名称	nvarchar	是
6	灶头数	float	是
7	油烟治理完成情况	nvarchar	是
8	监督管理措施	nvarchar	是
9	备注	nvarchar	是

101. 住建_城市建成区登记表

序号	字段	数据类型	是否允许 null 值
1	序号	nvarchar	是
2	省辖市	nvarchar	是
3	区县	nvarchar	是
4	街道办	nvarchar	是
5	范围	nvarchar	是
6	面积	float	是
7	登记日期	datetime	是
8	备注	nvarchar	是

102. 住建_环保举报热线 12369 办理台账

序号	字段	数据类型	是否允许 null 值
1	任务号	nvarchar	是
2	上报时间	datetime	是
3	问题来源	nvarchar	是
4	小类	nvarchar	是
5	问题描述	nvarchar	是
6	区域	nvarchar	是
7	专业部门	nvarchar	是
8	问题状态	nvarchar	是

103. 住建_建设项目登记表

序号	字段	数据类型	是否允许 null 值
1	序号	nvarchar	是
2	建设项目名称	nvarchar	是
3	结构类型	nvarchar	是
4	建筑面积	float	是
5	建设单位	nvarchar	是
6	施工单位	nvarchar	是
7	监理单位	nvarchar	是
8	设计单位	nvarchar	是
9	勘察单位	nvarchar	是
10	开工日期	datetime	是
11	形象进度	nvarchar	是

104. 住建_建设用地许可证信息

序号	字段	数据类型	是否允许 null 值
1	序号	nvarchar	是
2	证号	nvarchar	是
3	用地单位	nvarchar	是
4	项目名称	nvarchar	是
5	用地位置	nvarchar	是
6	用地性质	nvarchar	是
7	用地面积	float	是
8	亩	float	是
9	其中建设用地	float	是
10	其中代征城市道路	float	是
11	发证日期	datetime	是
12	发证年度	float	是

105. 住建_建筑工程施工许可证登记信息

序号	字段	数据类型	是否允许 null 值
1	宗地编号	nvarchar	是
2	统一社会信用代码	nvarchar	是
3	注册或登记号	nvarchar	是
4	项目名称	nvarchar	是
5	地块编号	nvarchar	是
6	地块名称	nvarchar	是
7	所在行政区	nvarchar	是
8	土地坐落	nvarchar	是
9	交易面积	float	是
10	土地用途	nvarchar	是
11	约定交地时间	datetime	是
12	使用年限	float	是
13	交易类型	nvarchar	是
14	单位名称	nvarchar	是

106. 住建_纳入排污管网单位登记台账

序号	字段	数据类型	是否允许 null 值
1	序号	nvarchar	是
2	企业名称	nvarchar	是
3	地址	nvarchar	是
4	经营性质	nvarchar	是
5	纳入管网时间	datetime	是
6	联系人	nvarchar	是
7	电话	float	是
8	管理机关	nvarchar	是

107. 住建_排水许可证信息

序号	字段	数据类型	是否允许 null 值
1	序号	nvarchar	是
2	企业名称	nvarchar	是
3	地址	nvarchar	是
4	经营性质	nvarchar	是
5	第一次发证时间	datetime	是
6	联系人	nvarchar	是
7	电话	float	是
8	验证时间	datetime	是
9	发证机关	nvarchar	是

108. 住建_污水处理费征收信息

序号	字段	数据类型	是否允许 null 值
1	序号	nvarchar	是
2	单位名称	nvarchar	是
3	年度	nvarchar	是
4	月份	nvarchar	是
5	征收单位	nvarchar	是
6	征收人	nvarchar	是
7	未达吨数	float	是
8	未达金额	float	是
9	说明	nvarchar	是
10	吨数	float	是
11	金额	float	是

附录2："智慧审计"应用实例

以H市大气污染防治专项审计调查"智慧审计"实践为例。

（一）根据审计工作方案，解构法律法规，确定9类计算机审计事项

审计调查组充分开展了审计调查了解工作，认真分析了《河南省10个省辖市大气污染防治专项审计调查工作方案》，分析研究了国家、省关于"大气污染防治"的法律、法规、政策和当地政府的文件规定，从解构法律法规入手，从大数据分析的角度，确定了空气质量分析、重点企业污染防治在线监测数据分析、施工场地扬尘治理在线监测数据分析、排污许可相关数据分析、工业污染治理情况数据分析、"散乱污"企业取缔情况数据分析、油品质量监管情况数据分析、散煤治理替代情况数据分析、锅炉提标改造情况数据分析等9个方面54个计算机审计分析事项，编制54个"智慧审计"模型，开展大数据审计综合分析。

1. 质量分析

通过解构《京津冀及周边地区2019—2020年秋冬季大气污染综合治理攻坚行动方案》等法律法规政策的条款，确定了4个计算机审计事项，拟进行智慧审计大数据分析。

（1）大气在线监测数据各指标超标情况分析。

（2）大气在线监测数据各指标值纵向分析。

（3）降尘量总体分析。

（4）大气监测信息系统数据录入合规性审计。

2. 重点企业污染防治在线监测数据分析

通过解构《中华人民共和国环境保护法》等法律法规政策的条款，确定了8个计算机审计事项，拟进行"智慧审计"大数据分析。

（1）重点污染企业没有纳入环保联网监控。

（2）重点监控企业没有安装在线监控设备。

（3）重点监控企业在线监测数据不连续。

（4）重点监控企业在线监测数据监测指标值超标。

（5）限产企业在限产期间用电量没有下降。

（6）限产企业在限产期间在线监测数据显示有废气排出。

（7）启动大气黄色预警后重点监控企业应当停产而仍然排放废气。

（8）重点污染企业没有缴纳环境保护税。

3. 施工场地扬尘治理在线监测数据分析

通过解构《中华人民共和国环境保护法》《京津冀及周边地区 2019—2020 年秋冬季大气污染综合治理攻坚行动方案》等法律法规政策的条款，确定了 6 个计算机审计事项，拟进行"智慧审计"大数据分析。

（1）规模以上建设项目没有进行环境评价

（2）规模以上建设项目未按规定进行扬尘治理备案。

（3）规模以上建设项目工地没有安装在线监测设备。

（4）规模以上建设项目工地在线监测设备没有联网。

（5）规模以上建设项目工地在线监测数据异常而没有进行处理。

（6）规模以上建筑工地在线监测数据涉嫌造假。

4. 排污许可相关数据分析

通过解构《中华人民共和国环境保护法》《河南省污染防治三年行动计划 2018—2020》等法律法规条款，确定了 10 个审计事项，进行"智慧审计"大数据分析。

（1）排污单位没有取得排污许可证。

（2）没经过环评审批直接发放排污许可证。

（3）纳入企业污染源清单的单位没有缴纳环境保护税。

（4）缴纳环境保护税的单位没有办理排污许可证。

（5）办理排污许可证的单位没有缴纳环境保护税。

（6）缴纳了水资源费没有缴纳环境保护税也没有缴纳污水处理费的单位。

（7）排污费改为环境保护税后没有缴纳环境税的单位。

（8）环境保护税缴纳较高的单位没有纳入企业污染源清单。

（9）环保举报热线 12319 办理情况。

（10）环保举报热线 12369 办理情况。

5. 工业污染治理情况数据分析

通过解构《中华人民共和国环境保护法》《京津冀及周边地区 2019—2020 年秋冬季大气污染综合治理攻坚行动方案》等法律法规政策的条款，确定了 8 个计算机审计事项，拟进行"智慧审计"大数据分析。

（1）不具备治理能力的 VOCs 无组织排放治理企业的用电情况。

（2）列入 VOCs 治理目标单位没有办理排污许可证。

（3）不具备治理能力的工业窑炉治理企业的用电情况。

（4）列入工业窑炉治理目标单位没有办理排污许可证。

（5）不具备治理能力的工业企业无组织排放治理的用电情况。

（6）列入工业企业无组织排放治理单位没有办理排污许可证。

（7）上一年度已完成工业企业、工业窑炉、VOCs 无组织排放治理的单位又列入当年的治理工作中。

（8）重污染企业未按规定纳入强制性清洁生产范围。

6. "散乱污"企业取缔情况数据分析（略）

7. 油品质量监管情况数据分析（略）

8. 散煤治理替代情况数据分析（略）

9. 锅炉提标改造情况数据分析（略）

（二）根据审计事项的具体需求，采集"智慧审计"需要的数据

根据确定的 9 类、54 项具体审计事项，采集相关单位的数据。审计人员根据审计事项和建立的审计方法，采集了财政、税务、环保、住建、质检、商务、城管、电力等单位的 47 项基础数据，这些数据是开展"相关关系分析"的基础表，满足大数据审计的需要。

1. 空气质量分析数据采集

针对空气质量分析智慧审计的需要，采集了环保_大气在线监测数据、环保_降尘月统计上报数据、环保_国控点大气监测值等数据。

2. 重点企业污染防治在线监测数据分析

针对重点企业污染防治在线监测数据分析智慧审计的需要，采集了电力_企业用电信息、环保_环保监控联网企业名单、环保_企业污染源清单、环保_限产企业名单、环保_重点监控企业供电号及限产标准、环保_重点企业大气在线监测数据、环保_重点污染企业名单、住建_城市建成区登记表等数据。

3. 施工场地扬尘治理在线监测数据分析数据采集

针对施工场地扬尘治理在线监测数据分析智慧审计的需要，采集了电力_企业用电信息、住建_环保举报热线 12369 办理台账、住建_建设项目登记表、住建_建设用地许可证信息、住建_建筑工程施工许可证登记信息、环保_建筑工地在线监测发现问题整改台账、环保_环评批复信息等数据。

4. 排污许可相关数据分析数据采集

针对排污许可相关数据分析智慧审计的需要，采集了财政_非税收入明细信息、工商_工商登记信息、环保_环评批复信息、水务公司_非居民用水信息、税务_环境税征收信息、环保_排污费用征收 2017 年 4 季度、住建_排水许可证信息等数据。

5. 工业污染治理情况数据分析数据采集

针对工业污染治理情况数据分析智慧审计的需要，采集了电力_企业用电信息、发改_电代煤设备补助标准、发改_气代煤设备补助标准、发改_双替代电代煤、发改_双替代气代煤、工商_工商登记信息、环保_VOCs无组织排放治理信息、环保_工业炉窑专项治理、环保_工业企业无组织排放治理、环保_锅炉提标改造信息、环保_环评批复信息、环保_强制清洁生产企业名单、环保_散乱污企业清理整顿名单、商务_成品油零售企业经营许可证信息、水务公司_非居民用水信息等数据。

6. "散乱污"企业取缔情况数据分析数据采集（略）

7. 油品质量监管情况数据分析数据采集（略）

8. 散煤治理替代情况数据分析数据采集（略）

9. 锅炉提标改造情况数据分析数据采集（略）

（三）针对审计事项的具体内容，汇集全体审计人员的智慧，构建"智慧审计"模型。

1. 空气质量分析"智慧审计"模型

在空气质量分析的4个审计事项中，以"降尘量总体分析"为例说明审计方法的编写过程。

（1）审计事项：降尘总量每平方公里的月平均值大于9吨。

（2）审计思路：《京津冀及周边地区2019—2020年秋冬季大气污染综合治理攻坚行动方案》（环大气〔2019〕88号）中规定"各城市平均降尘量不得高于9吨/月·平方公里。"基于上述规定，分两步编写"智慧审计"模型。一是查询降尘总量的平均值和极大值，揭示当地降尘量的总体情况。二是查询降尘总量每平方公里的月平均值大于9吨的记录，揭示当地政府在散尘污染防治工作方面的情况。

（3）审计方法：在【环保_降尘月统计上报数据】表中，以省辖市，县区，年度，月份为条件，分组计算降尘总量月平均值和降尘总量极大值；以省辖市，县区，年度，月份为条件，分组计算降尘总量月平均值大于9的情况。

（4）SQL语句：select 省辖市，县区，年度，月份，sum（降尘总量）/count（降尘总量）as 降尘总量月平均值，MAX（降尘总量）as 降尘总量极大值 from 环保_降尘月统计上报数据 group by 省辖市，县区，年度，月份。

select 省辖市，县区，年度，月份，sum（降尘总量）as 降尘总量 from 环保_降尘月统计上报数据 group by 省辖市，县区，年度，月份 having sum（降尘总量）＞9。

2. 重点企业污染防治在线监测数据分析"智慧审计"模型

在重点企业污染防治在线监测数据分析的 8 个审计事项中，以"启动大气黄色预警后重点监控企业应当停产而仍然排放废气"为例说明审计方法的编写过程。

（1）审计事项：启动大气黄色预警后重点监控企业应当停产而仍然排放废气。

（2）审计思路：根据《环境空气质量指数（AQI）技术规定（试行）》（HJ633–2012），AQI 大于 200，即环境空气质量达到五级（重试污染）及以上污染程度的大气污染，实施重污染天气应急预案。基于上述规定，当 AQI 大于 200 时，将启动重污染天气应急预案，重点监测企业应当停止生产。

（3）审计方法：以年、月、日为主键，关联【环保_重点监控企业供电号及限产标准】表、【环保_国控点大气监测值】表、【环保_重点企业大气在线监测数据】表，查询大气监测值 AQI 指标大于 200 时，被监测的企业排放的"烟尘浓度"维持在较高水平，说明该企业应当停产而没有停产。

（4）SQL 语句：select d.＊，c. 企业用电号，c. 黄色预警_停限产措施 from 环保_重点监控企业供电号及限产标准 as c join（select a. 城市名称，a. 点位名称，a. AQI，b. 年，b. 月，b. 日，b. 污染源名称，b. 烟尘浓度，b. 烟尘排放量 from（select ＊ from 环保_国控点大气监测值 where AQI > 200）as a join（select ＊ from 环保_重点企业大气在线监测数据 where AQI < >"）as b on a. 年 = b. 年 and a. 月 = b. 月 and a. 日 = b. 日）as d on c. 企业名称 = d. 污染源名称 where c. 黄色预警_停限产措施 like '% 停产%'。

3. 施工场地扬尘治理在线监测数据分析"智慧审计"模型

在施工场地扬尘治理在线监测数据分析的 6 个审计事项中，以"规模以上建设项目工地在线监测数据长期异常或超标而没有处理"为例说明审计方法的编写过程。

（1）审计事项：规模以上建设项目工地在线监测数据长期异常或超标而没有处理。

（2）审计思路：检查 5000 平方米及以上土石方建筑工地没有安装在线监测和视频监控设施或没有与当地有关部门联网情况，或在线监测设备产生异常值时，职能部门没有处理的情况，揭示有关部门在监管方面存在的问题。

（3）审计方法：查询规模以上建设项目工地在线监测数据 PM10 小于 0 或大于 100 的情况；查询异常数据或超标准数据的规模以上建筑工地的数据明细。

（4）SQL 语句：select 场所名称，YEAR（时间）as 年，MONTH（时间）as 月，COUNT（时间）as 当月次数 into 审计中间表_环保_建筑工地监测数据长期超标没有纠正 from 环保_规模以上建设工地在线监测数据 where PM10 < 0 or pm10 > 100 group by 场所名称，YEAR（时间），MONTH（时间）having COUNT（时间）> 10。

select * from 审计中间表_环保_建筑工地监测数据长期超标没有纠正 as a join（select * from 环保_规模以上建设工地在线监测数据 where PM10 > 100 or PM10 < 1）as b on a. 场所名称 = b. 场所名称 order by b. 场所名称，b. 时间。

4. 排污许可相关数据分析"智慧审计"模型

在排污许可相关数据分析的 10 个审计事项中，以"排污费改为环境保护税后没有缴纳环境税的单位"为例说明审计方法的编写过程。

（1）审计事项：排污费改为环境保护税后没有缴纳环境税的单位。

（2）审计思路：2018 年以前，排污费由环保局征收，2018 年 1 月 1 日起，排污费改为环境保护税由税务局征收，如果两个部门协调不够，可能出现原来缴纳排污费的单位在费改税后没有缴纳环境保护税的情况，需要进一步核实。

（3）审计方法：以单位名称为主键，关联环保_排污费用征收 2017 年、税务_环境税征收信息、环保_排污许可证信息表，查询缴纳排污费的单位在费改税后没有缴纳环境保护税的情况；办理了排污许可证的单位没有缴纳环境保护税。

（4）SQL 语句：select a. 单位名称，a. 征收时段，a. 本金，a. 滞纳金，a. 缴款书编号，b. 纳税人名称 from 环保_排污费用征收 2017 年 as a left join（select 纳税人名称 from 税务_环境税征收信息 group by 纳税人名称）as b on a. 单位名称 = b. 纳税人名称 where b. 纳税人名称 is null。

select a. *，b. * from 环保_排污许可证信息 as a left join 税务_环境税征收信息 as b on a. 企业名称 = b. 纳税人名称 where b. 纳税人名称 is null。

5. 工业污染治理情况数据分析"智慧审计"模型

在施工业污染治理情况数据分析的 8 个审计事项中，以"上一年度已完成工业企业治理的单位又列入当年的治理工作中"为例说明审计方法的编写过程。

（1）审计事项：上一年度已完成工业企业治理的单位又列入当年的治理工作中。

（2）审计思路：职能部门为完成目标量，将上年度已完成污染治理的单位又列入本年度，涉嫌虚假完成目标量。因此，需要进行分析查证，进行披露。

（3）审计方法：以企业名称为主键，关联环保_工业企业无组织排放治理表和环保_工业企业无组织排放治理 2018 年治理信息表，查询 2018 年已经完成治理的单位又列为 2019 年的治理台账中。

（4）SQL 语句：select a. 省辖市，a. 县区，a. 企业名称，a. 治理进展情况，a. 完成时间，b. 企业名称 as 上年度治理企业名称，b. 完成时间 as 上年度治理完成时间，b. 完成情况 as 上年度治理完成情况 from（select * from 环保_工业企业无组织排放治理 where 完成时间 like '%2019%'）as a join（select * from 环保_工业企业无组织排放治理年治理信息 where 完成时间 like '％2018％'）as b on a. 企业名称 = b. 企业名称

6. "散乱污"企业取缔情况数据分析"智慧审计"模型（略）

7. 油品质量监管情况数据分析"智慧审计"模型（略）

8. 散煤治理替代情况数据分析"智慧审计"模型（略）

9. 锅炉提标改造情况数据分析"智慧审计"模型（略）

（四）运用"智慧审计"模型具体进行数据分析，将分析结果及其疑点线索进一步查证核实。

1. 空气质量分析——降尘量总体分析

数据分析结果如下：

省辖市	县区	年度	月份	降尘总量
＊＊市	＊＊区	2019	3	14.1
＊＊市	＊＊区	2019	4	18.1
＊＊市	＊＊区	2019	5	15.8
＊＊市	＊＊区	2019	6	18.6
＊＊市	＊＊区	2019	7	17.5
…………	…………	………	…	…

通过现场勘查、访谈有关人员、查阅相关资料，进一步查证核实后发现，H市 ＊区2019年度1、3、4、5、6、7月份的月降尘总量均大于规定的9吨的标准，反映出当地政府没有较好地控制降尘总量。

2. 重点企业污染防治在线监测数据分析——启动大气黄色预警后重点监控企业应当停产而仍然排放废气

数据分析结果如下：

城市名称	点位名称	AQI	年	月	日	污染源名称	烟尘浓度	烟尘排放量	黄色预警_停限产措施
H市	市监测站	209	2019	1	12	＊＊水泥有限公司	2.36	0.46	停产
H市	市监测站	209	2019	1	12	＊＊水泥有限公司	2.36	0.46	停产
H市	市监测站	209	2019	1	12	＊＊水泥有限公司	2.36	0.46	停产
H市	迎宾馆	312	2019	2	20	＊＊环保建材有限公司	2.52	1.23	停产
H市	市交警支队	211	2019	2	21	＊＊环保建材有限公司	2.5	2.21	停产
…	…	…	…	…	…	……………	……	……	………

通过现场勘查、访谈有关人员、查阅相关资料，进一步查证核实后发现，H市 2019 年 1 月 12 日 和 2 月 20 日、21 日的 AQI 值超过 200，达到了重试污染标准，但审计发现 80 个单位仍然存在排放烟尘现象，该市的大气污染应急措施落实不到位，针对这种情况，审计组向当地政府进行了反馈，引起了当地政府的重视。

3. 施工场地扬尘治理在线监测数据分析——规模以上建设项目工地在线监测数据长期异常或超标而没有处理

数据分析结果如下：

建设项目名称	建设单位	监控设备安装场所名称	安装地址
＊＊中小学	＊＊城市建设投资集团有限公司	null	null
＊＊一号院	＊＊置业有限公司	null	null
＊＊国际	＊＊恒基置业有限公司	null	null
＊＊龙府盛帝	＊＊房地产开发有限公司	null	null
＊＊淇奥花园	＊＊置业有限公司	null	null
＊＊湘兰名苑	＊＊城市建设投资有限公司	null	null

通过现场勘查、访谈有关人员、查阅相关资料，进一步查证核实后发现，6 个工地 18152 条监测记录的指标值超过标准值没有被监管部门登记、披露和处理发现 132 个建筑工地中，通过进一步审计，有 62 个没有安装在线监测设备，逃避扬尘在线监控，该市的建筑工地监控措施落实不到位。

4. 排污许可相关数据分析——排污费改为环境保护税后没有缴纳环境税的单位

数据分析结果如下：

单位名称	征收时段	本金	滞纳金	缴款书编号	纳税人名称
＊＊煤业有限责任公司	2017. 10 – 12	3000	null	215706	null
＊＊发电有限责任公司	2017. 10 – 12	138157	null	215711	null
＊＊环保建材有限责任公司	2017. 10 – 12	40000	null	215721	null
＊＊陶瓷厂	2017. 10 – 12	76000	null	215732	null
＊＊水泥制品有限责任公司	2017. 10 – 12	54900	null	215708	null
＊…	…	…	null	…	null

通过现场勘查、访谈有关人员、查阅相关资料，进一步查证核实后发现，有 2 个单位在 2017 年第 4 季度向环保部门正常缴纳排污费，2018 年 1 月 1 日，排污费

改为环境保护税后，不再主动缴纳环境保护税，41 个单位已在环保部门办理了排污许可证但没有到税务部门申报缴纳环境保护税。

5. 工业污染治理情况数据分析——上一年度已完成工业企业治理的单位又列入当年的治理工作中

数据分析结果如下：

省辖市	县区	企业名称	治理进展情况	完成时间	上年度治理企业名称	上年度治理完成时间	上年度治理完成情况
H 市	＊＊区	＊＊公司	已完成	2019	＊＊公司	2018	完成
H 市	＊＊区	＊＊科技股份有限公司	已完成	2019	＊＊科技股份有限公司	2018	完成
H 市	＊＊区	＊＊能源科技股份有限公司	已完成	2019	＊＊能源科技股份有限公司	2018	完成
H 市	＊＊区	＊＊环保建材有限公司	已完成	2019	＊＊环保建材有限公司	2018	完成
H 市	＊＊区	＊＊砼业有限公司	已完成	2019	＊＊砼业有限公司	2018	完成
…	…	……	…	…	……	…	…

通过现场勘查、访谈有关人员、查阅相关资料，进一步查证核实后发现，有 57 个单位 2018 年已完成了工业企业治理，但又列入 2019 年的治理台账中并标为已完成治理，该市的工业企业治理存在虚报现象。

6. "散乱污"企业取缔情况数据分析（略）

7. 油品质量监管情况数据分析（略）

8. 散煤治理替代情况数据分析（略）

9. 锅炉提标改造情况数据分析（略）

（五）H 市大气污染防治专项审计调查"智慧审计"实践经验

1. 数据分析的一体化，有助于提高审计工作效率

审计中，由审计组提出审计需求，根据审计需求梳理审计事项，构建智慧审计模型，采集整理审计数据，分析审计疑点，审计疑点由审计人员进行核实，避免了审计组内部数据分析的无序性，将绝大多数审计人员从简单的烦琐的数据分析中解放出来，有更多的时间核实疑点，思考新的审计思路，减少大多数审计人员对计算机的依赖。如：在这次大气污染防治审计中，审计组由 12 人组成，其中：大数据分析的人员 1 名，由审计人员提供思路，计算机人员负责构建智慧

审计模型，审计人员和计算机人员充分沟通交流，形成合力，采集整理数据46项，分析审计事项54项，出具审计取证单54份，由审计人员进行核实，工作成效大，发挥作用大，由于运用智慧审计系统进行大审计分析，极大地提高了审计工作效率。

2. 数据分析的多元化，有助于提高审计工作质量

数据分析人员运用"相关关系"原理，将47项数据与54个审计方法相关联，运用"智慧审计"模型进行相关关系分析，使分析内容更全面，分析结果更精确。

如：关于"3. 施工场地扬尘治理在线监测数据分析——规模以上建设项目工地在线监测数据长期异常或超标而没有处理"审计事项中，通过分析，发现三方面的问题，一是6个工地18152条监测记录的指标值超过标准值没有被监管部门登记、披露和处理，这些数据是传统形式下无法实现的。经审计人员现场调查，进一步发现多数工地"三员"管理缺失，"六个百分之百"未落实。二是127家需要安装在线监测设备的工地实际安装66家，安装率仅为52%，62家建筑工地没有安装在线监测设备，逃避扬尘监管。三是发现数据异常数据5690条，审计人员调查第三方公司了解到，有的工地采取向监控设备喷水和用过滤网堵塞监测设备的方法干扰监控设备，有的甚至人为破坏监控设备，逃避监督。而有关职能部门在发现数据异常后没有深入追究，只是指派第三方公司进行处理，而第三方公司没有执法权，往往进入不到建筑工地，造成被干扰或损坏的监测设备长期不能正常工作，建筑工地在此期间加紧施工进度，向空气中排放大量扬尘，使建筑工地扬尘治理流于形式。审计组向当地政府反映了《施工现场散尘污染治理方面存在的问题亟待解决》的审计要情，得到当地政府的高度重视。

又如："4. 排污许可相关数据分析——排污费改为环境保护税后没有缴纳环境税的单位"审计事项中，发现取得排污许可证的单位没有向税务部门缴纳环境保护税的单位41家，同时，在费改税前正常向环保部门缴纳排污费的2家单位，在费改税后没有向税务部门缴纳环境保护税。审计人员通过对税务部门和环保部门的分别调查了解，发现环保部门与税务部门数据不共享，没有建立工作协调机制，造成应当缴纳环境保护税的单位没有缴纳环境保护税。审计中，审计组向当地政府反映了《H市环境保护税征收管理中存在的问题及建议》，建议当地政府建立环保、地税信息共享机制，促进了环保部门和税务部门协调机制的建立。

3. 市、区两级审计管理扁平化，有助于优化审计现场组织管理

审计实施前，审计组在充分研判的基础上，决定运用智慧审计系统开展审计，不搞人海战术，将原本由市本级及6个市辖区共7个审计组合并为1个审计组，人

员由原来的 40 人缩减为 12 人。由于运用了智慧审计系统这个先进的审计工具，充分开展"集中分析，分散核实"的数字化审计方式，达到了事半功倍的效果，12人的审计组仅用了 40 天就圆满完成了市本级及 6 个市辖区的大气污水染防治审计，审计组在审计实施前构建智慧审计模型，被 HN 省审计厅转发到全省各个审计组应用，对全省大气污染防治审计工作发挥了积极的推动作用。

附录3：《行政事业单位计算机审计方法》目录

《行政事业单位计算机审计方法》已于2019年6月由中国时代经济出版社出版发行，订购热线：010 – 63508270　63508271　63508258　63508253，网上订购：http：//www. icnao. cn。

（一）部门预算编制及调整审计

1. 预算编制经济分类规范性审计

2. 单位预算调整分析

3. 临时安排预算与年初批准预算占比分析

4. 基本支出预算调整分析

5. 项目支出预算调整分析

6. 临时安排基本预算与年初基本预算占比分析

7. 临时安排项目预算与年初项目预算占比分析

8. 预算资金在不同预算科目间相互调剂情况分析

9. 向非预算单位安排预算资金审计

（二）费用支出及部门预算执行审计

1. 预算指标执行情况支出分析

2. 行政事业单位费用支出总体查询

3. 预算支出横向分析

4. 单位收入支出对比分析

5. 各单位用款计划和实际支付对比分析

6. 用款计划和实际支付进度差异情况分析

7. 预算单位用款计划结余审计

8. 在授权支付方式下实际支付额度大于授权支付额度情况差异分析

9. 基本支出用款计划和实际支付对比分析

10. 各单位各年度预算执行总体情况分析

11. 各单位各年度预算支出结构分析

12. 项目授权支付总体情况查询

13. 税收（非税）优惠返还信息查询

14. 收款人为预算单位的大额现金支出审计

15. 授权支付提取大额备用金查询

16. 预算会计数据与财政数据差异分析

17. 预算指标未执行审计

18. 预备费审批支出合规性审计

19. 基本支出无预算审计

20. 年终支出真实性审查（12 月 15 日之后支付）

21. 费用支出记入应付账款或其他应付款审计

22. 人员经费挤占公用经费审计

23. 代开发票付款人为预算单位审计

24. 项目授权支付未支付到供应商审计

25. 项目支出现金提取金额过大审计

（三）培训费审计

1. 培训费预算批准指标筛选

2. 培训费支出筛选

3. 培训费支出未按预算批复执行审计

4. 培训费支出占当年预算支出比例分析

5. 其他支出挤占培训费支出审计

6. 讲课费支出真实性审计

7. 以培训名义购置固定资产审计

8. 培训费中列支招待费、会议费审计

9. 培训期间提供烟酒情况的审计

10. 培训期间违规组织调研、考察、参观审计

11. 培训费报销无培训计划或培训通知审计

12. 培训费报销没有使用公务卡结算审计

（四）因公出国（境）费审计

1. 因公出国（境）费用预算批准指标筛选

2. 因公出国（境）费用支出筛选

3. 因公出国（境）费用支出无预算审计

4. 因公出国（境）费用支出占当年预算支出比例分析

5. 其他支出挤占因公出国（境）费用支出审计

6. 因公出国（境）费用支出挤占其他支出审计

（五）公务接待费审计

1. 公务接待费预算批准指标筛选

2. 公务接待费支出筛选

3. 公务接待费支出未按预算批复执行审计

4. 公务接待费支出占当年预算支出的比例分析

5. 其他支出挤占公务接待费支出审计

6. 公务接待费支出挤占其他支出审计

7. 预算单位公务接待费的增长情况纵向分析

8. 购买烟酒用于公务接待支出审计

9. 从发票入手检查行政事业单位公款招待审计

（六）会议费审计

1. 会议费预算批准指标筛选

2. 会议费支出筛选

3. 会议费支出未按预算批复执行审计

4. 会议费支出占当年预算支出的比例分析

5. 其他支出挤占会议费支出审计

6. 会议费支出挤占其他支出审计

7. 预算单位会议费的增长情况纵向分析

8. 购买烟酒用于会议支出审计

（七）公务用车运行维护费审计

1. 公务用车运行维护费预算批准指标筛选

2. 公务用车运行维护费支出筛选

3. 公务用车运行维护费支出未按预算批复执行审计

4. 公务用车运行维护费支出占当年预算支出的比例分析

5. 其他支出挤占公务用车运行维护费支出审计

6. 公务用车运行维护费支出挤占其他支出审计

7. 预算单位公务用车运行维护费的增长情况纵向分析

（八）资产管理审计

1. 固定资产购置情况查询

2. 固定资产明细账查询

3. 融资租赁固定资产没有登记固定资产账

4. 无形资产购置查询

5. 购置的无形资产没有记入无形资产科目进行核算管理审计

6. 接受捐赠的固定资产没有记入固定资产账

7. 单位资产用名义金额记账合规性审计

8. 单位购置资产未经过政府采购

9. 未经批准擅自改变政府采购方式

10. 采购事项化整为零逃避政府采购

（九）资金管理审计

1. 本单位向本单位转款

2. 向社会团体拨付资金

3. 违规挪用专项资金

4. 同一预算单位多账户情况分析

5. 大额支出用现金结算

6. 用零余额账户退还保证金套取转移财政资金

7. 现金科目结余过大

8. 从本单位的现金收入中直接坐支现金

9. 行政单位存在短期借款行为

10. 行政单位存在长期借款行为

11. 行政单位存在短期投资行为

12. 行政单位存在投资收益的行为

13. 行政单位存在收取股利的行为

（十）收入审计

1. 各单位收入分类汇总分析

2. 其他预算收入核算不全面

3. 收入记入应付账款或其他应付款

4. 非税收入规模分析

5. 单位非税收入的征收和上缴情况分析

6. 非税收入征收增减变化情况分析

7. 非税收入当年未上缴财政

8. 没有按照规定的非税收入项目进行征收

9. 超出规定范围征收非税收入

10. 执收单位没有按照核定的非税收入标准进行征收

11. 非税收入开票金额与收入金额比分析

12. 大额收入用现金结算

13. 行政单位存在经营收入的行为

（十一）会计基础审计

1. 科目余额负值分析

2. 凭证负值分析

3. 反方向发生额分析

4. 科目变更检查

5. 期末及时结转账项

6. 本年年初数与上年年末数不一致

7. 会计科目编号设置不规范

8. 会计科目设置不规范

9. 应收账款明细账查询

10. 预付账款明细账查询

11. 其他应收款明细账查询

12. 应付账款明细表查询

13. 其他应付款明细表查询

14. 应收账款（其他应收款）科目没有进行明细账核算

15. 应付账款（其他应付款）科目没有进行明细账核算

16. 往来账长期挂账

17. 只有收入无支出或只有支出无收入的单位账套

18. 单位没有设置和运用库存现金科目

（十二）预算会计分录完整性审计

1. 库存现金（1001）

2. 银行存款（1002）

3. 零余额账户用款额度（1011）

4. 其他货币资金（1021）

5. 短期投资（1101）

6. 财政应返还额度（1201）

7. 应收票据（1211）

8. 应收账款（1212）

9. 预付账款（1214）

10. 应收股利（1215）

11. 应收利息（1216）

12. 其他应收款（1218）

13. 坏账准备（1219）

14. 在途物品（1301）

15. 库存物品（1302）

16. 加工物品（1303）

17. 待摊费用（1401）

18. 长期股权投资（1501）

19. 长期债券投资（1502）

20. 固定资产（1601）

21. 固定资产累计折旧（1602）

22. 工程物资（1611）

23. 在建工程（1613）

24. 无形资产（1701）

25. 无形资产累计摊销（1702）

26. 研发支出（1703）

27. 公共基础设施（1801）

28. 公共基础设施累计折旧（摊销）（1802）

29. 政府储备物资（1811）

30. 文物文化资产（1821）

31. 保障性住房（1831）

32. 保障性住房累计折旧（1832）

33. 受托代理资产（1891）

34. 长期待摊费用（1901）

35. 待处理财产损溢（1902）

36. 短期借款（2001）

37. 应交增值税（2101）

38. 其他应交税费（2102）

39. 应缴财政款（2103）

40. 应付职工薪酬（2201）

41. 应付票据（2301）

42. 应付账款（2302）

43. 应付政府补贴款（2303）

44. 应付利息（2304）

45. 预收账款（2305）

46. 其他应付款（2307）

47. 预提费用（2401）

48. 长期借款（2501）

49. 长期应付款（2502）

50. 预计负债（2601）

51. 受托代理负债（2901）

52. 累计盈余（3001）

53. 专用基金（3101）

54. 权益法调整（3201）

55. 本期盈余（3301）

56. 本年盈余分配（3302）

57. 无偿调拨净资产（3401）

58. 以前年度盈余调整（3501）

59. 财政拨款收入（4001）/财政拨款预算收入（6001）

60. 事业收入（4101）/事业预算收入（6101）

61. 上级补助收入（4201）/上级补助预算收入（6201）

62. 附属单位上缴收入（4301）/附属单位上缴预算收入（6301）

63. 经营收入（4401）/经营预算收入（6401）

64. 非同级财政拨款收入（4601）/非同级财政拨款预算收入（6601）

65. 投资收益（4602）/投资预算收益（6602）

66. 捐赠收入（4603）/其他预算收入（6609）

67. 利息收入（4604）/其他预算收入（6609）

68. 租金收入（4605）/其他预算收入（6609）

69. 其他收入（4609）/其他预算收入（6609）

70. 业务活动费用（5001）

71. 单位管理费用（5101）／行政支出（7101）／事业支出（7201）

72. 经营费用（5201）／经营支出（7301）

73. 资产处置费用（5301）

74. 上缴上级费用（5401）／上缴上级支出（7401）

75. 对附属单位补助费用（5501）／对附属单位补助支出（7501）

76. 所得税费用（5801）

77. 其他费用（5901）／其他支出（7901）

附录　SQL 语句涉及的相关表结构